民進黨政商博弈研究

朱松嶺 著

崧燁文化

目錄

自序

緒論 民進黨治下台灣政治與經濟問題的糾結
 一、經濟問題的政治解決：商界及其黨性
 二、政治問題的經濟權衡：政黨及其政策
 三、權與利的角逐：政客、商人及其交往

第一章 民進黨政商關係的模板：李登輝治下的黑金政治
 第一節 李登輝治下的黑金政治與現階段民進黨的白金政治
  一、何謂黑金政治？何謂白金政治？
  二、黑金政治與白金政治的比較
  三、理清民進黨的政商關係必須從它的模板入手
 第二節 李登輝時期黑金政治泛濫的原因
  一、李登輝時期黑金政治泛濫的原因
  二、李登輝時期的黑金政治是
   國民黨「保衛政權」的必然結果
 第三節 十年之癢：李登輝、國民黨與黑金政治
  一、利用黨產搞金權結合
  二、利用地方派系搞黑金政治
  三、飲鴆止渴的黑金操作最終使國民黨政權垮台
 第四節 熱衷白金的民進黨：必然走向腐敗的政黨？
  一、民進黨複製了威權時期的國民黨
  二、民進黨也有選舉壓力
  三、民進黨部分政客的人格與李登輝相去不遠

第二章 反黑金、政商關係與民進黨上台執政
　第一節 品牌的塑造：清廉的民進黨與黑金的國民黨
　　一、本土＋民主＝清廉的民進黨？
　　二、外來＋威權＝黑金的國民黨
　　三、民進黨政治理念中的偏執和誤導
　第二節 政治上的攻勢：明反黑金、暗結善緣
　　一、表演性的政治：明修棧道反黑金
　　二、務實性的政治：暗渡陳倉結善緣
　第三節 政黨的輪替：黑金未落幕，白金已登場
　　一、2000年「大選」的概況
　　二、導致2000年台灣政黨輪替的因由
　　三、民進黨對權力和腐敗的全面接收

第三章 民進黨內派系、政客及其與商界的關係
　第一節 派系共治的民進黨
　　一、民進黨派系發展脈絡與變遷
　　二、民進黨派系的新發展
　第二節 民進黨主要派系的政商關係
　　一、「正義連線」與商界的關係
　　二、「福利國連線」與商界的關係
　　三、「新潮流系」與商界的關係
　第三節 政商關係對派系關係和民進黨利益的影響
　　一、黨內初選和派系衝突
　　二、陳水扁對「執政」資源的控制和分割

第四章 民進黨政商關係的構造、本質及後果
    第一節 民進黨政商關係的要素：選票與鈔票
        一、選舉民主與台灣不成熟的選舉
        二、選舉是台灣政黨與商界的聯結點
    第二節 民進黨政商關係權力的本質：選票與鈔票的互換
    第三節 民進黨扭曲的經濟政策及其對商界的影響
        一、民進黨上台後應對商界訴求的經濟政策選擇
        二、民進黨關於兩岸經貿問題的政策選擇及其與商界關係

第五章 民進黨與商界的權利博弈
    第一節 商界的整體利益與民進黨的政策導向
        一、台灣經濟發展現狀與民進黨兩岸經貿政策的失敗
        二、拚選舉還是拚經濟：政黨和商界的分歧
    第二節 民進黨商界政策與商界態度的轉變
        一、民進黨商界政策內涵的矛盾
        二、民進黨產業政策口惠而實不至
        三、商界主流對民進黨態度的轉變
    第三節 民進黨與商界博弈的焦點：權力還是利益
        一、民進黨一切只為自己執政
        二、商界的終極目標與代理人的挑選

第六章 陳水扁的家族弊案與民進黨的墮落
　　第一節 墮落之源：民進黨的轉型與陳水扁的專權
　　　　一、派系共治還是一人獨斷
　　　　二、陳水扁聚斂、鞏固獨裁權力的其他措施
　　第二節 陳水扁家族弊案
　　　　一、高捷弊案
　　　　二、SOGO 弊案
　　　　三、台開內線交易案
　　　　四、國務機要費案
　　第三節 「倒扁」與「護扁」：台灣利益政治的表現與走向

結語 權與利的角逐對兩岸關係的影響

自序

　　本書從台灣政治與經濟問題的糾結入手，分析了2008年以前民進黨與商界博弈的相關問題。選舉是台灣政治生活的核心，選舉是台灣政黨為了贏得政治鬥爭的勝利、上台執政的主要渠道。選舉要籌集經費，商界同其他界別一樣都會為選舉投入政治獻金，而選後商界又企望當選的政黨給予政治回饋。這種複雜的政商關係對台灣政局走勢和兩岸關係和平發展的前景有著重要的影響。民進黨作為台灣年輕的政黨，迅速執政又迅速下野，給我們帶來很多啟示。這個政黨從反商開始，到政商合流；從阻止兩岸經濟合作到默認兩岸關係和平發展，背後有著政治問題經濟考量和政治問題政治考量的雙重蘊含。本書從民進黨所謂反「黑金」開始，分析了民進黨複雜的政商構造、本質和後果，指出民進黨調整與商界關係的根本目的是為了贏得選舉，是「一切為了權力」！

　　筆者認為，本書所闡述的民進黨與商界博弈，雖不能從全景上展現民進黨與商界的關係，但起碼能從一個側面顯現出民進黨的相關政策與實踐，為未來的方家們研究民進黨這支台灣政壇上不容忽視的力量做點基本的資料蒐集、整理和提升，以減輕他們在研究中的某些繁瑣工作。

　　陳水扁第二任期，民進黨處於微妙的調整時期。那時，陳水扁的一系列調整島內經濟政策及兩岸經濟政策的措施引起了我們的關注，並認為有必要對民進黨的政商關係做進一步的梳理和理論探討。北京聯合大學台灣研究院又是以民進黨研究為特色，撰寫這樣一本書，有著相對便利的研究條件。為此，我與中央社會主義學院副教授徐鋒博士就準備策劃這樣一個選題，並進行深入研究，這一選題得到了人民出版社王世勇博士的支持。此後，我們開始蒐集資料，撰寫初稿。初稿由我撰寫，由徐鋒博士修改。後來此稿經歷三次修改，都包含著徐鋒博士的深

邃思想和血汗辛勞。出版時，徐鋒博士認為自己的專業領域不在台灣研究，對此僅是業餘愛好，堅持不署姓名，成為本書幕後的英雄。徐鋒博士是我多年的摯友，他的姓名沒有署在本書上，但是他已署在品格與友誼的常青樹上！

　　本書聚沙成器，成書的過程極為艱苦。在寫作過程中，得到北京聯合大學台灣研究院創院院長徐博東教授的悉心指導，得到國台辦新聞局副局長、北京聯合大學台灣研究院范麗青教授的關照、批評與建議，得到台灣研究界諸多專家學者和台灣學界眾多先進的資料支持、批評指正。北京聯合大學台灣研究院副教授陳星博士百忙中抽出時間對本書進行校對。在此，對上述諸前輩、諸位同行好友表示誠摯的感謝！

緒論　民進黨治下台灣政治與經濟問題的糾結

2000年，台灣首次實現了政黨輪替。民進黨從在野黨上升為「執政黨」以後，政治和經濟問題的糾結一直是民進黨當局面臨的主要矛盾，這一矛盾在2006年春天總爆發，引發了民進黨政治上空前的危機，並成為民進黨2008年下野的一個重要原因。

選舉是台灣政治生活的重要組成部分。選舉是台灣政黨贏得政治市場、上台執政的主要渠道。選舉需要經費，政黨及其政客們自然會有金錢的需求，商界人士自然也會投其所好，透過政治獻金謀取自己的經濟好處。當前台灣的政商關係和「戒嚴」時期有所不同。「戒嚴」時期，台灣的權力與財力是分開持有的。因此，在政治市場上，財團一般不會直接出面，而是躲在背後，透過代理人尋求權力的庇護。「戒嚴」解除以後，台灣商界、政界人士幾乎毫不避諱兩者間的交易。這就使台灣以選舉為樞紐的政商關係發展到明目張膽的地步。

以選舉為樞紐的政商關係是指政界和商界透過選舉聯結在一起，政黨、政治人物透過選舉獲取權力，透過主導政策來回饋商界利益、滿足商界需要的金權互動結構、過程及其結果的總和。一些台灣政客以社會公共資源為酬庸，廣泛編織政商人脈，千方百計地服務於支持他的商界人士。而部分商界人士則是透過政治獻金為政黨或政治人物提供較好的參選條件和獲取權力的機會，以此來實現自己獲利的目的。總之，是用錢搞權，用權換錢。這樣，台灣的選舉實際上成了利益集團侵奪台灣人民資源的手段。

雖然台灣號稱「民主燈塔」，但其政治社會尚處於民主化後的失序狀態，規則的缺失和混亂使政黨淪為某些利益集團的代表，這嚴重影響到台灣人民的福祉。

在權與利的角逐中，民進黨的表現並非它自己所標榜的那樣清流、高尚。民進黨一直都是根據選舉的需要不斷變化自己對商界的態度，以獲取自己的利益最大化。從黨外時期開始，一直到上世紀九十年代中期，民進黨重視勞工利益和環保訴求，故而對資方權益持批判態度，對大資產階級更是持排斥立場。當時，民進黨認為大資產階級、大財團是國民黨統治的基礎，也是國民黨治下最大獲益者。大資產階級、大財團利用種種官商結合的方式，獲取大量的超額利潤，大量侵奪台灣普通民眾的利益，導致台灣出現日漸嚴重的貧富差距和階級矛盾。立足於這一判斷，民進黨便以中產階級和工農弱勢群體的代言人自居，在政策上清晰地表明仇視大資產階級的姿態。

民進黨深知，在李登輝的領導下，國民黨為了勝選而訴諸與黑金勾結的做法最終將引火燒身。為此，他們更是起勁地標榜自身改革、清廉的形象，刻意保持與大資產階級、大財團之間的距離，並採取措施避免自己陷入黑金的泥沼。透過反黑金，民進黨成功地將所有不滿於國民黨統治的力量緊密地團結在自己周圍。但是，基於奪權目的的階段性、策略性反商立場也使民進黨早期與商界之間存在極深的隔閡，雙方缺少起碼的互信基礎。商界、尤其是大資產階級、大財團對民進黨「反商」的刻板認識有著極深的印象，與民進黨關係比較緊張（當然，少數持有「台獨」理念的商人是不在此列的）。得不到商界的認同和支持與深陷政商勾結的泥沼有著同樣嚴重的政治後果，那就是始終無法獲致衝刺執政地位的實力。於是，民進黨開始檢討既往，調整政策，尋求與商界建立良好的互動關係。

民進黨在與商界關係的變化經歷了如下的關鍵階段：

首先是1994年底的台灣縣市長選舉，它代表著民進黨與商界關係轉型的開始。1994年底的縣市長選舉使民進黨初嘗與大財團尤其是本省籍大財團結盟的甜頭，自此它對商界的態度就有了極大的轉變。1995年，民進黨主動尋求與商界尤其是大資產階級、大財團發展各種關係。比如，透過會議、餐會或者工商懇談會等台灣常用的方式，尋求和大資產階級、大財團的和解。1997年，民進黨獲得台灣地方縣市長選舉的突破性勝利，政治影響力驟增，已居「準執政黨」的地位。在全面審視迅速奪取「中央執政權」的可能性以後，民進黨開始尋求爭取

更多企業、社會團體和商界人物的支持，來分化統治階層並贏得政權。1998年4月，民進黨舉辦了建黨以來的首次「產業政策研討會」，[1]特別邀請台灣工商界人士參與，申明「民進黨不反商」的立場。雖然這次會議沒有取得實質性結果，但它在一定程度上鞏固了民進黨與商界的交流，為其以後制定出工商界認同的經濟政策打下了良好的基礎。隨著民進黨實力的上升和「執政」慾望擴張，隨著國民黨對政權控制能力的減弱，民進黨和商界都開始重新思考彼此之間的關係。民進黨執政可能性越來越大，善於投機的人們開始追加向民進黨及其政客們的投資。2000年「總統」大選中，許多大財團的負責人更是公開為民進黨「候選人」陳水扁出面說話，藉以影響選民判斷和選票走勢，這也是陳水扁之所以能夠僥倖當選的原因之一。

民進黨高層深知，他們的政治地位及前途都高度仰賴商界尤其是大資產階級、大財團的捐輸，自己雖然執政了，但卻也因此背負了沉重的人情債，而這筆債是必需還的。2000年，民進黨獲取執政地位，啟動了與商界關係的第二次轉型，使台灣政商關係出現解構和重構。政黨上台後，本應致力於社會治理和社會發展的目標，但民進黨當局誤判台灣民意與兩岸形勢，置民生幸福與公共利益於不顧，棄「清廉」、「反黑金」等目標於腦後，一味地推行其「台獨」路線，並詭稱這是在迎合台灣民眾的意願。陳水扁無視改善兩岸關係、發展社會經濟的需求，將其戰略目標定為「去中國化」。對於與商界的關係，他採取兩手策略：一是不開放兩岸「三通」、阻撓兩岸交流，不給台灣企業到大陸發展的更大空間；二是以給予政治酬庸的方式繼續維持與政商的互動關係。由於不願意鬆綁台商最關注的兩岸經貿關係，所以政治酬庸、利益輸送就成為民進黨政商關係最主要的板塊。又由於現階段台灣的政黨政治生態並非規範有序、民進黨領導人也並非自詡的那般清廉自守，所以政商勾結、「白金政治」自此一發而不可收拾，甚至大有青出於藍而勝於藍，趕超李登輝時代黑金政治的苗頭。

李登輝時期，幾次「修憲」的結果是使台灣政治體制向一個超級「總統制」傾斜。由於「執政黨」、「立法院」、「行政院」都無法對「總統」權力形成有效的制約，「總統」可以任意將「行政體制」龐大的外圍事業機構與附屬財團法人機構數以千計的職位作為酬庸性任命或者分贓活動的籌碼而不必付任何相應的

責任。所以，自那時起，台灣政商關係就因制度和規則的缺失而越來越金權化、惡質化。李登輝主政時，出於個人利害的考慮，並沒有嚴格地規範選舉經費與政治獻金，這就為財團認養政治人物提供了可乘之機。刻意經營政商關係的財團就其行業分布而言，多集中在在房地產、建築、電信、運輸、銀行或保險業，這些領域基本都是非貿易性的，最有能力從消費者與出口產業賺取超額利潤，[2]而賺取超額利潤的終南捷徑就是緊抱政客的大腿，充分借助、利用制度與規範的缺失。於是，惡質的政商關係幾乎不可避免。

2004年台灣「大選」啟動了民進黨與商界關係的第三次轉型。陳水扁執政四年，拚經濟無方，儘管選前大肆玩弄「台獨牌」、「公投綁大選」，但還是難言內心的危機感、末日感。日暮途窮的民進黨當局開始瘋狂地撈取民脂民膏。依靠槍擊案勉強維持的陳水扁當局在繼續標榜自己本土政權的背後，更加明目張膽地推行金權政治，於是，當局選擇性辦案、政策性執法，民主政治被庸俗化到極致。從2004年至2008年民進黨下台，在民進黨本土政權的招牌下，以權謀私、借權玩法的不勝枚舉。民進黨治下政商勾結的混沌局面引起台灣社會資源的分配極其不公，產業經營環境急劇惡化。

民進黨政績乏善可陳，弊案卻連續不斷。2006年以來，陳水扁夫人吳淑珍、其婿趙建銘一家貪腐問題浮上水面。貪汙腐化、利益輸送，陳水扁周圍的親朋故舊、親信部屬濫用公權、政商勾結、瘋狂掠奪，著實讓全台灣百姓驚心動魄。人們看到，短短六年間，一個號稱「清廉、勤政、愛鄉土」的黨，一個以反腐敗、反黑金為旗號擊敗了國民黨的黨，其腐敗和張狂的程度又遠遠超過被它打垮了的政黨。民進黨弊案被揭，既是陳水扁人格的破產，也是民進黨政治的破產。

民進黨和商界關係的演變讓我們不得不深入思考如下的問題：一、民進黨內派系、政客與商界的關係究竟如何？二、正常的政商關係應該怎樣？東亞其他國家和地區民主轉型過程中所遇到的問題與台灣有何不同，為什麼？三、民進黨何以會從「反黑金」走向「黑金」政治？四、政商關係在台灣政治發展中的作用如何？五、政商關係對兩岸關係有怎樣的影響？我們應該如何理性的思考這些問

題？等等。

在民主國家或者地區，政黨充當了國家和政府之間的擋風牆角色，政黨和商界之間的互動都有規範的制度約束。但是，台灣民進黨當局和商界之間的互動是沒有什麼規範、制度可言的（尤其是「政治獻金法」公布之前）。因為它們本來就是拿不到桌面上來的東西，它們始終隱藏在非正式的黑幕之後。筆者曾在2005年4月當面問過民進黨前副祕書長鍾佳濱。他明確地講，民進黨和商界沒有制度上的交流機制，也沒有明確的交流方針。這就為民進黨內的執政集團用非正式方式和商界進行互動，以謀求其私利創造了條件。

中國社會科學院台灣研究所王建民研究員認為，政黨與商界的關係本身就十分複雜，在台灣尤其複雜。政黨與商界關係不僅是指政黨與大企業或財團的利益合作關係，只要涉及到政黨，其政治人物與企業、團體、組織之間的利益交換與合作都可以概括在內。政黨及其成員和商界的關係本身就具有相當程度的隱蔽性，私下的利益交換非經披露不得而知。所以，要全面、細緻地把握民進黨與商界的關係，其難度是可想而知的。為此，本書試圖從一般理論角度入手儘可能地接近民進黨政商關係的本來面貌。本書將著重結合以下問題來實現上述目的：

一、經濟問題的政治解決：商界及其黨性

台灣商界與世界接軌早，發育比較全面。在中西方文化、經濟交融的歷史背景下，台灣商界形成了自己解決問題的方式。我們可以用經濟問題的政治解決來簡略地概括台灣商界解決問題的基本方式。這一方式既有其特殊性，也體現商界活動的一般規律。從一般性的角度來看，經濟問題政治解決的方式是由商界自身固有的黨性所決定的。

台灣商界具有商界共有的黨性，那就是：商界以獲取利潤為最根本目的。在謀求利潤最大化的同時，商界又要維護既得利益，並且預留和拓展預期利益的空間。對利益的追逐使得商界很自然地尋求政治上，尤其是政策上的支持。為了獲取這種支撐，商界必須有自己明確的、成功的利益表達，因此商界也有自己的政

黨傾向，有直接的政治屬性。商界的黨性從根本上取決於利益訴求。為了拓展自己的生存空間，商界要特別注意影響政黨與政府的政策活動並使之服務於自己的利益。在這個意義上我們說，商界所有的活動，包括其直接或者間接參與政治的活動，都服從於「經濟人」利益最大化的理性。

應當指出，商界在政治上的訴求並不意味著商界因此而成為一貫的、直接的政治活動主體。商界的主要關注對象和主要活動基本上都在經濟領域以及與經濟所能輻射到的政治領域。只有當他們感到有必要參與政治和影響政策時，他們才將其一部分心力投放到政治領域；只有當他們痛感政策的制定與制度設計攸關他們的生死存亡時，他們才可能直接、深度地介入政治和影響政策。商界對政治力量的利益需求是遵循邊際效益遞減規律的。制度成本較低的條件下，正常的政商關係是政治、政黨與商界兩行不悖的良性關係，無所謂孰高孰下、孰先孰後。但在制度成本極高的情況下，政商關係是糾結不清、極不正常的。商界和政治力量各執一端，既相互利用又彼此衝突，以致出現政策的反覆和經濟的波動。在後一種情況下，商界的黨性、商界對政治活動的參與往往就更加直接和露骨。

台灣商界尋求經濟問題的政治解決也與台灣政治的特質有著密切的聯繫。

孫中山先生認為，政治是眾人之事。現代政治根本不同於古代政治的地方就在於：古代政治大多是以君主專制獨裁的方式來處理眾人之事，結果眾人之事實際上成了獨裁者的私事；現代政治則是公民以委託權力的方式實現自治，透過代議政治和政黨政治來管理公共事務。因此，有沒有政黨、政黨政治機能的發揮是否順暢就顯得極為關鍵。相應地，政黨自身的品質如何也就成為人們關注的重點。

包括政黨在內的政治團體內部有三種人。第一種是領袖。他們對內掌握著團體內的全部資源，對外則代表團體與外部團體作資源交換。第二種是中層人員。他們是上下聯繫的紐帶，其資源主要在團體內部，能夠從局部獲取有限資源但不能從整體上控制全部資源。第三種是底層人員。他們關係鬆散，與前面的兩種人存在著訊息不對稱的問題，他們因而對團體既依賴又疏離。這表現在兩方面：一方面，他們存有在團隊內獲得提升的希望，希望從中得到更多的資源；另一方

面,如若獲取資源的可能性消失,他們就可能尋求抗爭並走向團體的反面。

政黨內部這三類人謀求權力的目標往往有所不同。民主社會裡,公民選擇政黨並賦予其管理公共事務的權力,因此政黨內部所有的這三類人當然應當共同致力於公共事務。但是,因為人本身都有憑藉公權謀取私利的可能,這就使得政黨的公共目標和黨內不同的私人目標之間存在一定的緊張和衝突。緊張與衝突的最終結果有三種情形。第一,政黨所有行為都是為了實現公共目標。在這種情況下,制度設計的初衷是能夠實現的。第二種,政黨所有行為分成兩部分,一部分致力於實現公共目標,另一部分致力於實現私人目標。這會導致政黨在政治上的平庸。第三種,將黨處在為公共目標所設定的位置上,卻完全服務於私人目標。這一定會招致排山倒海式的腐敗。

由於在實現公共目標和私人目標之間存在緊張和衝突,所以原本中性的公共權力往往會被政黨、政客濫用,而商界則往往會利用這一點來尋求經濟問題的政治解決。商界在確定好戰略目標以後,會在戰術上利用政黨政治固有的矛盾,使簡單的問題複雜化,或者使複雜的問題簡單化,以從中牟取利益。明白地講,商界是在充分利用上述三類人中尤其是前兩類人在目標選擇上的矛盾,以實現利潤最大化。這就是經濟問題政治解決和公權力介入企業個體問題的關鍵所在。

台灣商界尋求經濟問題解決的方式有著明顯的東亞地區性和中國的民族性。在東亞,尤其是在中國,長期的封建皇權的統治的結果是國家以政治、經濟和法律等手段,壟斷了所有社會財富的分配,控制了一切謀利渠道。正如《管子》中所講的:「利出一孔者,其國無敵;出二孔者,其兵半屈;出三孔者,不可以舉兵;出四孔者,其國必亡。先王知其然,故塞民之羨(多餘的錢財),隘(限制)其利途,故予之在君,奪之在君,貧之在君,富之在君。故民之戴上如日月,親君若父母。」[3] 傳統政治正是透過這種「利出一孔」的方式強化政治對經濟和社會控制的。在這種情況下,中國形成了幾千年來「官本位」的傳統。官越大,利越厚,官位、權力、財富形成「三位一體」架構。在這一架構下,官位是最有價值的無形資產,權力則成了財富的代名詞。權力甚至比貨幣更具有流動性、更方便於交換。這樣一種特殊的、扭曲的社會形態,必然會導致投機政治比

直接從事經濟活能夠更好更快地聚斂財富。[4]

　　近現代以來，東亞地區市場經濟的發育基本上是在外來壓力的逼迫下，由政治力量的主導和推動而形成的。東亞國家市場經濟及現代化的發展，以及由此而來的制度創設與積累，都是在西方文明的刺激下人為抉擇的結果，並非如西方社會那樣是原生的。這使東亞地區政高於商，政優於商的傳統不僅沒有立即被解構和重構，反而得以延續和強化。這樣一種歷史和現實的基礎決定了商界在解決問題時，往往希望借助於政治力量。誰背後的政治勢力強，誰獲取的資源就多，誰獲取的政策優勢就多，誰就能在商業競爭中處於優勢，並能夠繼續長期主導政策，以獲取源源不斷的來自於公權的支持，從而使自己的企業永續發展。台灣商界充斥著透過經濟問題政治解決而發展起來的例證。從晚清開始直至今天，在台灣形成、存續的許多大家族，最富有的如辜氏家族、蔡萬霖家族、林氏家族、許文龍家族等等，無一不是依託與政治勢力的結盟、借助政商關係的運營來發家、發展和壯大的。

　　由於上述原因以及台灣商界自身的特點，商界人士，除個別企業家因理念原因投放給政治人物或政黨資金以外，大多數基本上都是採取兩面押寶的方式。因為企業的大小不同及從事的行業不同，商界所表現出來的黨性傾向、政治賭注的大小及收益也都有所不同。一些巨商和政界的互動頻仍，在一定程度上甚至可以操控政客。而一般中小企業，則處於被政界領導、引導的層面。

二、政治問題的經濟權衡：政黨及其政策

　　作為上層建築，任何政治都是以經濟為基礎的。在選舉社會中，任何政治問題往往都要歸結到贏得選舉、鞏固選舉成果的層面來進行。政黨及其候選人贏得選舉，鞏固其選舉成果，一般需要大量的政治捐獻和選票支持來實現。為了獲取最大限度的政治獻金和選票支持，政黨需要制定有吸引力的政策。安東尼·唐斯在其《民主的經濟學理論》一書中說，「民主政治中的政黨類似於追逐經濟利益的企業家，為了達到目的，他們制定他們認為能夠得到最多選票的政策，正如企業家為了同樣的理由生產他們認為能夠得到最多利潤的產品一樣。」[5]對於政黨

來說，推出合適的政黨候選人，把正確的競選戰略、競選營銷和競選策劃三者完美結合是贏得一場選舉的完美結合的產物。[6]

現代政黨針對商界的利益考量主要來自兩個方面：

（一）企業可以為政黨及其候選人提供豐厚的政治獻金，使政黨順利完成選舉過程。美國政治學家普塞特認為，「在現代的人和民主制度中，不同群體之間的衝突都是透過政黨來表達的。」[7]有學者認為，從歷史角度講，選舉是促使政黨出現的主要誘因。[8]由此可見，選舉實際上是社會上各方利益主體尋求代理人並為其提供資源支撐，以及國家中各種政治力量提出政治承諾並尋求這種資源支撐的主體市場。

政黨在獲取商界政治獻金時往往會考量以下三層遞進關係：第一層也是最終要和最基本的關係，即利益關係；第二層是為實現利益要求而形成的結盟與反對關係；第三層是整體上主導或影響利益格局的政治權力關係。這三方面的考量揭示了選舉政治的重要法門就是利益和利益交換。政治是經濟的集中體現，在這一點上，思想家、政治家和商人都有著高度的共識。在這個世界上，從來就不存在沒有利益的政治，也不存在沒有政治的利益。所要擺平的，只是兩者間的關係，以及對這一關係的定格——制度與政策安排。政黨要充當聯繫社會和公權力的紐帶和橋樑，它的使命就在於把公眾的偏好變成政府的政策。為此，它要有選擇地、有區別地對待各方面的利益，尋找、整合併服務於與自己存續的基礎、方向儘可能一致的利益要求。為此，對於一些政黨來說，擁抱企業，尤其是大財團往往是其最佳的選擇和捷徑。

（二）企業是市場經濟的基本細胞。它們不僅創造了巨大的社會財富，而且也吸納了數量極多的勞動力。所以企業本身即掌握大量選票。

選票的確是經由選民之手投出去，但選民投票的傾向性往往受到工作場所的影響。應該說，現代社會的聯繫紐帶和傳統不同。傳統上，人與人之間是靠血緣以及類血緣關係為紐帶，將社會連接在一起。台灣的樁腳基本屬於這一類。現代社會是以貨幣為紐帶，將人聯繫在一起。掙取貨幣的人大多數都是在企業，他們很容易受到企業股東和管理層的影響。相形之下，分散的選民個體較之於高度組

織、擁有一定規模的企業而言，則顯得微薄屑弱。基於選舉考慮，上述兩方面的懸殊當然會使政黨更多地將眼光投向商界。政府、政黨和商界於是就擁有了共同的誘導選民政治傾向的空間。

任何政治力量都不會忽視企業選票動員的功能和企業員工的投票傾向。為了勝選，政治力量會毫不猶豫地將更多精力投放到商界而非個體選民。民進黨早在在野時期，就學會了選擇合適的商界人士及其所屬企業作為自己選舉的基本盤的手段。在這個時期，民進黨黨綱明確宣示：為減輕台灣經濟受外部市場枯榮的影響，須依照國際產業結構演變趨勢，研定指導性產業發展政策，以增進企業的獲利機會，並確保經濟的穩定增長，修正偏頗的產業發展政策，避免人口集中到城市，製造區域間的所得高低差距，成為社會經濟問題的來源。須針對各個區域的資源狀態，劃分生活圈，設計產業發展政策，規劃台灣原住民保留區、保障其民族生存空間，等等。民進黨的這些政策宣示對中小企業主有著很大吸引力，從而成功地將它們收編為自己的支持者。民進黨還提出所謂「建立公平安定的社會體系」，「追求福利國家更高境界」、「實現全民生活安全制度」、「提高勞動保護基準」[9]等政策，大肆宣傳社會福利主義，這在一定程度上也獲取了企業內的勞工等弱勢群體的鼎力支持。民進黨政治上的經濟權衡和民意權衡集中體現在其以選舉為中心的一系列政策中。但是，由於民進黨自身存在柔性政黨與剛性政黨的角色衝突，由於民進黨黨內派系的複雜性，其政策宣示與政策執行往往存在著一定程度的偏差，這就使它的政商關係極其錯綜複雜。

政黨在選舉中所追求的是選票，但在執政時所考慮的則是政策。政策固然也有選票的考慮，但更受政黨理念和政客個人意志的左右。因此，政黨對政治問題所做的經濟權衡總是具有動態性、不確定性。在民主社會中，政黨必須選擇它所認同的政治目的，達成自己的政治訴求。政黨綱領和政策作為政黨政治訴求的載體，蘊含有豐富的政治性、戰略性和目的性。要想實現這些政治訴求，尤其是達成從在野到執政，從執政到永續執政的目的，沒有切合實際的政策是無法想像的。政策具有明顯的技術性、策略性和工具性。沒有了政治訴求，執政就要失去方向；沒有了切實的政策，執政目的就要落空。同樣，如果政策主觀上就忽視或者違背了它所要達成的政治目的，或者由於方法不科學、過程不規範，而在客觀

上不能服務於這一目的，甚至是阻礙了它的實現，那麼，政黨尤其是執政黨就會因無法兌現其政策而陷入困境。

是否有好的政治訴求，以及切實的政策，取決於政黨如何對待公共權力。公權力本身是中性的，但是掌握公權力的黨的政策活動卻往往帶有傾向性。這就可能打破政治與商界之間的平衡。因此，原本中性的公權力就很容易因政黨權衡的動態性和不確定性而遭到侵蝕。就在野黨而言，由於內部整體的政治訴求和黨內不同層級的個人利益之間存有多種多樣的訴求終點，所以，在野黨一旦執政，就會很容易地與商界尤其是商界中的巨商勾結在一起，以達到火借風勢、風助火威的效果。

政治權力不過是用來實現經濟利益的手段。商界和政界之間的關節點就在於此。政策面對的是紛繁複雜而又具體的利益關係。既定秩序的不合理、不完善之處肯定會引發社會問題，這些社會問題要尋求解決，或退一步——尋求緩解，就會用到政黨的政策和政府的政策。它所帶來的對利益格局微調的結果也同樣需要政策加以確認。利益和政策關聯性極強，真可謂牽一髮而動全身。

在政治生活中，政黨政治作為推動政治體制運轉的力量，對應的是相對抽象的秩序，或者說抽象的社會利益整體。相應地，政黨政策則直接面臨著鮮活、具體的利益關係及其承載主體。政黨因此制定的政策與抽象的社會利益整體之間必然存在差異，這就是使兩者可能無限靠近但卻無法完全吻合原因。政治黨在政策活動中不可避免地會造成一些負面的效應。在野黨正好利用這些負面效應來尋求新的利益平衡點，並找到制定和執行政策的政黨的弱點，將其一舉擊潰。而在野黨走向執政後，仍然有可能自覺不自覺地會走回以前執政黨的老路，利用執政資源，政商勾結，以鞏固自己的執政地位。長時間政黨輪替的國家或地區的執政黨和在野黨並無很大區別的原因大概就在於此。

由於長期渲染大陸的武力威脅和吞併野心，台灣各政黨在考慮政治問題時往往會忽視經濟問題應有的份量。加之本來就極不完善的規則又相繼被李登輝、陳水扁等人所蓄意破壞，這就使台灣內政治與經濟問題之間的界限變得極其模糊。結果是，給政黨、政客與商界之間的所謂慣例性交易、人情脈絡往來提供了合適

的溫床。同時，也使台灣同一政黨在執政與在野的不同時期對商界的政策存在極大的反差。這一點在民進黨的政策變化上表現得淋漓盡致。

三、權與利的角逐：政客、商人及其交往

政客與商人的交往是為了各自能夠在權與利角逐的動態平衡中實現利益的最大化。選舉作為權、利角逐的關鍵節點，是博弈的回歸點。選舉要靠金錢，政黨因此需要企業、商界的支持。而對於企業、商界來講，它們的所有投資都應當也必須有所回報。當選的政黨採取怎樣的政策措施實現公利與私利、現實利益與潛在利益之間的平衡是權與利角逐的關鍵點。

政黨政治就是一場以權力與利益為標的的角逐。商界和政客都逐鹿其中，樂此不疲，他們各取所需，又互相交換。在西方，權力與利益的交換是公開擺在台面上的市場行為，且有相對嚴格的制度約束。人們並不試圖掩蓋金權政治的實質，但卻堅持要將它們暴露在陽光之下。這一切在專制主義、威權政治傳統盛行的東方社會則是不可能的。人們無不痛恨隱藏在黑暗中的權錢交易，但是卻不曾也無意，或者也可以説是無力把思想授受的非正式交易變成公開的、受制度規範的市場活動。

當今台灣尚處於民主轉型期，舊體制尚未全部打破、新體制尚未建構起來，在這樣一個青黃不接的空檔期內，很多政治人物、商界人物充分利用制度和規範的弊端和缺憾來滿足自己權力和金錢的慾望。甚至有人利用參選「公職」的政治和經濟資源，一手從事政治，一手從事企業經營。這樣兼跨政商兩界的兩棲人物不僅獲利可觀，而且可以直接操控政權、選舉和選舉機器，利用公權力獲取更大利益。在台灣政商界，很多人物在政、商、學之間轉來轉去，用表面上的合作、爭鬥來掩飾內在的利益交換。比如，很多台灣的重量級人物都利用基金會等方式操縱政商關係，實現權與利的兼得。按照台灣相關規定，只要基金會以從事公益事業為名，沒有盈利活動，稅務機關就無權查稅，基金會的收支也不必納入公職人員的財產申報體系。基金會因此而成為台灣政治人物避稅、洗錢、掩蓋政商關係、黑金政治的有利工具。應該説，基金會已經成為台灣構架政商關係、洗錢等

的重要載體。

　　作為這樣一個惡質體制的受害者兼締造者，民進黨及其許多重要人物也自覺不自覺地淪為權力與利益的奴隸。長期以來，民進黨一直在利用籌集選舉經費的辦法構架和維護政黨和商界的橋樑。除每年「依法」領取108億新台幣的政黨補助金以外，民進黨要求黨員須繳納300元新台幣的常年黨費。並依照其層次分明的黨職、「公職」責任分擔金及選舉分擔金集資方式制定了其財務管理條例。該條例明確規定，民進黨中常委每年要繳交5萬元新台幣的責任分擔金；中執委、中評委以及「總統」、「副總統」每年要繳納3萬元新台幣的責任分擔金，「立委」、台北市長、高雄市長[10]、台北高雄兩市議員、縣市長每年要繳交2萬元新台幣的責任分擔金；縣市黨部執委、評委、鄉鎮民意代表、村里長每年繳交5000元新台幣給鄉鎮市區黨部。碰到選舉時，民進黨「公職」人員還需要再次繳交選舉募款金、黨籍縣市長、中常委、中執委每年必須上繳100萬元，「立委」必須上繳30萬元。民進黨顯規則上的募款制度讓一些政治人物叫苦不迭。呂秀蓮就曾經抱怨「擔任民進黨公職，好比一隻牛要被剝好幾層皮。」[11]這就使得民進黨內的很多政治人物不得不尋求不同方式集資募款，這當中自然就難免泥沙俱下，於是形形色色的政商勾結隨之源源而來。

　　依據民進黨台面上的顯規則，它以及它的各級幹部就已經很難倖免於金權勾結了，從潛規則上看則更是如此。除了依法進行的政治捐獻之外，民進黨政客和商人之間還存有大量潛在的利益互換行為。獲取執政地位以後的民進黨，圍繞權力與利益這兩個主題，與為數眾多的商界人士、大中小型企業產生了剪不斷理還亂的糾葛。但是，為了保持政商關係的隱蔽性，政客和商人都樂得保持低調，人們所能看到的僅僅是冰山之一角。一方面，他們竭力用表面的程序正義來掩蓋背地的利益交換，另一方面，他們又在雙方博弈的過程中勾心鬥角，各自爭取相對有利於自己的主動權。但是，無論潛與顯、明與暗，政黨政治的廝殺與角逐始終都在以選舉為紐帶，以權與利的交換為內容。民進黨和商界的關係就是沿著這樣一條脈絡發端、發展並繼續前行的。

第一章　民進黨政商關係的模板：李登輝治下的黑金政治

　　從黨外時期到組黨初期以至執政，民進黨與台灣商界的關係經歷了一個從無到有，由簡而繁的過程。時至今日，民進黨早已名不副實，即便該黨多數黨員也不得不嘆息本黨「創黨理念」的喪失。2006年秋天，台灣上百萬人走上街頭抗議民進黨執政以來的貪腐無厭。面對滾滾紅潮，面對社會的不滿與憤怒，民進黨「黨政」高層不是躬自反省、壯士斷腕，反而倒行逆施、為虎作倀，全體屈服於一個裡裡外外都不乾淨的政客的淫威。人們看到，面對危機，民進黨打出的旗號雖是「勇敢承擔」，做出的事情卻是敷衍、逃避。

　　短短二十年，民進黨就由一個標榜「清廉、民主、愛台灣」的政黨蛻變成了一個「貪腐、獨裁、害台灣」的幫派，台灣有人為之扼腕，一再追問到底是「誰殺了民進黨」？[12]其實，正如當年國民黨自己害了自己一樣，民進黨「自己殺了自己」，民進黨短短二十年的歷史又一次重蹈了國民黨百多年來的覆轍。民進黨如此迅速地由在野黨上升為「執政黨」，由代表台灣社會中下層民眾利益的黨蛻變成為一個大資產階級的黨，在一定程度上都與其政商關係不受節制的發展有關。正所謂成也蕭何敗也蕭何，來自商界的支撐可以擴張民進黨的社會基礎，但它無疑具有極為強烈的腐蝕性，摧毀民進黨執政基礎的必將是由此而來的政商勾結、金權政治。

第一節　李登輝治下的黑金政治與現階段民進黨的白金政治

1980年代民進黨成立以後，台灣社會的民主化發展到一個全新的階段。在這一階段中，競爭性的政黨政治開始不斷衝擊國民黨威權統治的根基。在日趨激烈的競爭性選舉中，台灣各政黨及其政客都迫切需要來自商界的支持，特別是資金上的支持；反過來，在長期以來一直由當局主導市場發展的台灣，商界也非常需要來自政界的庇佑。在成熟的民主社會中，金錢與權力的關係同樣不可避免，但卻受到嚴格的制度與程序的規範，因而不至於惡質化。但在民主化尚處於不穩定、不成熟時期的台灣，金權交易卻是鋪天蓋地、甚囂塵上。人們看到，當代台灣社會對於金權政治既無有效的外在規範——「法治」，亦無有效的內在約束——道德。正是由於它們的缺失，台灣政壇方始成為黃鐘毀棄、瓦釜雷鳴的腐惡之地。從李登輝到陳水扁，主政台灣的政客多是大貪巨鱷，絕少忠良善類。在饕餮濫權之下，台灣從黑金政治到白金政治，大貪巨鱷們賺得盆滿缽滿，小老百姓的生計卻是每況愈下。

一、何謂黑金政治？何謂白金政治？

黑金政治就是指某些社會經濟勢力與國家政客勾結，共同盜取國家權柄與社會公眾財富，不法分子特別是黑道分子藉著染指公共權力運作以牟取非法利益，政治人物則是藉「權」撈錢，形成黑白合流、利益共生互享的惡質政治。黑金政治表現的一種情況是，社會某些經濟集團使用資金扶植某個政治集團或某些政客作為自己的政治代言人，使其運用社會公眾所授予的國家權力，為這些集團的利益服務，謀取由政治壟斷帶來的巨大利潤，損害社會公眾福祉。另一種情況是某些政客或政治集團為了謀取國家權力，暗中勾結某些經濟集團，由它們為其暗中提供政治運作資金，在獲取政治權力後，對這些經濟後台投桃報李。

民進黨和商界的關係，被該黨前主席施明德批判為「白金政治」。早在2001年至2002年，在談及民進黨取得執政機會時，施明德就多次指出，權力使人腐化，民進黨已喪失過去的理想性。他認為，台灣五十年來的政治轉型，是從

「黨國不分」到「黑金體制」、「白金體制」。兩蔣時代，是標準「黨國不分」的體制。黑金體制則是在李登輝時代成型。李登輝為了鞏固政權，不但引進黑道勢力，並且將其培養成「黑金」，兼具黑道與政治勢力。陳水扁時代的「白金體制」時期，眾多的「紅頂商人」在政策制定和人事安排都欠缺正常運作機制的情況下有機可乘，與掌權者掛鉤，影響決策與人事。他認為這比李登輝放任「黑金體制」更嚴重。[13]民進黨上台以來基本上是在「台獨」理念的支配下，靠「白金政治」使台灣空轉至民進黨下台。追究民進黨政商關係的根源，應在李登輝治下的黑金政治。民進黨對李登輝的黑金政治既有繼承，又有發展，形成了時至今日的政商關係特色。

二、黑金政治與白金政治的比較

2001年，台灣在野黨「立委」批評民進黨、陳水扁當局已從「黑金」走到「白金」，不僅向財團傾斜，更是向財團靠攏。國民黨籍「立委」廖風德批評，黑金縱然可怕，白金更加可恥，因為黑道只是在暗地裡偷偷摸摸，但政商勾結的財團卻是公開地謀取不當暴利。[14]廖風德的這一批評一語道破了黑金政治與白金政治的關係。

無論是黑金政治還是白金政治，都是金權政治，都是不正常、失控的政商關係。以致直接影響到政黨政府政策行為，導致政黨政府在主導社會財富和資源分配時發生不規範的以至於明顯有失公正的傾斜，這一傾斜對於個別貪腐政客、不法商人來說是利多，但對於廣大社會公眾來說則絕對是利空。久而久之，金權勾結形成政治寡頭與商界寡頭聯手的政策和資源壟斷聯盟，他們一起結成一個龐大的既得利益集團，共同導致吏治腐敗、惡政濫權、貪腐橫行，最終導致民生塗炭、經濟社會發展出現停滯和倒退。

黑金政治還是白金政治的區別有二：首先是黑與白的不同。黑金政治是有黑道勢力介入的金權政治，白金政治則是掃除了黑道介入政治與商業活動以後的金

權關係。至於民進黨是否真正肅清了黑道勢力對政治、經濟的滲透和操控，目前還是一個需要存疑的問題。其次，是金權勾結對於政治和經濟生活的影響更為全面深入、更加瘋狂和囂張，它所產生的後果也越來越惡劣。在白金政治條件下，貪腐官員的權力尋租與不法商人的資源侵吞公開化、表面化，全然不避忌諱法律的尊嚴與公眾的輿論。是故，在濫權腐敗方面，白金政治較之黑金政治是有過之而無不及的。

三、理清民進黨的政商關係必須從它的模板入手

從「黨國不分」到「黑金體制」、「白金體制」，台灣社會生活中的政商勾結由來已久且有著明顯的傳承脈絡。國民黨退據台灣以後的五十年間，威權統治雖然一度使得台灣經濟迅猛發展，但卻始終對社會公眾的民主與權力要求保持警惕並施以高壓。台灣政治發展的相對落後導致市場經濟所必需的法治硬體與倫理軟體的缺失，導致台灣民主化以後社會秩序的空前毀壞，導致台灣社會生活的各個方面，無論政治、經濟還是文化都陷入了前所未有的無政府狀態。這一無政府狀態在國民黨一黨專政的條件下只是一種邏輯上的現實的可能，在李登輝假民主之名行獨裁之實時開始孕育成型，繼而在陳水扁打著「台獨」招牌行專制之實時發展到了極致。

本書寫作的目的在於對民進黨的政商關係作一番細緻的考察，理清其縱向的發展脈絡以及橫向的結構網絡。有鑒於上述的歷史傳承關係，我們在檢視民進黨政商關係的現狀時，必須首先溯本逐源，首先考察此前台灣社會政商關係、金權政治的由來及其特質。事實上，民進黨政商關係的構建也確是有所參考的，而李登輝時期為台灣社會所痛恨的黑金政治也的確成為民進黨白金政治現實的模板。弔詭的是，民進黨是以反黑金登上執政舞台的，但它卻並沒有能夠因反黑金的關係就倖免於金權政治的侵蝕，這的確是值得深思的問題。

第二節　李登輝時期黑金政治泛濫的原因

　　蔣經國後期，美國逐步放棄蔣氏。蔣經國去世以後，國民黨內部權爭加劇。李登輝在全面出擊，掌握了台灣的主要政治權力之後，一方面在黨內清理異己，壓制不同意見，把非主流派的勢力和影響壓到最小限度，在實際上鞏固了以自己為中心的威權主義體制；另一方面，利用蔣經國晚年改革的成果，在台灣進行政治體制改革，在其掌控的範圍內，全力推行西方政治體制，推動台灣政治結構變革。黑金政治就是在這種情況下，以李登輝鞏固權力為中心，以政治體制改革為外衣展開的。

一、李登輝時期黑金政治泛濫的原因

　　所謂黑金政治，就是指某些社會經濟勢力與政客勾結，共同盜取權柄與社會公眾財富，不法分子藉著染指公共權力運作以牟取非法利益，政治人物則是藉「權」撈錢，形成黑白合流，利益共生互享的惡質關係。黑金政治表現的一種情況是，社會某些經濟集團使用資金扶植某個政治集團或某些政客作為自己的政治代言人，使其運用社會公眾所授予的權力，為這些集團的利益服務，謀取由政治壟斷帶來的巨大利潤，損害社會公眾福祉。另一種情況是某些政客或政治集團為了謀取國家權力，暗中勾結某些經濟集團，由它們為其暗中提供政治運作資金，在獲取政治權力後，對這些經濟後台投桃報李。黑金政治在西方國家特別是日本，以及俄羅斯和台灣都不同程度地存在，許多年來與之相關的醜聞連綿不斷，已經成為資本主義社會無法治癒的痼疾。[15]

　　民主社會的規則允許以錢謀權，但卻不允許以權謀錢。李登輝時期的台灣政治恰巧是既允許以錢謀權，也放縱以權謀錢。這是李登輝濫用蔣經國晚年改革成果的結果。

蔣介石敗退台灣之後，就開始進行改革。姜南揚在其《台灣大轉型》一書中認為，蔣介石在台灣改革後採取的是二元制體制。二元制體制包括上層體制和下層體制。姜南揚認為：二元制體制就是在上層政治體制上採取專制獨裁體制，也就是戒嚴體制加上國民黨執政體制，再加上國民黨的「憲政」體制。於是國民黨在1949年5月20日頒布戒嚴令，全面控制黨政機構和社會團體，試圖用強控制以維持穩定。在下層政治體採取「地方自治體制，加上選舉體制」。國民黨在1950年4月24日公布《台灣省各縣市實施地方自治綱要》，施行有限度的代議選舉制度。而國民黨透過上層體制牢固控制下層體制，尤其是透過各種手段介入選舉、控制選舉，這一套運作方式維持了國民黨的統治基礎。[16]以謀求利益為核心的台灣地方勢力紛紛投靠蔣介石，形成了台灣特色的地方勢力體系。

　　就當時台灣下層結構來看，共有以下兩個要件：一是地方自治體制；二是選舉體制。下層權力結構具有體制的「合憲性」、民主性、開放性、體制運行方式的協議性和法制性、人員構成以台灣人為主等幾個方面的特性。其地方自治體制一方面要依據有關規定辦理自治，另一方面要受上級政府指揮和監督。台灣省政府為縣市自治的監督機關，縣政府為鄉鎮和縣轄市的監督機關。縣市政府和鄉鎮區公所都是自治團體的執行機構，分別設置縣市長、鄉鎮長和縣轄市市長，依照有關規定實施自治，並執行上級政府交辦的事項。其民意機構也按照有關規定啟動了選舉程序。在當時的「執政者」看來，台灣下層政治體制中的自治權力和上層統治權力相比顯得並不重要。但是，重要的是，民選的縣市長和議會的權力來源發生了重要變化。即，他們作為一種地方自治權，使得台灣出現兩種政治體制並存的特殊狀況。而這種狀況的繼續發展，最後釀成了台灣體制的總體改革和現在為了選票而出現的形形色色的政商關係。

　　這裡特別需要一提的是台灣下層政治體制中的要件之一——選舉體制。選舉體制所造成的地方權力來源、性質、方向發生了變化，使得它隨著量變逐步發展成部分質變，最終導致全局性質變。這種下層政治體制逐漸脫離了它的母體——上層政治體制。台灣下層選舉中，被允許採用競選方式。因此，在選舉中就出現了各種各樣的競選組織和競選活動。例如，設置競選辦事處和助選員、舉辦政見發表會、印發名片與傳單、做大型競選廣告、使用宣傳單和擴音器、在街頭為候

選人宣傳，以及走訪選區內的選民等等。這就使得選舉需要費用，選舉需要地方勢力的支持。地方實力派因此而產生、壯大，形成了台灣選舉中的樁腳文化。蔣經國晚年時，地方勢力成為台灣政商關係的主要代表。這些派系及其鬥爭直接影響著台灣社會政治、經濟的發展。

從1970年代開始，台灣出現了兩股不同的新興政治力量和兩種不同性質的政治運動：一是國民黨內以蔣經國為首的新權力集團的崛起和革新運動，二是反對派新生代的崛起和黨外運動。前者代表國民黨統治集團、大資產階級和部分「核心知識分子」的利益，力圖維繫二元政治體制，保護既有的權益。後者代表中小資產階級、「邊緣知識分子」，以及一定程度上代表勞工階級和被壓迫社會群體的利益，力圖突破二元政治體制的框架，爭取新的權益。兩股不同的政治力量和兩種不同性質的運動，相互碰撞和劇烈對抗，使台灣出現從未有過的政治動盪和混亂局面。二元政治體制的平衡狀態不復存在。政治力量互動關係的變化開始促使政治體制發生相應的變化。[17]在兩股不同的新興政治力量和兩種不同性質的政治運動共同作用下，1980年代末期到90年代初起，台灣出現了所謂民主化的危機。即黨外社會運動與反對黨對國民黨及其當局造成了巨大的壓力。

這時，李登輝從蔣經國手中承接的權力也受到國民黨內部的挑戰。為了鞏固自身的權力，李登輝利用蔣經國晚年的改革成果，著手對國民黨進行本土化建設，如注重當局官職與黨職的本土化等，這既是把國民黨這樣一個原來覆蓋全中國的政黨群體壓縮到台灣的努力，也是李登輝走向「台獨」路線的必然選擇。李登輝的一些措施開始縱容「本省籍」與「外省籍」的所謂省籍情結，為民進黨撕裂族群製造了藉口。

李登輝掌權時期基本可以分成前後兩個階段。這兩個階段都以其鞏固自己的權力為核心，以選舉為表面特徵的。所不同的是其前期的目的是鞏固權力與政治清算；後期的目的有兩個：一是怕下台後遭政治清算；二是為了維持下台後的影響力。李登輝在任內的一系列措施造成了國民黨的黑金政治，也造成了民進黨的做大，最終導致國民黨因為黑金等因素而下台。李登輝作為「一個國民黨主席、半個民進黨主席」的複雜身分，使其成為台灣政治、經濟、政商關係轉折的關鍵

性人物，其任內導致台灣政治黑金化的措施值得我們研究。

首先，李登輝以選舉為中心的政治改革為台灣走向黑金政治提供了可能。

李登輝「修憲」使得選舉成為台灣政治生活的中心。所謂的改革將兩蔣時期二元制統治中的地方自治完善和擴大以後，某些勢力會繼續擴張其訴求，最終實現全部政治生活的選舉化。

為瞭解決台灣現實存在的二元制統治的矛盾，也為了李登輝本人當時的目的，李登輝任內六次修改「憲法」。1991年的第一次「修憲」基本可以界定為「程序修憲」，其目的在於廢除臨時條款，使台灣回歸「憲政」的「修正內閣制」；1992年3月的第二次「修憲」，是調整「總統」選舉方式為「『中華民國』自由地區全體人民選舉之」；1994年5月的第三次「修憲」，進一步變更了「總統」選舉制度為公民直接選舉，這是李登輝「獨台」路線中的重要步驟；1997年5月的第四次「修憲」，針對「中央政府體制」作了全面的調整，主要內容包括取消「立法院」對於「總統」任命「行政院長」的同意權、增加「國會倒閣權」與「總統」解散「國會」權的制度設計，這是李登輝全面鞏固其權力結構的結果，也是後來陳水扁有權無責、明目張膽腐敗等問題的根源；1999年6月的第五次「修憲」，通過了備受爭議的「國大延任案」，被「大法官會議」宣布為違反「修憲程序」而宣告無效；2000年4月的第六次「修憲」，完成了民意代表機構（「國民大會」）虛級化的任務，同時將「國民大會」原有的重要職權轉移到「立法院」。

規則制定權是最大的權力。李登輝透過他任期內的六次「修憲」，主導形成了台灣政治生活中的主要規則。這些規則使得很多權力要透過選舉取得，而選舉就要求加大和商界的聯繫，以獲取金錢和選票。所以說，李登輝的六次「憲改」為台灣以後的亂象做下了規則基礎，也為民進黨當局上台後推行所謂「憲改工程」提供了口實。

第二，李登輝縱容甚至主動進行政商不正當接觸為後來的台灣政商結合創造了可遵循的慣例。

蔣經國主張清白的政商關係，喜歡和平民在一起。他一生沒有存款，其夫人

蔣方良想回蘇聯探親甚至都沒有錢買機票。而到李登輝時期，則有了很大不同。李登輝當政十二年，從一個寒酸的公務員變成一個億萬富翁，聚斂了巨額資產。據暴露在明面上的數據統計，李登輝擁有多處千萬元以上乃至上億元新台幣的別墅，有多張價值數百萬元新台幣的高爾夫球證，分別持有數千萬元的股票和存款。2000年1月30日，新黨「總統」參選人李敖舉行記者招待會，公開指稱，他手裡握著一份密件，李登輝在瑞士銀行有一個祕密帳戶，存款高達6000萬元新台幣。[18]其他隱蔽性財產到底有多少，到現在還是個謎。但是，李登輝利用職權聚斂財物已經可見一斑。很明顯，如果沒有不正當的政商關係，李登輝不可能聚集到如此多的財富。而這背後則是他所構建的政商勾結的「共犯」性質的利益集團。其中，他所創立的政商結合的不良慣例，一方面保證了他下台後的安全，另一方面也成為民進黨當局政商結合的模版。

　　據台灣學者分析，李登輝進行政商勾結最初是源自於國民黨內的爭權奪利，說到底，還是為了維護其個人的統治和利益。在國民黨當局的歷屆領導人中，李登輝是唯一擁有不少商人朋友的，他在商界的關係也經常被提出來討論。1990年，由於國民黨員關中設立「民主基金會」，集結了大批工商界人士，可能影響到李登輝對國民黨基層的直接控制，以及他操縱選舉的主要財務來源。於是，李登輝隨即頻頻透過宴請等方式，不斷擴大和增進與商界人士的交流。如，1990年11月17日，李登輝在台中進化路的協園餐廳宴請台中工商界人士，包括：台中銀企董事長蔡鴻文、台灣省進出口公會理事長林資清、台中建築財團楊天生楊天發兄弟、光南企業負責人羅光南、誠洲電子的廖繼誠及櫻花牌廚具的張宗憲等人。不到一週，李登輝又在嘉義接見了「涼蓆大王」曾鎮農夫婦以及遠東精機的莊國欽等人，在屏東宴請了當地工商界人士施文雄、吳開南、林萬城、藍永鵬、鄭福本等人。隔天，他又在高雄邀宴當地工商界人士，其中包括三陽機車的柯新坤、燁興集團的林義守、大統百貨的吳耀庭、東南水泥的陳江章、高興昌實業的呂擇賞、拆船巨子王滋華、華榮集團的王玉雲、高雄市商業會理事長李登木、工商會理事長王清連、總工會理事長鐘水成、漁會理事長林明發等。台灣全島性的企業更不會被李登輝忽視。比如，普訊投資的柯文昌、統一集團的林蒼生、東元電機的黃茂雄、建弘投資的洪敏弘、新光合纖的吳東亮、高砂紡織的周傳芳、三

信商事的林顯章、眼鏡公會的周錦千、麗嬰房的林泰生、北新針織的陳達雄、台灣日光燈的林文仁、國泰的蔡鴻圖等。[19]從李登輝最初大規模的接觸商界人士,甚至很多宴請都安排的如此綿密,我們不難看出,李登輝希望把控制「金脈」作為其工作的重點,也將商界人士透過選舉方式送上政治舞台。李登輝利用手中的權力,將這些政商關係轉變為自己的「人脈」和「金脈」,成為他日後用非正式權力與商界進行交換的基礎。

從控制「金脈」開始,李登輝進而控制「人脈」和「權脈」。蔣經國時代非常注意規範政商關係。僅以王永慶為例,在兩蔣時代被阻止辦報,被阻止進一步「國際化」的擴充。而李登輝卻改變了蔣經國時代的政商規則,開創了一個台灣前所未有的政商關係時代。他全面修正了兩蔣時期的措施,在沒有遊戲規則的情況下,自己創出一條慣例性的從控制「金脈」進而控制「人脈」的道路。比如,他透過政策變革,讓台灣私有企業界飛速發展,企業規模逐步增大,財富日益增長。這時候,企業界要求從政的呼聲強烈。其中鋼鐵業者就有要求透過民意代表影響鋼鐵投資方向的需求。財團在關渡平原投資買地,也是透過政治運作通過的開發設計案。李登輝用這種「人脈」的同時,還希望將商界人士吸納進他的統治集團。李登輝曾經在其任內的幾次「內閣」改組時和不少商界人士商量人選,並表示要重用他們。比如,他有意邀請王玉雲去做經濟部長、張國安去做台電董事長等。但是,這種非正式的權力利用和不正常的政商交換在當時的情勢下沒有能夠通過。即使如此,李登輝仍然獲得了商界人士的讚許。王玉雲後來就講「我很感謝他有這個心意,即使是口頭說說,聽了也高興。」[20]李登輝曾經被批評為報答其最重要的政商關係之一的張榮發籌設航空公司,而不惜換掉學有專長的「交通部長」郭南宏,啟用有爭議人物林坤鍾當「行政院」顧問。[21]這些批評雖然不見得就是確有其事,但是卻在世人面前展現出李登輝明晰的聯結政商關係的思路。

李登輝這些政商結合的慣例是在台灣社會轉型的特殊時期出現的,對研究民進黨政商關係有著重要的意義。兩蔣時期是政治權力主導一切的時代。政治人物不需要依附商界,相反,由於「利出一孔」的傳統政治與經濟架構,商界要想攀上政治總是要費很多周折。但是,隨著李登輝時期為了自己私利,為瞭解決二元

制政治的矛盾而逐步開放上層權力結構的選舉時，台灣社會向著民主、多元轉型。這種情況下，行政不能像以前一樣採取高壓手段來對付商界。從統治手段上講，李登輝則是更多地採用「拉攏方式」。那個轉型時期，中國人以血緣和類血緣為紐帶的聯繫方式在選舉中表現得淋漓盡致。尤其在基層地方選舉中，金錢買票，靠人情的問題非常嚴重。「拿了別人的錢不好意思不投票」。[22]所以，為了維持其統治，李登輝在所謂民主轉型的過程中，將西方式民主的形式和中國封建社會的傳統人際思想融匯到一起，形成了台灣社會特有的大雜燴。這是台灣現代社會民主化過程中形成的潮流，也是後強人時代沒有遊戲規則的情況下必然出現的亂象，這種亂像在台灣現在的政治生活中依然存在。

二、李登輝時期的黑金政治是國民黨「保衛政權」的必然結果

　　從蔣經國時代的改革到李登輝時代早期的變化，基本都是在維護國民黨統治的前提下，逐漸開放上層統治領域的。國民黨開放上層統治領域的前提是不放手自己的利益。

　　當台灣社會由威權向民主轉變時，許多公職都需要靠選舉產生。隨著「憲政改革」的推行，反對黨參政、議政、選舉的空間越來越大。李登輝坦誠：一個政黨如果在選舉中失敗，失去了政權，就什麼都沒有了。為了生存必須勝選，為了勝選可以不惜一切代價。從而，國民黨的許多政治、經濟措施都服從於選舉、服務於選舉，以選舉為中心，進而國民黨「為選舉而生存」。選舉已經成為國民黨當局維持和鞏固自己的統治的重要方式。早期，選舉是國民黨主導和獨霸。但是，台灣經濟、社會的變遷已經使得國民黨越來越難以控制選舉。

　　在西方式民主制度下，只要選舉，就要政商結合，就要募集選舉經費，沒有錢就沒有選舉。除選舉經費之外，還需要選舉的樁腳。即，選舉需要金錢鋪路推銷自己，需要人脈投票成就結果。台灣社會沒有脫離這個窠臼。

在所謂民主社會，選舉在兩個領域最為重要：行政系統負責人系統和民意代表系統。「解嚴」以後，選舉逐漸成為台灣民主運行的主要形式。誰贏得選舉就贏得某一方面的權力。在這種情況下，國民黨為了贏得各種選舉，一直不停地打「政權保衛戰」。在選舉獲勝高於一切的思維支配下，李登輝時期的國民黨當局不顧長期發展，利用手中掌握的權力，不惜一切代價打選戰，為台灣社會留下了非常惡質的模版。

李登輝在處理黑道介入選舉時曾說，「國民黨要生存，一定要用高度的智慧來處理，不是一味的要求處分。」[23]李登輝這一說法，其實就是要求一切以國民黨的選舉利益為重，繼續睜一隻眼閉一隻眼，姑息養奸，讓黑社會繼續存在下去。在台灣當局市場經濟規則和選舉規則缺失的情況下，同樣具有暴力壟斷者身分的黑社會組織就乘虛而入，為商人們提供由他們主宰的市場秩序，扮演著「仲裁者」的身分。這造成了台灣黑社會組織的「加速蔓延與成長」，他們不但控制著黃、賭、毒等非法產業，而且在「政府」的各種公共工程中也占盡了便宜。「幾乎占台灣經濟實力三分之一」的「巨大的地下經濟市場乃成為了黑道壯大其勢力的溫床。」[24]針對這種現象，時任「法務部長」的馬英九說，「當前黑道與暴力犯罪無法完全根絕的重要原因，是黑道以暴力介入選舉或籍由選舉躋身政壇，隱居幕後甚至走向台前，繼續從事不法活動，或組織公司行號，以合法掩護非法，或挾民意代表身分假預算審查及施政質詢之名監督政府所致。」[25]

國民黨黨工在對李登輝的抱怨中透露出來，國民黨曾經有過提名候選人居然要先查看其存摺來證明其實力的事例。國民黨搞賄選必然招致反對黨的查賄選，而查賄選的結果則是當時國民黨基層政權的賄選問題逐漸暴露出來，由此可見，當時的國民黨與「黑金政治」已經是摻雜不清。這一問題正是後來國民黨失去政權的直接原因之一。

第三節　十年之癢：李登輝、國民黨與黑金政治

李登輝統治國民黨時期，為了保衛政權，保衛自己的私利，利用黨產搞金權結合，利用地方派系搞黑金政治，其飲鴆止渴的最終結果是導致國民黨政權垮台。

一、利用黨產搞金權結合

國民黨黨營事業是李登輝時期政商一體的典型。李登輝在掌權時期，採用黨營事業和民間企業合作，黨營事業和大財團合作的方式運營黨產。這種合作，表面上是讓民間人士加入黨營事業，以便監督黨營事業的經營活動，實質上是透過這種舉動，完成國民黨內個人和商界關係的聯結和深化。

縱觀全球，世界上任何政黨都需要活動經費，但是政黨經費的來源不同。一般看來，世界上的政黨，經費來源有四種：第一是收取黨費；第二是主動社會募集；三是被動接受捐助；四是經營盈利性事業獲取費用。世界上包含台灣在內的109個國家和地區中，有21個國家和地區的28個政黨參與事業經營，其中4個屬於馬克思主義政黨，17個屬於非馬克思主義政黨。[26]從表象上看政黨所經營的主要範圍大都在文化宣傳事業方面，這種經營的主要目的是為了政黨宣傳理念，而不是主要為了政黨籌措經費。當然，也有些國家政黨經營盈利性事業是為政黨賺取經費，如英國保守黨的地方黨部就經營娛樂事業。世界上有這麼多政黨採取政黨經營盈利性事業的策略而沒有受到很多攻擊，只有中國國民黨的黨產問題被炒得沸沸揚揚，甚至成為政黨的歷史「包袱」。

由於缺乏監督機制，國民黨黨產經營在後期基本淪為李登輝等個別人操作的黑箱。這方便了國民黨內個別人和商界的結合。台灣的「總統」職位在李登輝「修憲」後，權力極大。他兼任國民黨黨主席，意味著他可以在幾個方面操弄權力，獲取私利。曾經有人這樣指責國民黨黨產經營：「國民黨黨產的問題，不但反映了黨內失去民主機制，而且汙染了政風，戕害了社會經濟正義，更已嚴重背離了政黨應負的社會責任，而到了涉及違法或違憲的地步。歸結而論，國民黨黨

產問題可以說是現今民主政治及社會正義上的一大毒瘤，不能不加以剷除。」[27]

據後來揭發出來的有關黨產案來看，國民黨黨營事業和財團的這種政商結合、人脈結合的情況非常普遍。如「尹書田紀念醫院10億元捐贈案」就是其中的典型之一。這個醫院是潤泰集團負責人尹衍樑的家族醫院。尹衍樑是劉泰英在淡江大學任教時的學生，後來的生意夥伴。劉泰英曾經投資尹衍樑創辦的光華證券信託公司，並擔任潤泰集團下屬復華建築經理公司董事長。據說，劉泰英在登上中華開發公司董事長寶座的時候，其主要股東之一的尹衍樑為劉謀到這一職位立下了汗馬功勞。劉泰英在成立台灣綜合研究院以及為國民黨選舉募款時，尹衍樑也絕不含糊。劉泰英主管國民黨黨營產業後，主導將國民黨黨營事業的10億元捐給這個醫院，不能不讓人感覺到在國民黨黨產經營中的人脈結合問題。當然，潤泰集團是個大集團，和國民黨結合對自己有好處，其對國民黨的慷慨捐款就是其實證。國民黨也正是利用了手中的黨產工具加強了和財團的交流和溝通。兩者互相利用，形成了政黨和商界勾結的新渠道。

李登輝操控下的國民黨黨產問題之所以朝向日本式的政商結合方式發展，和李登輝本人日本式教育背景有很大關係，也和他背後的政治圖謀和謀求私利有很大關係。黨產後來成為國民黨的一個沉重的歷史包袱，在國民黨發展的歷程中如何尋求關於黨產解釋的理論突破和如何進一步解決好黨產問題是李登輝之後的國民黨領導人需要認真面對和小心解釋的問題。

二、利用地方派系搞黑金政治

蔣介石敗退台灣後，對台灣的二元制統治開始。隨著台灣地方自治的實施及縣市長的直接選舉，台灣形成了以縣市為勢力範圍的地方派系，他們和國民黨相互依賴，成為台灣政治社會中的一支重要力量。

上世紀八十年代以來，台灣政黨狀況、選舉狀況和社會環境的發展狀況，使得台灣地方派系和國民黨、民進黨之間產生了一系列的變化。地方派系這一支重

要勢力，到目前為止，仍然在影響著台灣地方政治發展的格局。

台灣地方派系的發展有四個階段：第一個階段是從1945年台灣光復到1977年，這一個階段是地方勢力和國民黨密切合作時期；第二個階段是從1977年到1986年民進黨成立，這一個階段是地方勢力和國民黨既合作又鬥爭時期；第三個階段是從1986年到2000年，這一個階段是地方勢力和台灣各個政黨相結合的時期；第四個階段是2000年民進黨上台至今，這一階段是地方勢力逐漸式微，但仍然造成重要作用的時期。李登輝利用地方派系搞黑金政治在第三個階段。

蔣經國去世後，國民黨內存在著李登輝主導的主流派和外省籍精英為首的非主流派之爭。李登輝希望提升地方派系的力量以鞏固權力，遂導致台灣地方派系坐大。

地方派系作為在地方上盤根錯節的政治勢力和經濟主體，最看重的是地盤和利益。國民黨正是抓住了地方派系的命門，才會在初期很好的控制它們。但是，它們相互利用的本性決定了二者發展到一定程度必然會出現矛盾，而這些矛盾又會讓二者處在鬥爭層面。二者的鬥爭發展到一定程度時，就會發生質變。這一質變很容易導致地方派系走向國民黨的對立面。這一矛盾發展的脈絡，正如台灣學者所指出的：「對於服從中央政令、服從黨中央領導的縣市鄉鎮政府，不但預算科編制得更充裕，政府補助或專案補助也多，預算的編制和補助款項是掌握地方的極佳武器。但因各種方便、圖利特定派系、人士的補助經費寬裕，漸漸也就使得地方勢力、地方派系做大。再加上解嚴以後，政治勢力與政治形態的急速變化，地方派系勢力有的逐漸發展為財團組織，有的成為政治命運共同體，也有的是政經（金）結合，成為地方政治生態的操控勢力，至今有些勢力龐大得連『中央』執政高層都得買帳三分，其中以中部的劉姓家族勢力、南部的余姓家族勢力等最為明顯。」[28]

1990年代前後，由於台灣政黨在縣市權力結構中的變化，由於不再是一個政黨在縣市政府和縣議會同時掌權，而是兩個以上的政黨共同參與，都市化程度高的縣市，地方勢力在縣市長的選舉中所起的作用大大下降。它們在很大程度上要依靠政黨，並且與政黨相結合才能取得縣市長選舉的成功。但是，在縣市議會

和鄉鎮這一級別，相對來說，政黨色彩比較模糊，小選區地方選民結構也比較穩定，地方派系仍然是主導政治利益的分配者。這些地方派系的政治素質不一，有一些更是與黑道勢力互相勾結，間接導致黑金政治向全台灣蔓延，令國民黨在台灣的政權正面性受到嚴重衝擊。

三、飲鴆止渴的黑金操作最終使國民黨政權垮台

李登輝時期的操弄使台灣的「黑金政治」舉世聞名，政治人物與黑道、財團的勾結紛紛出現。2000年台灣領導人大選，民進黨候選人陳水扁在鞏固好其固有陣營的同時，針對中間選民不滿國民黨「黑金」政治等幾個重要關節點，以反對「黑金政治」為議題，強力訴求政黨輪替並獲得成功，這在一定程度上是李登輝時期「黑金政治」的結果。

李登輝時期，財團最早是以金錢援助競選對象，後來乾脆自己參選，政商勾結愈加嚴重。在地方上，透過所謂「樁腳」賄選的現象也已變成政治生態中的一環，不管什麼政黨，不管藍綠，大家的做法其實沒有什麼分別，只是各顯神通，爭奪利益和分肥、分贓而已。「於是，選舉就成了『買票比賽』，沒有錢的候選人根本就無法問津」。[29]

李登輝主政後期，政商聯結與互動模式已經出現一些重要的轉變，李登輝主導黨內權力重組，在相當程度上打亂了原有的財經技術官僚體系的內部倫理以及協調機制；李登輝推動的本土化路線，更重新排列了內需導向的財團、地方派系與財經官僚的位階關係。經營政商關係的財團、「立法院」次級團體與地方實力人物都可以與國民黨最高層直接進行利益交換，財經技術官僚的決策份量開始下降，政策自主性空間受到壓縮。在政權輪替之後，更令人擔憂的趨勢逐一浮現：第一、在引進民間經營人才名義的掩護下，有特殊背景的財團將勢力伸入政府主控的金融機構、公營事業與各種負有特定政策任務的公營機構，開始顛覆這些附屬機構的「社會公器」本質。第二、經營政商關係的財團在追求政策特惠時，財

團鎖定的目標已經不限於行政層級的特許執照、特權貸款、土地變更、或政府工程，而是大幅降低七大金融業營業稅、土地增值稅限期減半徵收等，這種立法層級的巨大利益移轉。第三、經營政商關係的財團在聯手出擊時，已經有針對特定政策議題進行政治布局的實力，因為財團不僅可以跨越政黨直接操縱國會內為數眾多的「利委」（利益代表），而且已經開始扮演推舉財經首長，甚至擁立台灣領導人（kingmaker）的角色。在一個經濟安全感普遍下降、政府的公共服務日益縮水、貧富差距逐漸擴大的社會裡，民眾對於社會分配正義的議題更為敏感與關注，對於政治人物的貪汙腐敗、財團以五鬼搬運獲取不當暴利、金權政治的巧取豪奪等嚴重違反公平正義理念的現象，更為反感，因此面對金權政治侵蝕國家公權力的惡化趨勢時所產生的挫折感也更高。[30]

第四節　熱衷白金的民進黨：必然走向腐敗的政黨？

近年來，民進黨選舉有術、執政無方，但於政商勾結方面卻是駕輕就熟、青出於藍。從2000年政黨輪替上台以來，民進黨令台灣民眾非常失望，人們越來越多地感受到：民進黨不過是一個必然走向腐敗的政黨而已。這一點可以從台灣每一次選舉期間的民意調查結果中看得出來，越來越多的民眾對台灣政黨政治感到無奈和失望。這一感受無疑是合情又合理的，我們完全可以從如下幾個方面來證實和支撐這一論斷。

一、民進黨複製了威權時期的國民黨

民進黨在金權勾結方面較之國民黨有過之而無不及，這不是沒有原因的。民進黨的內部體制與威權時期的國民黨有著太多的相似之處，正是這些相似之處使民進黨內部牽制政治強人擅權的能量越來越趨於衰微，也正是這些相似之處導致

民進黨執政以後的權利運作及其政策過程越來越趨於集權獨裁。

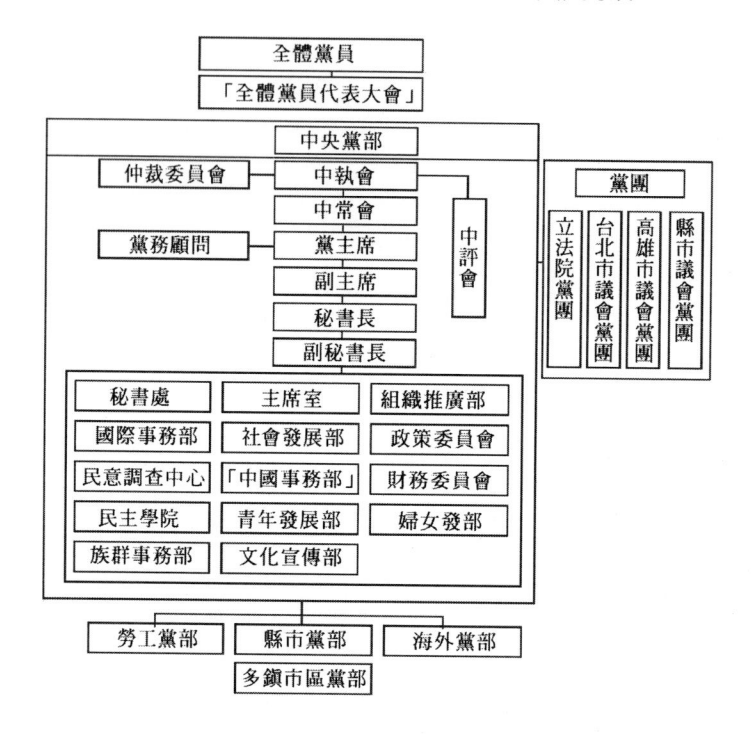

```
                    ┌──────────┐
                    │ 全體黨員  │
                    ├──────────┤
                    │「全體黨員代表大會」│
                    └────┬─────┘
         ┌───────────────┴───────────────┐
         │         中央黨部              │         ┌──────┐
         │  ┌────────┐  ┌────────┐      │         │ 黨團 │
         │  │仲裁委員會│─│ 中執會 │      │    ┌──┼──┼──┼──┐
         │  └────────┘  ├────────┤      │    │立│台│高│縣│
         │              │ 中常會 │   ┌──┤    │法│北│雄│市│
         │  ┌────────┐  ├────────┤   │中│    │院│市│市│議│
         │  │黨務顧問│──│ 黨主席 │   │評│    │黨│議│議│會│
         │  └────────┘  ├────────┤   │會│    │團│會│會│黨│
         │              │ 副主席 │   └──┤    │  │黨│黨│團│
         │              ├────────┤      │    │  │團│團│  │
         │              │ 秘書長 │      │    └──┴──┴──┴──┘
         │              ├────────┤      │
         │              │副秘書長│      │
         │              └────────┘      │
         │  ┌────────┐┌────────┐┌────────┐│
         │  │ 秘書處 ││ 主席室 ││組織推廣部││
         │  ├────────┤├────────┤├────────┤│
         │  │國際事務部││社會發展部││政策委員會││
         │  ├────────┤├────────┤├────────┤│
         │  │民意調查中心││「中國事務部」││財務委員會││
         │  ├────────┤├────────┤├────────┤│
         │  │ 民主學院 ││青年發展部││婦女發部 ││
         │  ├────────┤├────────┤└────────┘│
         │  │族群事務部││文化宣傳部│          │
         │  └────────┘└────────┘          │
         └──┬────────────┬────────────┬──┘
      ┌────┴───┐  ┌────┴───┐  ┌────┴───┐
      │ 勞工黨部│  │ 縣市黨部│  │ 海外黨部│
      └────────┘  ├────────┤  └────────┘
                  │鄉鎮市區黨部│
                  └────────┘
```

圖1-1　民進黨的組織架構資料來源：彭懷恩：《台灣政黨論》。

民進黨從一開始就複製了威權時代國民黨中央集權的組織和結構體系。這一組織結構體系從表面上看既有作為最高權力機關的黨代表大會，又有各層級的執行機關，而且不同執行機關之間也確有一定的權利制衡關係，應當是一個「比較民主」的框架。但事實卻並非如此。眾所周知，國民黨1950年的改造實際上是根據蘇共模式重建了自身的組織，而蘇共模式則是一個權力事實上高度集中於黨的領袖手中的中央集權模式。民進黨立黨之初，無論是從黨的綱領還是組織結構都是依葫蘆畫瓢，模仿國民黨而來的，這就在無形之間將國民黨極權體制的幽靈引入了自身肌體內部。

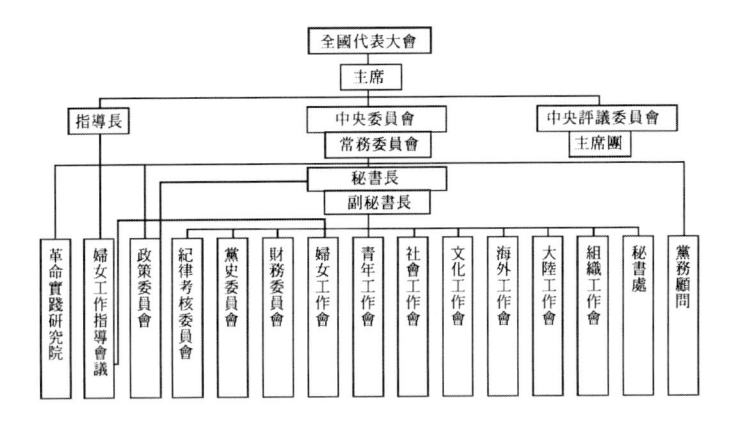

圖1-2　國民黨1950年改造後組織系統圖參考資料：柯瑩玲《中國國民黨政轉型之研究》

在民進黨發展的初期，由於自己還是在野黨，也由於派系共治的歷史慣性得以延續，它還能夠防止專制極權能量的擴張，能夠遏制黨內強勢人物操控黨權的企圖。但是，久而久之，這種遏制能力不斷式微，直至民進黨派系被陳水扁取消。執政以後的民進黨越來越難以阻遏黨內強人的崛起並倖免於後者的控制。這是因為，代表民進黨當選台灣領導人的黨內強人及其嫡系派系挾行政資源以自重，民進黨內派系均衡的局面被徹底打破，黨內任何政客想要出頭就必須結好政治強人，這就使得民進黨組織體系日漸邊緣化、附庸化。而這一變化恰恰是國民黨早在大陸時期就早已經歷過的事情。

二、民進黨也有選舉壓力

當年國民黨黑金政治也是有原因的。黑金政治的原因固然要從根本上歸結為威權統治的惡果，但有一點卻是不容忽視：即選舉壓力使然。何以兩蔣時期的國民黨沒有出現李登輝時期的黑金政治？李登輝時期台灣開始進入競爭性政黨政治，而國民黨卻沒有同步實現自身組織與權力結構的轉變，結果造成內部凝聚力大幅下降，同時並生外部吸引力的大幅滑落。其中最要命的一個結果就是它對地方派系控制能力的下降。面對民進黨對地方派系的爭奪，國民黨不得不釋出更多

的公共資源,甚至不得不借助黑道勢力來硬性地維持自己的選民基礎。同時,李登輝為個人權利是圖的政治品質以及泥沙俱下的從政風格又注定了他不但不會予以約束,反而會推波助瀾、火上添油。

民進黨也要依靠地方派系。在野時期的民進黨不僅僅是靠反對國民黨黑金政治上台的,它同時也在編織自己的政商關係並且以此為基礎與國民黨爭奪地方派系的支持。上台以後,民進黨為了支付政治酬庸,同時也為了固樁,也必須繼續經營非正當的政商關係。同時,執政後的民進黨食髓知味,為了鞏固執政基礎,維護既得的政經權益,它必須不斷克服來自在野黨的挑戰及壓力,這些壓力不僅來自日常的政府過程當中,更來自各種各樣的公職選舉,特別是攸關執政與否的台灣領導人選舉。在選舉壓力下,台灣這個比較淺薄的「民主社會」,以及民進黨這個同樣淺薄的「民主政黨」自然會不斷上演拿錢買票、拿權換錢的骯髒交易。民進黨是在選戰中不斷發展壯大並登上執政舞台的,它同樣又在選戰中腐化墮落並將最終失去民眾的信任,金權政治及其後果實在是它無法擺脫的歷史宿命。

三、民進黨部分政客的人格與李登輝相去不遠

政黨領袖的人格品質及其政治風格對於政黨行為無疑有著非常重大的影響。上世紀九十年代,國民黨黨內體制固然難以抵禦金權政治的侵襲,但若沒有李登輝的放縱和利用,當時台灣的黑金政治也不至於一發而不可收拾。李登輝嗜權如命,為了個人權力寧可置全黨、全台民眾的利益於不顧;此人又是非常的獨斷跋扈,任何逆其鋒芒的政治人物,無論是政敵還是盟友,他都會睚眥必報,且毫不留情地予以處置;此人也沒有太高的政治倫理境界,善惡觀念很是模糊,一切以是否合乎自己的政治目的,是否有利於自己的權利地位為轉移。

長期以來,台灣不斷沉淪中的政治文化對於政治人物的逆向淘汰始終都沒有終止過。與李登輝這樣一個大奸似忠的政客最終從國民黨內部脫穎而出相對應,

民進黨內出了個奸巧擅權無人能及的陳水扁。陳水扁同李登輝一樣貪鄙、嗜權、獨斷。這一點無論是民進黨還是台灣公眾都是有共識的。正是憑藉形同下三濫手法的政治技巧，陳水扁才從民進黨內一路過關斬將並當選台灣領導人，從而成為民進黨事實上的最高領袖。考察此人的政治品質並不成其為難事，只消看看近年來民進黨政治的烏煙瘴氣即可略見一斑。其實，民進黨不是沒有格調清高、眼光長遠的政治人物，但這樣的政治人物總是無法贏得民進黨的支持和信任。比如，在民進黨前後幾任主席中，如許信良、施明德、林義雄等人，無一不是務實幹練的政治人才，但又無一不是因不見容於自己的黨、自己的同志而選擇了退出民進黨。物以類聚，人以群分，這是千古不易的道理。一段時期以來，民進黨內部良莠不分、如蠅逐臭、劣幣淘汰良幣的習性至今似乎已是積重難返，這與此間民進黨多數政客的人格與政治品質不無關係。

2006年，民進黨內一部分少壯人士有鑒於民進黨執政之後不斷的弊政，以及由此而來的民進黨存亡危機，發出善意的呼籲，希望民進黨躬自反省，亡羊補牢。但是，即便這樣一個相對溫和的政治籲求也被視為分裂黨、叛黨的危險舉動而橫遭腰斬。此後，民進黨內理性的聲音、高標的人士更是面臨四面楚歌的困境。即便連曾經為民進黨上台立下汗馬功勞的「新潮流系」，也被視作洪水猛獸，被視為盜寇，這意味著民進黨不僅政治上走向破產，它在道義上也正面臨同樣的命運。

總之，台灣主要政黨的黨內體制以及台灣政治體制方才是造成台灣金權政治泛濫的根本原因，同時，它們也是造成民進黨繼國民黨黑金政治之後又深陷白金政治的根源。只要劣質的民主體制繼續維繫，只要劣幣淘汰良幣的政治文化、政黨生態繼續存在，台灣的黑金政治、白金政治就永遠不會終結。

第二章　反黑金、政商關係與民進黨上台執政

　　托夫勒曾經提及，在人類社會中，暴力、財富和技術都是權力的構造性要素。[31]上述這三個方面的要素都能夠產生正面的誘導性力量以及負面的強制性力量，都能夠服務於人類的發展同時也能阻礙這一發展的進程或毀壞這一發展的結果。在任何公共權力體系中，暴力、財富與金錢總是相互關聯的，現實生活中的政治問題也總是圍繞著三個變量及其相互之間的組合關係來進行。概括觀之，權力和利益的關係問題始終都是政治生活中最為關鍵的問題。

　　政治，無論是古代的宮廷鬥爭、朋黨傾軋，還是現代的民主選舉、政黨政治，它們最終都要面對權力與利益的分配和組合。所不同的是，前者具有嚴重的獨占性和排他性，而且缺乏來自社會公眾的牽制和約束，後者則傾向於建構一整套的分權與制衡體系，並且試圖驅動公共權力服務於最廣泛的社會公眾。當然，這並不意味著所有存在選舉和政黨政治的地方都能夠達成後者的目的。在一些地方，由於民主政治發育的不成熟和不完善，政黨政治本身尚未完全走出威權政治的陰影，部分政黨本身就成為獨占性、排他性的權利主體。同時，由於不成熟和不完善的民主缺乏行之有效的制度規範，無法保證社會公眾對各個政黨的政治前途產生剛性的約束，因而也就難以杜絕政黨政府為了一己私利而與少數利益集團相勾結並對公共利益形成嚴重侵害的事實。

　　台灣的民主政治、政黨政治就存在這一問題，而且問題還很嚴重。人們看到，自國民黨遷台以致黨外/民進黨力量發展和壯大，在台灣民主政治發展的每一個階段中，反對腐敗、反對金權勾結始終都是一個重大的政治問題。2000年，台灣人民透過手中的選票結束了國民黨長期的威權政治。一時間，台灣民眾長期以來剷除金權政治的希望似乎具備了更強的現實性。然而，民進黨執政到了

第7個年頭，人們看到的卻是弊案叢生、民怨沸騰。一個曾經宣稱「清廉、民主、愛台灣」的政黨，一個至今仍把「民主」、「進步」的招牌扛在肩上的政黨，在權力與金錢面前一敗塗地，其腐化墮落之迅速，竟然堪與歷史上的李闖王進京相比，這是該黨部分支持者，甚至部分黨員、領袖們不得不面對、也不得不承認的事實。須知，民進黨當年起家的本錢之一就是反黑金，但它卻一步一步地由反黑金走向政商勾結，最後竟至於離不開黑金了——歷史的反諷向來就是如此的冷面和無情。

第一節　品牌的塑造：清廉的民進黨與黑金的國民黨

民進黨是一個有著較強草根基礎的政黨。當其在國民黨威權專制統治下勇於發聲、挑戰國民黨「黨國」體制及其政治弊病的時候，它還是一支基本上體現了台灣中下層民眾的政治力量。不能否認，在部分台灣民眾心目中，較之老大生冷國民黨，民進黨更像是自己的「親兒子」。民進黨所以能夠發展壯大並上台「執政」，其主觀的努力固然重要，但更關鍵的卻是因為台灣人民對國民黨積累了太多的不滿和失望。作為長期的體制外政治運動的組織結晶，作為一個實際上的革命政黨，民進黨當然善於把握和利用台灣民眾對國民黨的這種不滿和失望，當然願意把國民黨丟掉的、缺失的但卻為台灣人民所期待的東西拿來裝點自己。但是，這些用來裝點自身的東西往往同時也是黨外/民進黨自身難以臻至的東西。歷史和現實展示給人們的是，民進黨是一個非常善於塑造品牌、非常善於「政治行銷」的政黨。[32]長期以來，民進黨總是特別注意將自己塑造為一個清廉、愛台灣的民主政黨。同時，它也非常重視將國民黨描繪成一個黑金、害台灣的極權政黨。民進黨就是這樣透過將問題簡化處理的方式，一步一步地將台灣民眾引向非此即彼的兩難選擇，一步一步地將國民黨逼向政治上的死角。

一、本土＋民主＝清廉的民進黨？

很明顯，在民進黨的官方表述中存在這樣一個被一再突出和強調的三段論：愛台灣、有制度的民主政黨是清廉的政黨；民進黨是一個愛台灣、有制度的本土型民主政黨；所以，民進黨是一個清廉的政黨。簡言之，本土加民主，這就是一個清廉的民主進步黨。民進黨的這一說辭固然動聽，但終歸還是難掩其疏漏、舛誤之處。首先，真正愛台灣的政黨是否一定就是本土政黨，本土政黨是否一定就是愛台灣的政黨，這一點是值得懷疑的。其次，號稱民主的政黨，它的制度是否就能有效地剪除金權政治也是一個不確定的問題。第三，宣傳行銷固然動人，但事實究竟如何，最終還是要由實踐檢驗，由時間論斷。在這裡，讓我們根據邏輯與歷史相統一的原則，對民進黨塑造自身清廉品牌的主要說辭作一番實證的校驗。

1. 本土政黨愛台灣，所以清廉？

民進黨非常喜歡突出自己的本土特徵。本土這個字眼暗含著民進黨意識形態中長期宣言的所謂「台灣主體性」、以至「台灣是一個獨立主權國家」的意蘊。這是因為，依據慣例，只有民族國家及其人民才能夠將自己擁有主權的領土呼作本土。

民進黨頻頻使用「本土」和「本土政黨」的字樣，這一做法本身首先就意味著它要充分撩撥、煽動原本潛藏於一部分台灣民眾內心深處的悲情意識，並會大力蠱惑和利用原本體現為某種「集體無意識」的省籍和族群矛盾。但問題在於，民進黨對於「本土」和「本土政黨」名義的盜用卻又符合台灣普通民眾的心理和認知。這是因為在他們心目中，「中華民國」還是一個現實的存在。民進黨人就在這裡找到了一個突破的缺口。長期以來，民進黨的戰略家及其政客們一直在努力利用「中華民國」反對「中華民國」，並且借殼上市、夾帶私貨，企圖將台灣民心從效忠於「中華民國」引向效忠所謂的「台灣國」。

民進黨企圖「獨台」的戰略大抵可以分作兩大步驟。首先是完成「中華民國」與中國國民黨的切割，目前這一步驟已經基本實現。其次是完成「中華民國」與台灣的切割，目前這一步正在行進途中。民進黨的這一戰略規劃以及實現這一戰略規劃的種種戰術手段及戰役努力都是十分危險的，它們很可能會陷台灣

社會於萬劫不復之中。誠然，台灣人民心目當中確實存有當家做主的意願，確實有愛鄉愛土的鄉土情懷，但這是相對中性、決無侵犯性的台灣意識。民進黨所謂愛台灣、走本土路線的思維與行為與台灣意識還是存在著極大的區別，前者從本質上講是一種「獨台意識」或「台獨意識」。「獨台意識」或「台獨意識」支配台灣政治和意識形態的最終結果必定是台海兩岸關係持續緊張，必定是台灣社會逐漸自外於大陸的發展、自外於東亞經濟的一體化進程，必定從根本上損害台灣人民的根本利益。

如果說在充當反對黨的歷史時期，上述導向「台獨」與「獨台」的本土思維和行為不會產生太大的實際影響，那麼執政以後它的危害則迅速顯露出來。民進黨2000年上台執政到今天，即便其一度最為親密的政治盟友——李登輝及其台聯黨都忍不住要說民進黨「只會選舉、不會治國」，只會搞「口號治台」，會拖垮台灣。民進黨上以後也曾一度對經濟民生建設表示出濃厚的興趣。但是，這個黨非常缺乏治理人才，同時，它又是一個長期從事體制外反抗運動的革命政黨，它的政治思維很難迅速走出激進革命、「獨立建國」的歷史。兩相權衡，它最終選擇繼續一切由著自己的「台獨」慣性，從而根本上忽視了台灣民眾要求推動經濟社會協調發展的根本願望。

在這裡，我們尚無須列舉數字或是枚舉事例來論證執政後民進黨背離民意不愛台灣的事實。我們只消認知這樣一個事實就足夠了：現在的民進黨已經墮落成為一個除了「台獨」努力以外一事無成的政黨。「台獨」鴉片吸食得多了，今日的民進黨已經悄悄從「使命政黨」（missionary party）轉為「掮客政黨」（broker party），不再以啟蒙人民為要務，勝選是唯一價值，該黨已經沒有了理想，沒有了廉恥，甚至沒有了頭腦。[33]不錯，民進黨的確是一個在台灣土生土長的政黨。但是，這個土生土長的政黨、這個自詡及冠以「台灣人民親生子」的政黨更像一個不折不扣的逆子，是一個自私性極強、唯權力是圖、逆反心理極重、任性施為、毫不體恤民生痛苦的逆子，一個似乎最終要毀掉台灣社會發展幾十年積累起來的家業的逆子。

所以，本土政黨未必愛台灣，而所謂的「本土政黨愛台灣所以會清廉」更是

無從說起。

2.民主政黨有制度，所以清廉？

民進黨是否就是一個民主的政黨？它由是否因黨內相關制度的制約而有清廉之實？關於這兩個問題，人們總會見仁見智。依筆者看來，民進黨確有民主之名，但在名、實之間卻還存在著相當大的差距；民進黨確實曾有過一段相對清廉的時期，但那時它尚未經受執政的考驗，而且當時由於財力上捉襟見肘的緣故，它也沒法不清廉。當然，問題的關鍵在於，民進黨內的相關制度是否合乎民主的本質，是否能夠真正使該黨免於金權政治的侵擾和腐蝕。

民進黨看到了這一點，所以它一再宣稱，民進黨是一個有制度的民主政黨，它能夠確保自己不會墮落和滑向貪腐之路。這也是一個值得質疑的命題。首先，民進黨內的制度並非成熟民主政黨的制度，它還存有許多弊端和缺陷，後者在民進黨在野時期可能不甚突出，但一俟上台就會馬上顯露出它的破壞性。這些弊端和缺陷包括：

（1）民進黨始終都是一個派系共治的政黨，甚至在許多派系內部還存在許多次生派系。這樣的組織制度勢必會造成派系間的惡性傾軋。派系在從事黨內鬥爭是必然會尋求來自於黨內和黨外的力量奧援，這些力量奧援難免會附加種種非正當的利益要求，這些非正當的利益要求最終總會反映在民進黨的政策理念和政治行為當中。派系政治總會造成金權勾結，總會滋生腐敗，這是在許多東亞國家和地區，特別是在日本早已得到充分證明了的。

（2）如同國民黨一樣，民進黨始終無法規避「強人領黨」的陷阱。民進黨中央決策機制採用合議制，這是出於派系共治和平衡考慮的政治安排。但是，這種合議制很容易轉變成為一言堂。黨內個別的派系領袖，如陳水扁，出於鞏固個人權力的目的，不惜毀壞黨內民主機制，操控黨內事務，將民進黨變成自己的御用工具。「政治強人」所以能夠做到這一點，一般是由於民望較高、實力雄厚或者當選高級政務官員使然。而所有這些鑄就其黨內強勢地位的資本都與其支持者人頭數目相關聯，最終都與他所網羅和控制的政商關係、金源財路相關。直至今天，民進黨內還沒有形成有效地限制和約束黨內「政治強人」的制度，民進黨重

蹈國民黨黑金政治覆轍的可能性也在陳水扁執政時期成為現實。

（3）民進黨內許多具體的制度非但無法控制金權交易，反而是在助長這一交易。比如，我們前面提及的民進黨內部有關黨員幹部籌措黨費的條例，很明顯就是一個驅魚入淵的壞制度。該制度明目張膽地規定：普通黨員每年須繳納300元新台幣的黨費。此外，民進黨中常委每年要繳交5萬元新台幣的責任分擔金；中執委、中評委以及「總統」、「副總統」每年要繳納3萬元新台幣的責任分擔金，「立委」、台北市長、高雄市長、台北高雄兩市議員、縣市長每年要繳交2萬元新台幣的責任分擔金；縣市黨部執委、評委、鄉鎮民意代表、村里長每年繳交5000元新台幣給鄉鎮市區黨部。碰到選舉時，民進黨公職人員還需要再次繳交選舉募款金，黨籍縣市長、中常委、中執委每年必須上繳100萬元，「立委」必須上繳30萬元。[34]當年民進黨這樣的規範或許是迫於無奈，畢竟該黨在野時曾長期處於經費捉襟見肘的窘境。但是，問題並非如此簡單。民進黨無法保證籌來的款項都有正當的來路，它甚至沒有這個意願去弄清楚。這就暴露了民進黨不講原則、不擇手段的機會主義趨向。這種趨向在其執政之後當然會很快地劣變成為權力尋租、貪墨腐敗的政治現實。

所以，關於民進黨是一個民主的有制度規範的政黨，因而一定就是清廉政黨的說法，其實未必。總而言之，民進黨所謂的民進黨愛台灣，民進黨是一個有良好制度規範的民主政黨等說法都不過是宣傳語言，它們距離民進黨實際的政治作為還是有相當大的差距。並且，它們事實上也不能成為民進黨就是一個清廉的政黨的充分必要條件。也正是因為這樣，我們才能明了民進黨為什麼會在金權政治、貪墨腐敗方面較之國民黨有過之而無不及的緣由。

二、外來＋威權＝黑金的國民黨

攻擊別人、拉抬自己，這是多黨政治中政客及其政黨慣用的鬥爭手法。體現在政治理念與政治行為中，民進黨在提出標榜自己一定清廉的三段論述的同時，

也拼湊了一個論證國民黨必然貪腐的三段論：外來政權、專制威權一定導致黑金，國民黨是外來政權而且在台灣搞威權統治，所以國民黨一定是一個黑金的政黨。這一說法不合邏輯，也不周延，儘管能夠部分地合乎事實，但同時也造成比較嚴重的混淆視聽的作用。

1.外來政權不愛台灣，所以會貪腐？

在民進黨產生以後的台灣黨爭中，「二二八事件」是民進黨用以攻擊國民黨，並收穫台灣民眾心理認同和政治支持的重要歷史財富。儘管關於「二二八事件」的性質，以及事件發生期間死亡的確切人數等問題歷來眾說紛紜[35]，但民進黨向來不憚於扭曲事實真相，以至不惜透支這一歷史財富。其目的其實很簡單，那就是要將國民黨牢牢地釘在「外來政權」的十字架上。

所謂國民黨是「外來政權」的說法，最初是時任國民黨主席的李登輝與司馬遼太郎聊天時講過的東西。[36]對於這一不負責任的說法，民進黨如獲至寶、歡喜頂受，最後竟把它當做該黨每逢政爭必要彈撥的保留曲目。所謂的「外來政權」的說法只有在台灣已經事實「獨立」的情況下才是可能的。但是，1945年台灣光復時，當時還是全國性政權的國民黨政府依據《開羅宣言》、《波茨坦公告》恢復行使台灣主權。1949年後，國民黨退據台灣成為一個武裝割據的地方政權，但這並未改變國民黨是一個中國政黨、台灣此後一直是中國不可分割的一部分的事實。總之，國民黨是退據台灣而非「流亡」台灣，因此它當然不是什麼「外來政權」。

至於什麼是愛台灣，恐怕連台灣人民自己都很難形成一個一致、公認的標準。因此，我們姑且不論國民黨是否愛台灣的問題，還是先來看是否愛台灣和是否清廉之間有無直接必然的聯繫。我們的判斷是，宣稱愛台灣的政黨民進黨未必就清廉，而被指為不愛台灣的「外來政權」的國民黨未必就全無是處。

國民黨的黑金政治並非與生俱來的，也並非是逃台時從大陸帶來的。恰恰相反，它是在宣稱愛台灣的「台獨教父」李登輝掌權時期發展起來的，是在民進黨對地方派系「招降納叛」並因而與國民黨形成權力尋租比賽的情況下惡化起來的。反觀當時的歷史，人們不難發現這樣一個事實：國民黨固然黑金，但民進黨

也沒少了編織金權政治之網。須知，台灣地方派系在政治上的傾向性基本上是以爭奪政權的主要政黨誰能更多、更好地為自己帶來現實的利益為依歸的。民進黨在與國民黨爭奪時，不可能真的就如它自己所標榜的那樣——一貫的清廉。

2000年上台以後，愛台灣的民進黨的所作所為很難算得上清廉。它的許多經濟政策實際上是在損公肥私，所謂的公營企事業民營化、金改等一系列「拚經濟」、「愛台灣」的舉措使奸商和政客賺得盆滿鉢滿，但卻使台灣經濟陷入整體上的停滯和倒退，普通民眾平均所得和生活品質也因此大幅滑落。最讓民進黨難堪的莫過於2006年，台灣有近百萬的「紅衫軍」湧上街頭，抗議陳水扁、民進黨的貪墨弊政。一時間，一度很風光的反貪腐先鋒民進黨現在卻成了反貪腐矛頭所指的對象。是故，愛台灣的政黨不一定不貪腐。在這方面，民進黨自己就是一個很好的例子。

2.外來政權專制獨裁，所以搞黑金？

眾所周知，台灣是在國民黨的主導下實現經濟起飛並擠身於新興工業社會行列的。在兩蔣威權統治時期，國民黨雖然也經營著公營事業和黨產，建立起了恩庇——侍從的權利互換體系，但在李登輝掌握實權之前該黨基本上還是一個清廉自持的黨。在兩蔣治下，台灣經濟精英們在政治上無疑是處於弱勢的，然而政治精英們在經濟上卻也同樣處於劣勢。[37]正是由於事實上不存在一個能夠從根本上壟斷全部社會資源的社會階層或利益集團，台灣的社會公平指數是相當高的，這也是台灣所以會出現經濟奇蹟的主要原因之一。

民進黨執政期間，台灣的經濟奇蹟也早已是明日黃花。人們看到，民進黨執政不過短短幾年，台灣社會就已形成了一個龐大的政治精英與經濟經營相互勾結、沆瀣一氣壟斷全部社會資源的既得利益集團，這個集團及其總代表——民進黨總是宣稱自己愛台灣，但事實上正是他們在害台灣。人們也看到，不僅李登輝的「外來政權」大搞專制獨裁、黑金政治，在這兩個方面「本土政權」也是毫不遜色，甚至是有過之而無不及。

民主進步黨的民主比之國民黨的確是強不到哪裡去。兩者之間所不同的僅僅在於，過去是國民黨兩蔣和李登輝大權獨攬，一黨獨大，後來則換成了陳水扁乾

綱獨斷，一黨擅權。陳水扁儼然把民進黨2000年以來「大選」的勝利當成了自己個人的資本，他頤指氣使，以政領黨，破壞了民進黨內部派系共治的合議民主體制，在民進黨權力機構中安插了大量的親密嫡系，牢牢地控制住了民進黨權力的樞紐。一時間，民進黨中央、主席成了他的「兒中央」、「兒主席」，黨內所謂的「天王」們，也是競相輸誠逢迎，誠惶誠恐。

顯然，民進黨內部的民主體制不僅不能抵禦「政治強人」的侵蝕，反而屈從於他的淫威。也正因為該體制的軟弱失靈，陳水扁及其家小親信才可能無所顧忌、飛揚跋扈、瘋狂聚斂。透過2006年頻繁爆出的與陳水扁直接關聯的貪腐弊案，以及民進黨失魂落魄一味護主救駕的做派，民主進步黨應改名作專制黨、退步黨才是。這進一步說明了，專制獨裁、黑金政治同樣也不是「外來政權」的專利。

三、民進黨政治理念中的偏執和誤導

按照民進黨的說法，國民黨是黑金政治的代名詞，民進黨就是清廉政治的象徵。民進黨無疑將台灣原本複雜的政黨政治臉譜化、簡單化了。誠然，這一做法能夠迅速吸引大批不明就裡的淳樸民眾，也能夠很快祭起民主進步的旗幟、方便民進黨的政治動員。但是，它卻始終無法掩蓋民進黨為台灣民眾在政商關係認知上帶來的偏執和誤導。至於民進黨本身，甚至連它自己最終也似乎相信了這一套欺世盜名的說辭：民主就是反對國民黨；本土就是搞「台獨」；反黑金政治就必須搞垮國民黨、建立「台灣國」；只要反國民黨、搞「台獨」，民進黨政商勾結即可除罪化。下面就讓我們來逐一檢視這些說辭的荒誕和不經。

1.民主就是反對國民黨？

由於歷史與文化生態不同於西方社會的關係，東方人對於民主的理解有著自己的民族與區域特色。在台灣，關於民主的意蘊究竟如何的問題，來自東西方文明的不同解讀錯列雜陳，莫衷一是，果然如同羅伯特‧達爾所講的，就「如同一

片巨大的、無法穿越的灌木叢」。[38]對於民進黨來說，民主是以排除法來界定的。也就是說，這個黨對於民主的解讀是建立在反對不民主的基礎之上的。在民進黨心目中，國民黨不論過去、現在和將來都不會是一個民主的政黨，國民黨一直都是民主政治的敵人。[39]因此，台灣的民主就是反對國民黨，就是要把國民黨拉下台，就是要把國民黨批倒、批臭，使其永世不得翻身。

民進黨為什麼會這樣解讀民主呢？不要忘記，民進黨是1970年代以來台灣黨外力量長期發展、壯大而來的組織結晶。這個黨在歷史上曾經是所有在體制外反對國民黨威權統治的社會運動、社會組織的大聯合，後者後來就演變成為民進黨內部的各個派系。當時，它們反對國民黨的目的錯列雜陳，有的是要民主，有的是要「台獨」，有的是要投機，等等不一而足。正如個別民進黨人士所坦承的那樣，民進黨內部除了反對國民黨是一致的而外，再也無法找到其他的交集。由於不同派系間在核心利益、基本價值觀方面分歧嚴重，民進黨當然無法在什麼是民主這一問題上達成一致，它也就只有透過反對國民黨這一具體現實的目標來凝聚力量，保持團結。當然，我們也要看到，民進黨徑直將民主理解為反對國民黨，也與東亞社會向來沒有民主政治的傳統，人們的民主觀相對比較混亂的歷史與現實緊密關聯。民進黨這樣做，反映了它同樣無法對革命與民主的關係做出清晰和明確的界定，從而誤將革命本身當成民主的思維侷限。

民進黨對於民主的解讀無疑是片面的。推翻國民黨統治的革命不一定就伴隨著成熟、穩定的民主的到來。尤為重要的是，反對極權、專制的政黨自身未必一定就是一個民主的政黨。在近代以來政治發展的歷史上，一種專制取代另一種專制，一種極權取代另外一種極權的事例不勝枚舉，在台灣同樣不應排除這種可能。因此，民進黨反對國民黨並不能周延地說明它自己就是一個民主的政黨。恰恰相反，民進黨上台後對於統獨族群民粹的操弄、對於主流民意的輕忽漠視、對於反對黨的烽火割喉、對於權力的獨占痴迷、對於黨內政治強人的卑躬屈膝等等，無不反映出這個黨的非民主性，非現代性。民進黨治台無術，禍台有方，在已是天怒人怨的情形下更是困獸猶鬥，顯露出某些納粹化的跡象。由此看來，反對國民黨的民進黨基本上是台灣民主政治扭曲發展的產物，也是台灣民主政治之大不幸所在。

簡言之，台灣民主要做的事情很多很多，絕不僅僅是一個反對執政黨的問題。

2.本土化就是要搞「台獨」？

根據前面我們的討論，1949年以後所謂「中華民國在台灣本土化」的說法是很成問題的。2000年政黨輪替之前，國民黨及其政黨政府在形式上、名義上保持一個涵括海峽兩岸地區的「全國性政權」架構，後者趨向國家與民族統一的積極意義還是很強的。國民黨在蔣經國時期提出「民主化、本土化」的發展方向，這在總體上無疑一種進步。但是，使用「本土」字樣無論如何都是有欠考慮的。蔣經國「民主化、本土化」的提法表達的是一個意思，即國民黨政治要積極貼近、代表和服務於台灣人民的利益，要將自己統治的合法性建立在贏得台灣人民的支持上。但是，這一表達帶有歧義。一旦將「民主化、本土化」視作兩個不同方面的問題，它就會給「台獨」分子帶來可乘之機。事實上，這一表述也被國民黨內的異己分子和黨外/民進黨充分利用，將其解讀為國民黨對自身是「外來政權」說法的默認。結果是，本土化這一似是而非的表述被直接歪曲為「台灣獨立」，而民主化則因為受到「台獨」裹挾的緣故而被扭曲為「建國運動」、「民族革命」。

儘管比較荒唐，但這的的確確反映了民進黨及其他獨派政治力量一個時期以來最基本的政治邏輯：「中華民國」民主化就必須「本土化」，而「本土化」就是要搞「台獨」，因此民主化、本土化就是去中國化，就是「台獨」。這一邏輯無疑是意識形態偏執的產物，它建立在民粹狂熱的基礎上而非政治理性的基礎上。民進黨、「獨派」搶來原本由國民黨打出的「本土化」旗號搞「台獨」，無異於打著國民黨的旗號反對國民黨，這一招的確將國民黨逼入了一個缺乏迴旋餘地的困境。特別是當民進黨以此為基礎進一步建構起支持「台獨」就是愛台灣，支持統一就是賣台灣的話語霸權以後，問題就變得更為複雜，國民黨尋求祖國統一的意志也因此備受考驗。

在民進黨的品牌塑造和營銷戰略中，民進黨的愛台灣是要由國民黨的「害台灣」、「賣台灣」來烘托的。當民進黨指責國民黨妨礙本土和努力以及企圖顛覆

「來之不易的本土政權」時，國民黨就被牢牢地釘在了「害台灣」、「賣台灣」的恥辱柱上。這樣一種宣傳策略實際上給選民帶來一種強烈的心理暗示，迫使他們在「愛台灣」和「害台灣」之間，亦即在民進黨和國民黨之間作出抉擇。這一策略的訣竅就在於，它無限地突出了「愛台灣的民進黨」與「害台灣的國民黨」這一非此即彼的矛盾，卻掩蓋、抹殺了「害台灣的民進黨」與「愛台灣的國民黨」的另一方面。民進黨為台灣社會製造了一種非此即彼、勢不兩立的對抗性氛圍，導致民眾有意無意地放棄、忽略了對亦此亦彼可能性的探討。這一意識形態操縱的最終結果之一，是導致相當一部分台灣人不相信國民黨也會愛台灣，不相信國民黨也有改革、發展為一個民主、清廉政黨的可能。

3.反黑金政治就必須搞垮國民黨、建立「台灣國」？

民進黨試圖說服台灣社會相信，國民黨連同它所建構起來的「中華民國」體制就是台灣黑金政治的罪惡淵藪。於是，發展民主就要反黑金，反黑金就是反國民黨。光反國民黨還不行，只有徹底推翻國民黨賴以存活的政治根基——中國政治架構，才能從根本上剷除腐惡。這樣一個邏輯聯結具有很強的欺騙性。它實際上是民進黨出於自身革命政黨、動員性政黨的緣故，將社會問題簡單化、同質化的結果。[40]同時，也只有這樣的簡單化、同質化的處理，革命政黨、動員性政黨才能更為有效地爭取到廣泛的社會支持。當然，這種支持往往是不明就裡的支持。

民進黨簡化、同質化社會問題的操作最終導致台灣社會出現泛政治化的傾向。似乎社會生活中所有問題，不論是政治的、經濟和文化的問題都是政治上的不民主造成的；似乎需要為政治不民主負責的僅僅是國民黨；似乎只要訴諸政治運動並推翻了國民黨，台灣社會所有的問題都可以迎刃而解，其中當然包括政商勾結、權力尋租的問題。這是一種極端的和幼稚的民主理念。它能夠激發民眾的民粹狂熱，但卻不能有效解決任何根本性的問題。

狂熱掩蓋的是淺薄。革命和反對本身固然是爭取民主的一部分，但是它們卻並非民主發展的全部內容，甚至不是主要內容。民主政治更應當是長期積累和建設的結果，是公民、公民社會與公共權力體系就權利鞏固和發展問題長期錙銖必

較並界定權限的產物。是故，政治民主不是革命了、建國了就自然而然確立起來的。如果真是這樣，那麼曾經領導過民主革命並締造民國的國民黨就不會再作為民主的反面而不得不面臨民進黨的攻勢了。對民主優越性的孜孜以求，以及對於民主內容的淺薄無知共同作用的結果必然是相關主體在政治行為層面上激進、狂飆的短期行為。民進黨就是這樣，它不願意潛心於瑣屑但卻關鍵的建設努力，而是滿足於製造熱血冷風的感官刺激，這只能使台灣民主政治的發展走上歧途。

當然，並非所有民進黨人都沒有理性的計算。民進黨一部分政客，特別是那些熱衷個人權勢、服務少數寡頭、無視國計民生的上層政客，他們也希望製造這麼一種革命的氛圍，以掩蓋自身非正式的權力運作和非法的金權交易。在一種民主、革命、建國高於一切的政治生態中，已經化身為正義力量的民進黨只消將一切罪惡推到國民黨身上就可以了，它甚至可以將自己也在製造罪惡的原因歸結於國民黨不良的政治遺產。在這樣一種情況下，只要始終打出反國民黨、搞「台獨」的旗幟，民進黨即可實現自身的除罪化，特別是自身政商關係的除罪化。如此反覆操弄的結果是，今日之民進黨已然養成了一種荒唐但卻似乎一抓就靈的思維定勢和行為慣性，那就是：反黑金政治就必須搞垮國民黨、建立「台灣國」。

第二節　政治上的攻勢：明反黑金、暗結善緣

民主進步黨給自己打造了「民主」、「進步」的閃亮金字招牌。但是，盛名之下其實難副。然而，台灣人民發現這一名實不符的事實卻還需要一個過程，需要付出相當的代價。在這個過程當中，在民眾尚未做出正確判斷的情況下，民進黨還是可以做一些事情，特別是打著反黑金的招牌大搞「白金政治」。民進黨有雙重的政治目的、政治行為。其中一重是表演性的，是刻意做給台灣民眾看的假象；另外一重則是該黨真實本質流露的結果。民進黨政治上的雙重性導致其政治性格的撕裂，導致其最終滑向腐惡的深淵。

一、表演性的政治：明修棧道反黑金

李登輝時期台灣黑金政治的主體當然是國民黨。但是，國民黨治台五十年間卻並非一直就是黑金的政黨。由於自身政治動員能力有限的緣故，國民黨在地方層面的政治行為就需要依託地方派系加以維繫。利用地方派系服務於自己的統治必須付出代價，所以長期以來國民黨與地方派系之間的確存在著一種權力和利益互換與合作的侍從主義政治關係。[41]該關係雖然構成國民黨黑金政治的社會基礎但卻並非黑金政治的直接誘因。在兩蔣時期，國民黨當局還是能夠將政治精英和經濟精英有效地區隔開來，還是能夠維持政治精英有權但清貧、經濟精英富足但無權的狀況，因此並無後來嚴重的黑金問題。

恰恰是民進黨力量的崛起改變了這一切。民進黨為了奪得政權，不僅在意識形態上打擊國民黨，同樣也很是注重削弱國民黨統治的政治基礎。與國民黨爭搶地方派系就是削弱國民黨政治基礎最為有效的方法。民進黨闖蕩不久就放棄了自己在黨外時期相對鮮明的反商特色，轉向尋求與地方勢力派系（它們往往代表或操控著地方工商企業界的利益）結盟，以強化自身、削弱對手。民進黨的爭奪吊起了商界的胃口，抬高了地方派系的要價，迫使執政的國民黨不得不釋出更多的權利，甚至是公共利益來維持地方派系、工商業界對自己的支持，而這又進一步刺激了民進黨爭搶的雄心。如此惡性循環的結果是，台灣的金權政治一發不可收拾。國、民兩黨對於地方派系和工商業者的爭搶也吸引了黑道組織的參與。台灣黑社會原本只是本省角頭和外省幫派對立的局面。但是「一清專案」時，台灣全省幫派頭子入獄，並在雨中打破樊籬，彙集一堂。經過整合、串聯後的黑社會力量，成為台灣政治生態中的重要一環。由於地方當政者本來就和黑道有著相互依賴的關係，隨著選戰的日益激烈，黑社會深入到台灣的選舉中去，並在選舉中引起了台灣人民的反感。

民進黨正是抓住這一機遇，開始了反黑金的操作。這些反黑金的政治操作包括揭弊案、追討國民黨黨產、選舉和立法行為中的政策宣示等等。此類操作的目的無非是要讓民進黨牢牢地占領住政治道德上的制高點，以國民黨黑金政治的事

實，以及民進黨對這些事實的誇張、扭曲來打擊民眾對國民黨的信心，並迫使其轉而將對台灣政治的希望寄託在民進黨身上。

民進黨在不同領域同時展開反黑金的政治操作。比如，在選舉中可以把反黑金作為獲取選票的議題；在「立委」的活動中可以把反黑金作為攻擊國民黨當局的議題；在地方執政中可以用反黑金作為打擊和消除國民黨勢力的議題。

1.在選舉中將反黑金作為打擊國民黨當局、提升自己的議題

1997年11月10日，民進黨「立委」組成反黑金反賄選助選團召開記者招待會，11日的《中國時報》以醒目標題標明「民進黨指控國民黨動用黑道固票」。1998年8月，民進黨籍「立委」蔡明憲、蔡同榮，「國代」邱太三舉行記者招待會，因「治平專案」（掃黑行動代號）被羈押在綠島的被告中有很多都以保外就醫的名義在外活躍，並有人想參與1998年底的「立委」選舉。蔡明憲在記者招待會上說要求控制黑道人物參選。民進黨很懂得利用選民不滿於國民黨霸權、同情受難者和弱勢者的心理。因此，這樣的指控每逢選舉必然會連篇累牘地上演，民進黨借此將自己塑造成一個弱勢的受害者的形象，這一形象很容易引起台灣民眾的同情。久而久之，此種同情在一部分民眾那裡轉換成了某種意義上的政黨忠誠：民進黨的一切都是真實可信的，而國民黨的一切剖白都是無恥讕言。

2.民進黨「立委」利用其工作之便打「反黑金牌」，藉以打擊國民黨，提升民進黨

比如，在1997年7月的「全國司法改革會議」召開前，多位民進黨「立委」就開始「反黑金」的造勢工作。在開會一天前，用「『全國』司法改革會議應以反黑金議題為優先」為題目的記者招待會上，民進黨「立委」蔡明憲、李文忠等均到場造勢。其「立委」蔡明憲明確提出，如果司法改革會議不討論反黑金議題，將淪為「大拜拜式」會議，民進黨參加這個會議的「立委」將在會中提出變更的議程。據《工商時報》報導，蔡明憲指出，黑金是民主、法治之癌，是台灣發展進步最大的包袱，當前在台灣不僅黑道、幫派橫行市井，黑金人物更藉政治漂白，藉參選進入民主殿堂，甚至把持民主殿堂。根據相關單位統計，第四屆「立委」具有刑事前科者有七十一人，其中判刑確定部分共有五十人，尚在審理

部分的也有二十一人。蔡明憲要求,相關單位應該限期審結相關政治人物的案件,不能讓具有刑事前科的黑金人物,繼續在民意機關為所欲為。蔡明憲並指出,當前黑金問題嚴重,反黑金議題更是全民對改善治安的需求,也是解決社會治安的焦點,但是,「全國」司法改革會議中,相關分組討論的議題,卻只有民事訴訟制度、刑事訴訟制度改革,以及法官、檢察官的人事改革,令人遺憾。蔡明憲強調,他將在「司改會」的議程開始之前,提出變更議程的提案,要求納入反黑金議題,如果未能獲得大會通過,他將利用各種權宜問題的機會,要求討論反黑金議題。[42]

3.以反黑金為議題,用遊行造勢等方式反對國民黨當局

1999年7月24日,民進黨主席林義雄與廢「國大」聯盟召集人瞿海源教授共同發起「七二四廢國大、反黑金」大遊行。這次行為攻擊性極為明顯。民進黨中央赤裸裸地表示,國民黨為了鞏固在台灣的領導地位,長期與黑金掛鉤,縱容黑金體制,且因其黨籍「國代」掌握地方樁腳勢力。這次遊行用這一反黑金議題直指國民黨統治。[43]民進黨在操作此類遊行時,慣常使用一種衝撞——邊緣戰略。該黨會精心設計一些小規模的衝突,有時甚至是流血衝突,用以強化對台灣民眾的視覺和心理刺激。國民黨經常不小心就陷入了民進黨所布設的圈套當中而陷入兩難、尷尬:鎮壓這些顯然是挑戰社會穩定和秩序的衝撞行為會被民眾視為一個貪腐政權鎮壓民主反腐正義事業的行為,會招來民眾的敵視;不鎮壓、放任民進黨的衝撞,則民進黨將會收取用於鬥爭、敢於勝利的美譽,並會因此而得寸進尺。

4.反黑金議題炒作的形象化和反覆強化

民進黨為了將其反黑金議題推向深入,也為了宣揚其政治主張,在宣傳反黑金時,無所不用其極。陳水扁在2000年的「總統」大選中,推出了「反黑金刮刮樂」,用所謂文宣創意,讓民眾瞭解國民黨、連戰、宋楚瑜與黑金政治的關係,要求全台居民「刮掉黑金真快樂」。「反黑金刮刮樂」共有三種正確版本,只要刮中「李登輝——黨產九千億——劉泰英——黨庫通國庫」、「連戰——三六二八萬——伍澤元——扶不起的阿斗」、「宋楚瑜———億四千萬——長輩

——台灣馬可仕」，就算過關，就可以到扁帽生活館或各地競選總部兌換陳水扁紀念文宣品一份。彩券上印有陳水扁騰空的照片，寫著「不可能的任務，陳水扁做得到！」首刮活動中，前一百名刮中者，可獲得陳水扁新書《台灣之子》一本。首期推出五十萬份，中獎機率四分之一，每一期各種版本全部蒐集完整，可以參加陳水扁當選「總統」就職晚會。[44]民進黨這種不按照套路，獨出心裁的方式看出其為了獲取選票而操縱議題的方法無出其右，也表現出用議題方式獲取選票的內心渴望。

民進黨所有上述努力當然有其實實在在反黑金的政治意願在內。但是，這一方面的事實並能否定或掩蓋另一方面的事實：民進黨反黑金有太多的表演性成分，有時候它是故意做給民眾看的。人們常說民進黨非常善於製造議題，這個「製造」本身就道明了民進黨政治的表演性，它就是要利用事實，必要時歪曲甚至編造事實，來對社會公眾的感官形成強烈的刺激。這種表演性政治的結果往往是，待到民眾平靜下來進行理性思考並發現被誘導、誤導的時候，民進黨已經收割了政治上的利益並做好了再一次表演的準備。

二、務實性的政治：暗渡陳倉結善緣

對付易動感情、「頭腦簡單」的社會大眾，民進黨用的是明修棧道的表演政治，但在面對權力和利益時，它卻轉向暗度陳倉的務實政治。民進黨對於權力的壟斷和痴迷絲毫不亞於曾經長期獨霸政壇的國民黨，民進黨部分上層政客集團對於搞錢、牟利的愛好如今眾人皆知。民進黨所以要轟轟烈烈地煽動民粹激情，不是為了所謂台灣民眾的根本福祉，而是為了服務於一黨、一派、甚至某個「政治強人」的一己私利。從民進黨及其政客的私利出發，民進黨所做的一切都有著清晰、冷峻的計算。民進黨是這樣一個黨，它無所謂政治責任抑或責任政治，即便台灣洪水滔天，它也要首先確保自身權利的鞏固和發展。況且，它也總能夠將洪水滔天的原因諉過於自己的政敵，諉過於大陸，甚至推直接卸給台灣民眾——民

進黨的發展、壯大和執政都是台灣民眾選擇的結果。

不容否認，黨外及初創時期的民進黨代表的是社會中下層民眾和弱勢群體的基本利益，正因為這樣，民進黨才能夠有效地引領和整合台灣社會運動，使之匯聚成強大的要求社會民主與公平正義的政治洪流，從而最終結束了那一時期國民黨的統治。同樣不容否認的是，在民進黨尚處於在野時期，在當時國民黨的統治尚未結束之前，民進黨的社會屬性就已經發生了深刻的變化。這種變化的起點當然是發端於經由選舉進入政治體系內部分享部分權利、特權的那一刻開始。很快地，民進黨一改「反商」姿態，全面改善與工商界的關係，大力收編國民黨的地方派系，積極籠絡各方面的支持者，逐漸將自己轉變成了台灣大資產階級的代言人、新的權力尋租者。下面，就讓我們來具體考察民進黨的這一前倨後恭的歷史變化。

1.早期民進黨「謀道不謀貧」，同情中小企業處境，但與工商界保持距離，並被認為有「反商情結」

早期民進黨在透過雜誌等煽動民情、引導民意，藉以打擊大資本家，獲取中小企業支持方面很有一套。這一階段，民進黨經常透過自己掌握的刊物，批判大資產階級和國民黨當局是一夥。

比如，民進黨主要的宣傳工具《新潮流》雜誌曾刊載《國民黨政權的資產階級化》一文，它指出，國民黨在1959年就開始推行內外不同的經濟路線，即對內市場維持著高度保護，對外出口工業大幅度自由化，對內市場保護造就了一大批資本家。1981年十大民營企業集團的年營收總額高達台灣國民生產總值的16%。這些資本家能夠做大如斯，就是靠著勾結國民黨，獲其保護，保護的方式包括管制該行業的投資及限制外國產品的進口，以扶植特定財團，或給予融資，稅捐上的方便；使之得以壟斷市場。這些特權者不僅有大陸財團的裕隆汽車、遠東紡織（江浙財團），還包括本地資本家的台塑（王永慶）、國泰（蔡家）、台灣水泥（辜家）、台南紡織（吳三連）、大同（林廷生）及新光（吳火獅）等，國民黨來台之初，保護傘僅及於大陸資本，這時已蔭及本地資本家了，吃到甜頭的大資本家，自然成了國民黨的支持者。[45]該文明確指出這是國民黨經濟政策導

向的結果，這點分析是正確的，因為正常的政黨和商界關係正是體現在經濟政策的制定和實施中。該文在論述完這些之後，矛頭直指國民黨經濟政策的另一個導向，即在貨幣升值過程中，「堅決不移地將中小企業凌遲處死」。該文引用統計數字說，到1987年8月中旬為止，40％的小型單軋鋼廠停工倒閉，50家鞋廠停工倒閉，130家玩具廠關門。該文將向工業化邁進的國家或地區貨幣升值的負面影響也作為國民黨當局打擊中小企業的經濟政策顯然有失偏頗。但是，這種方法有效地動員了新興中產階級和勞工階層，使他們融入到反對國民黨統治的洪流中去。

有必要指出的是，此時的民進黨與工商界僅僅是在理念上發生關係，這種關係很難從根本上真實地反映民進黨工商業政策的全貌，並給工商界一種民進黨有「反商情結」的認識。因此，該黨與商界的關係很是疏遠，除了個別具有「台獨」傾向的財團向其提供資助外，民進黨與台灣工商界財團並無淵源。1991年2月，民進黨首次召開所謂「全國民間經濟會議」，台灣工商團體和企業界悉數缺席。該年10月，民進黨通過「台獨黨綱」後，台灣工商界普遍對其表示失望，一些工商界人士還刊登廣告譴責民進黨的「台獨」行徑。——民進黨的「反商情結」和「台獨」主張是造成民進黨與台灣工商界關係疏離的主要原因。

2.選舉總路線確立以後，[46]民進黨對待工商界的態度發生了根本的變化，它開始嘗試著「義利兼顧」。

隨著台灣各項競爭性選舉的全面開放，中小企業、弱勢群體需要在選舉中有自己的利益表達，在政界有自己的保護者、代理人，而民進黨及其政客也深感從事競選需要大量的經費。從主觀上講，上述兩方面的利益是能夠實現互補的。但在客觀上，由於與台灣工商界的關係不佳，民進黨與台灣工商企業界關係疏離的狀況仍在繼續，這就在一定程度上弱化了民進黨與國民黨抗衡的籌碼。當民進黨在地方選舉中所獲地盤逐步擴大，甚至上升為「準執政黨」地位時，他們適時地轉向新的選擇，轉向與商界結合，以便迅速獲取「執政」地位。民進黨建立之初有強烈的反商情節，但是當他們發現投票的規律和中小企業對其員工的影響時，就開始轉變政策。在商界中首先就是代表中小企業利益，並組織一系列爭取中小

企業的活動。為增加民進黨的力量，許信良擔任民進黨主席後，積極改善與台灣工商界的關係，透過組織「中小企業聯盟」、籌組「台灣工商聯合會」等，與國民黨主導的工商團體相抗衡，民進黨的「反商情結」有所弱化。

　　1994年11月24日，民進黨舉行的「祥和繁榮之夜」中小企業募款活動中所表述的政策足以說明（在野時期）他們在商界利益成型以後的商界政策選擇定位在中小企業。民進黨在這次募捐活動中明確提出「不反商、反暴力、反貪汙」立場；同時公開民進黨發展中小企業的說帖，強調在解嚴之後，金權政治盛行，大企業在行政、立法部門遊說活躍，讓中小企業喪失了發言權。民進黨對此非常瞭解，將改善中小企業投資環境，再創中小企業活力。民進黨領導人在餐會中一再強調，國民黨惡意抹黑民進黨有「反商情結」，其實民進黨是反對金權政治，反對政商勾結，不是反商。民進黨宣稱，它要致力於建立公平的競選環境，這對所有辛苦的中小企業者都有好處。在貪汙、腐敗之下的安定不是真正的安定；只有民進黨建立清廉、效率的政權，建立公平的競爭環境，才能建立真正的繁榮、安定。這次募捐會上的民進黨中小企業說帖主張消除中小企業發展之不利因素，提升中小企業從業人員在經濟社會上的地位；改善中小企業體質，支持中小企業開拓市場持續經營；促進中小企業相互合作等主張。

　　1995年10月28日，民進黨中央又召開「中小企業高峰會議」。該黨時任主席施明德在會議上再一次闡述了民進黨對商界利益的主張。他澄清該項會議與選舉無關，民進黨並不反商，而是反「經濟特權」。「經建會副主委」薛琦也應邀出席致詞表示，台灣的中小企業經驗，備受APEC會員國重視。施明德在致詞時表示，中小企業是創造台灣經濟奇蹟的主要力量，但整體經營環境卻對中小企業不友善。主要原因出在國民黨本質上是個「大陸型」政黨，致使國民黨求其價值單一，領土版圖求其大；這種一切崇拜「規模」的大中國思想，導致了五十年代錯誤的重工業政策，以及長久以來與特定大財團關係密切，而廣大的中小企業卻一直被忽略。施明德認為是重新定義台灣經驗的時刻了，真正的台灣經驗是：海洋力量終究要勝過大陸的巨大陰影。他說該項會議只有一個目的，即與中小企業主並肩作戰，一同努力思索，找出讓台灣的中小企業再綻放生命力的經濟土壤。

1998年「三合一選舉」以前，台灣「朝野」政黨在經濟衰退的情況下，均選擇了在政策上打中小企業牌。但是，民進黨意識到中小企業主，才是影響選戰的關鍵因素，因此特別在對吸引中小企業的政見，強化民進黨的主張。除了在選戰主訴求上，以「我們應該過得更好」，增加選民印象外；民進黨還出爐的「火車」篇政黨廣告文宣片，就以火車飛馳，外在環境變化，告訴選民「一九九八年冬，民進黨與你同行」。負責此一政黨廣告文宣片文案的前民進黨文宣部副主任林鳳飛就表示，民進黨在文宣上的訴求重點之一，主要就是希望貼近中小企業。民進黨在選戰中，有意擴大對中小企業的「關心」，從當年年初黨中央舉辦的產業政策研討會就已經看出端倪。當時研討會的共同結論主張，改善投資環境，積極引進島外資金及人才，鼓勵低汙染、低耗能、高附加價值的產業。而為進一步落實對中小企業的關注，民進黨政策委員會在健全經濟發展政策上，還提出「排除行政障礙，提高中小企業競爭力。政府採購，保留一定比例給中小企業」等政策。

　　概而言之，在野時期的民進黨很懂得如何利用商界利益的成型來形成自己的政策，獲取選舉勝利。他們充分利用了中小企業在數量和控制人數上的特點，按照一人一票和所謂「台灣主體意識」的基本精神來獲取中小企業的政治獻金和選票。

第三節　政黨的輪替：黑金未落幕，白金已登場

　　李登輝主政時期國民黨的內政不修、內鬥頻仍、改革緩慢、黑金腐敗等問題嚴重惡化了自身形象，導致民眾不滿情緒日益嚴重。民進黨因此而有針對性地去滿足中產階級的心理和需求，不斷調整自己的政策主張和社會訴求，反覆灌輸自己的理念——「我們將政治基礎建築在大多數的中產階層，勞工、農民、弱勢群體和其他長期受國民黨壓迫的階層身上。」[47]民進黨把自己精心打造成中產階級的真正代言人，不斷擴大對中產階級的影響力，進而取得他們的信任、理解和支

持，充分利用中產階級對國民黨與大資產階級和地方勢力利益輸送、忽視中產階級參政需求的不滿情緒，在一次次選舉中，使國民黨支持率不斷下降，自己的支持率穩中有升。

一、2000年「大選」的概況

自1986年建黨至2000年14年間，民進黨不斷地在縣市長、縣市議員、「立委」、「國代」和「總統」等選舉中攻城略地，持續不斷地侵蝕著國民黨專制統治的根基。民進黨在歷次民代選舉中都穩獲30%左右的選票，有時甚至與國民黨的得票率相差無幾。1998年，民進黨執政的縣市有13個，比1989年的6個增加了一倍多，其黨員也由1986年創黨時的1,093人猛增到2000年的377,332人。[48] 此時的民進黨，已基本上具備了與國民黨一爭高下的實力、條件。1999-2000年間，台灣第十任「總統」選舉上演，在這一次的權力角逐中，民進黨、陳水扁出人意料地獲得勝利。這一選舉結果使台灣政黨政治的發展步入到一個新的時期，也是民進黨政商關係的發展進入到一個新的階段。

這場跨世紀的選舉始終就是一個「三人賽局」，是「分裂的國民黨」與「團結的民進黨」之間的較量。由於陳水扁、連戰和宋楚瑜三位競爭者彼此實力接近，游離選民數目龐大，經常超越任何一組的支持人數，因此選戰場呈膠著狀態。在選舉中，脫離國民黨自行參選的宋楚瑜曾是李登輝的主要助手，歷任黨政要職，資歷完整且民望較高。但是，他的獨立參選卻導致國民黨力量的分裂，從而給民進黨帶來可乘之機。直至1999年底前，宋楚瑜的歷次民調皆是遙遙領先其餘各組候選人，但是，在經過李登輝授意拋出的「興票案」打擊後，他的支持度急遽下跌。直到選前一個月，連宋陣營競選的主軸都是為了爭搶泛國民黨的選票，如此鷸蚌相爭，民進黨、陳水扁自然樂得從中漁利。但是，由於民進黨的「台獨」主張仍然讓許多選民疑懼，一直到最後競選階段都是呈現三強鼎立的態勢。

2000年3月8日選舉進入尾聲，連宋陣營還在同室操戈。根據台灣相關「選舉法規」規定，此時不準再公布民調，於是兩方就互相用耳語來營造棄保效應。[49]連、宋分別表示對方已經出局，而自己需要對方選民的支持，否則陳水扁就會當選。逼近投票日，棄誰保誰成為連宋相爭的焦點，兩陣營廣告文宣策略也皆以此為主軸。此種情形的出現，主要是連、宋二人的支持者在兩人之間流動的可能性很大，也就是他們在知道自己最喜歡的候選人當選無望後，會投另一位泛國民黨陣營的候選人，以防他們不喜歡的陳水扁當選。但在投票以前，任何民調所顯示的三位主要候選人的支持率皆在誤差範圍內且難分高下，在此種情形下操作棄保無異於狂賭，國民黨的兩位候選人及其選民都面臨著兩敗俱傷的高風險。

　　3月21日，李遠哲在對陳水扁表達公開的支持。與之相呼應的是，李登輝的一群好友也加入到了陳水扁的「國策」顧問團當中。於是，李登輝對於連戰的支持受到普遍的懷疑，陳水扁開始蠶食連戰的選票，宋楚瑜更是不斷指出連戰已經被李登輝所拋棄。兩相疊加的結果是，連戰的選票開始大量出走，一部分的本土票流到扁陣營，大部分的泛國民黨則流向宋楚瑜。連宋相爭的結果，宋是贏家，這種態勢透過耳語傳播開來，使這種趨勢更加明顯。在選前十天，陳水扁扁獲得李遠哲臨門一腳式的政治背書，其支持度急速攀升。

　　及至投票日，「棄連保宋」、「棄連保扁」效應同時顯現，連戰的選票小部分鬆動而流向陳水扁，大部分流向了宋楚瑜，連戰的支持者被掏空，僅獲得23.1%的選票。宋楚瑜雖在泛國民黨陣營中勝出，但僅得到36.8%的選民支持。由於連戰崩潰的不徹底，宋楚瑜比起陳水扁所獲39.3%的選票還是輸了31萬票。此次選舉，國民黨重蹈了六年前台北市長選戰中因自身分裂而致民進黨、陳水扁勝選的覆轍。當時，由於選舉「棄保效應」，國民黨提名的黃大洲只拿到26%的選票，新黨的趙少康則超過黃大洲六個百分點，但民進黨的陳水扁最終以44%的得票率當選。

二、導致2000年台灣政黨輪替的因由

关于2000年台湾意外发生政党轮替的原因，人们一般认为它是由如下几个决定性的方面促成的：（1）国民党分裂造成三人相争；（2）「兴票案」使宋楚瑜无法保持其领先地位，也使「弃保效应」无法较早发酵，从而使连宋之间陷入僵持；（3）李远哲效应加大了陈水扁的支持度，使泛国民党阵营的蛋糕总量缩小，最后使连宋间弃保的幅度不及陈水扁支持度的增加。然而，这些原因都是表面的和肤浅的。此间真正决定国民党、民进党政治地位、前途命运的还是民心向背，是台湾政治发展过程当中政治合法性基础的结构和重构。从这一角度出发重新审视台湾的民主化进程和2000年的政党轮替，我们不难得出这样的结论：国民党是自己打垮了自己。民进党虽然造成了相当大的作用，但却不是决定性的作用。

1.国民党政权合法性的丧失并非一日之功

合法性是政治系统使人们产生和坚持现存政治制度是社会的最适宜制度之信仰的能力。[50]马克斯·韦伯在考察统治的类型时提及合法性问题。他指出，统治需要可靠的服从。而人们所以服从，不仅出于自身的情感、理性和利益，更出于对合法性的信仰。[51]简言之，为被统治者所认同的统治就是具备了合法性的统治，因为它享有权威——一种统治者所宣告了的意志，想影响他人的行为，事实上也这样影响着他人的行为，使这种行为在一种对社会重要的程度上来这样进行，仿佛被统治者本身把命令的内容作为他们的行为准则。[52]韦伯指出，合法统治涵括三个方面：（1）合理的性质。建立在相信统治者的章程所规定的制度和指令权力的合法性之上，他们是合法授命进行统治的（合法性的统治）。（2）传统的性质。建立在一般的相信历来适用的传统的神圣性和由传统授命实施权威的统治的合法性之上（传统型的统治）。（3）魅力的性质。建立在非凡的献身于一个人以及由它所默示和创立的制度的神圣性，或者英雄气概，或者楷模样板之上（魅力型的统治）。[53]

现代政治的合法性要求统治者的统治必须获得被统治者的许可，这种统治必须建立在合乎理性的基础上，它必须受到一定制度的规范和制约。民主与法治，这是任何经济社会的现代发展推进到特定阶段后都无法避免的政治前景。任何政

黨政府只有審時度勢,努力去適應它、主導它,才可能繼續維持自身對於公共權力的控制。否則,它們就無法避免被歷史淘汰、被民眾拋棄的命運。國民黨在大陸時期,以及其初到台灣時期,支撐其統治的合法性基礎是傳統,以及兩蔣、國民黨造神運動造就出來的領袖魅力。這些都不是合乎現代性要求的東西。伴隨台灣經濟社會的成長,一種新的價值觀開始萌發、成長,它相信公眾輿論能夠引導社會和政府的行為。[54]面對來自社會公眾的民主與發展要求,國民黨並沒有能夠積極改革,以迎合社會發展的必然要求,結果自己被遠遠地甩在了歷史車輪的後面。

　　1960年代到70年代,國民黨引領台灣經濟快速發展,並且大大地改善了台灣民眾的生活,因此在台灣社會中還是享有較高威望的。在這樣一種相對寬鬆有利的情況下,國民黨沒有能夠居安思危,及時完成自身的民主化改革,反倒是一再壓抑黨內外要求國民黨現代化的善意呼聲,結果最後把希望國民黨引領台灣民主化變革的善意力量最終推向了體制外,推向了自己的反面。及至1980年代,在黨外力量體制外抗爭已成燎原之勢時,國民黨已經無力回天。面對民進黨的衝撞——邊緣策略,國民黨進退失據;面對民進黨爭搶地方派系支持,國民黨黑金化日益嚴重;面對民進黨的揭弊攻訐,國民黨左支右絀,蔣經國去世以後的國民黨從根本上喪失了活力,失掉了民心,它的統治的合法性根基始終在不斷地坍塌。總之,逆歷史潮流、喪失民心,這是國民黨最終喪失政權的根本原因所在。

　　2.李登輝拖垮了國民黨並使其分裂,這是國民黨下台的直接原因

　　1988年1月,蔣經國突然辭世,台灣政治發展步入了一個深深打上李登輝個人印記的新時期。李登輝是一個既富有戰略眼光,又極具策略手段的出色政客,國民黨黨內體制的缺陷使其成功獲取了蔣經國的信任並繼承了蔣氏的政治遺產。但是,他有自己不同於蔣經國的戰略規劃。憑藉高明的政治手腕,他清除了政治對手,鞏固和擴張了個人權力,大力推行自己的「本土化」和「民主化」路線。李登輝在黨內大搞形式民主、權力獨尊[55],徹底破壞了國民黨1950年代改造以來形成的維持黨內形式上團結的政治基礎,直接導致長期困擾國民黨的腐敗和派系兩大頑疾又一次發作,這不僅使國民黨政治上的合法性遭遇空前危機,即便是它

作為一個政黨存在的合理性也遭受極大挑戰。

在李登輝手中，國民黨日益分化為所謂主流派和非主流派。親李登輝的主流派是持有政治民主化願望和持有政治本土化訴求兩類人的混合體。非主流派基本上是由堅持國民黨原有政治理念，或主張漸進改革的人們組成。隨著李登輝路線日復一日的推進，黨內派系的鬥爭日趨白熱化，已到了非組織解決不可的地步。再加上李登輝本人刻薄寡恩、不講誠信，一貫玩弄權謀、排斥異己，並大搞黑金政治，國民黨分崩離析的日子到來了。

李登輝主政期間國民黨的分裂有兩次，第一次是黨內非主流派在郝柏村被逼卸任「行政院長」之後，於1993年國民黨十四大前集體出走宣布組建「新黨」。2000年，宋楚瑜自行參選「總統」違反黨紀被開除黨籍，敗選後即從國民黨中拉出一部分力量組建了「親民黨」。這是最嚴重的第二次分裂。選舉期間，李登輝「棄連保扁」的面目被揭穿，加之分裂國民黨並直接導致它失去政權，罪無可赦，被追究責任後被迫辭去黨主席一職，隨後被開除黨籍。

李登輝最初的圖謀似是要把國民黨徹底改造成為「台獨」政黨，這樣國民黨就會成為新的「台灣共和國」的「建國黨」，其「合法性」自然會又一次重建起來。所以，他並不太在意那些反對其路線的非主流派出走，甚至希望它們走得越乾淨越好。但是，國民黨在最後一刻還是懸崖勒馬，堅持了自己愛國統一的政治操守。但是，無論如何，李登輝還是成功地從內部分裂了國民黨，並且直接導致了國民黨威權統治的終結。儘管對他本人而言，這是出於「台獨」戰略考慮的結果，但對於長期追求民主自由的台灣人民來說，這未嘗不是好事。冰凍三尺非一日之寒。國民黨以自身組織的分裂和本黨領袖的背叛結束了自己的統治，這是其在大陸時期就種下的惡果最終總爆發的結果。

3.民進黨的反黑金並非國民黨下台、自己上台的決定性因素。

國民黨的威權體制，李登輝的強人政治，以及國民黨內無法遏制的派系紛爭，這些致命的因素迭加在一起，使得作為百年老店的國民黨再也無法適應民主政治發展的要求，它的這次失敗是早在大陸時期就已經注定了的。對於民進黨來說，2000年政黨輪替、上台執政，即便自己都覺得很意外，很不可思議。[56]的

確，這無異於天上掉下餡餅來。設若當時沒有民進黨，這個餡餅也可能會落入其他政黨手中。民進黨的確是運氣好，在國民黨威權統治氣數將盡的時候順利頂缸成為台灣的「執政黨」。

不錯，民進黨長期以來致力於反對國民黨，特別是反對黑金政治，但是，這並不意味著民進黨就是一個比國民黨強多少的黨。民進黨向來都是一群烏合之眾。這個黨內除了「新潮流系」還算有些見識，有些本事，其他各派系及其頭面人物無非都是些唯權利是圖的投機分子，以及艷羨國民黨專制濫權地位並時刻準備取而代之的勢利之徒。民主進步黨既非民主亦無進步，如同國民黨一樣，它有的也只是寡頭獨斷、爭權奪利。民進黨剛成立不久，黨內就發生主導權的爭奪，一些曾為黨外反對事業坐過牢的老投機分子不滿於新投機分子乘虛而入收割果實，出獄後不久即宣稱，這個黨是他們的，他們隨時可以拿回去——儼然把民進黨當成了私有財產。時至今日，民進黨及其各派系也還是難免於被個別政客視為私產的命運。

客觀來說，民進黨對於台灣民主政治的貢獻遠沒有它自己標榜的那麼偉大。政黨輪替之前，民進黨所做的一切僅僅在於反對國民黨，這個黨也只有在反對國民黨時才表現得像一個政黨，一個與國民黨極其相似的政黨。人們看到，始終指責國民黨不遵「憲政」的民進黨同樣無法無天；長期攻訐國民黨黑金政治的民進黨自己也不幹不淨；一直批判國民黨「黨國」不分的民進黨又何嘗不想建構屬於自己的「黨國」？在野時期的民進黨與時為執政黨的國民黨就已是一丘之貉。所不同者，僅僅在於一個是旗幟鮮明的「台獨」政黨，另一個是扭扭捏捏的偏安政權而已。

正因為如此，我們不能過高地估計民進黨表演性的反黑金政治對於結束國民黨威權政治的歷史作用。一個相對中肯的判斷是：儘管當時的台灣人民對於國民黨早就積累了太多的不滿，黑金政治只是一個導火索。但在當時，台灣民眾同樣也不滿意於民進黨。只是由於需要政黨輪替來教訓國民黨的緣故，民進黨才被瘸子裡面挑將軍，意外地被挑出來做了「執政黨」。這一點可以從政黨輪替後民進黨面臨「三個少數」的窘境中得到證明。[57]

三、民進黨對權力和腐敗的全面接收

撿來的便宜自然不會珍惜。更何況,民進黨還是一個有著強烈「台獨」建國慾望的革命黨。接收政權後的民進黨就彷彿一個不顧一切的復仇者在復仇以後闖進了仇家的大門,它對於仇家遺產的態度自然是儘可能的劫掠、搜刮,對於那些實在無法據為己有的東西,則要儘可能地予以破壞。正是這樣一種扭曲的心態,導致民進黨上台後不久就迅速地墮落、沉淪下來。政黨輪替以後,民進黨不僅接收了國民黨的執政權力,同時也全面地接受了國民黨的政治腐敗。民進黨執政8年來人們看到,無論在專權擅權方面,還是在貪瀆饕餮方面,民進黨莫不是青出於藍。

1.民進黨全然不顧台灣「憲政」的基本原則,拒絕「立法院」多數黨組閣,長期維持其少數「政府」的統治,全面壟斷「政府」權力

民進黨貪天之功,把2000年的政黨輪替視作自己的成果;陳水扁更是將其視作自己個人的勝利。上台伊始,民進黨、陳水扁就抱著「一朝權在手,便把令來行」的古舊心態,早把台灣民意忘到了九霄雲外。在他們內心深處,民進黨、陳水扁就是台灣民眾和台灣民主事業的化身。這是一種自信,但毫無疑問,它又是一種自大和狂妄。當民進黨將自己與台灣人民合二為一、忘記了自己原本是一部分台灣民意的代理人的時候,它就成了所謂「民主的威權」,後者與此前國民黨東拼西湊、塗飾打扮的「威權的民主」並無太大的區別,它們共同的特點是嗜權如命,排斥異己。

台灣的政治體制在兩蔣時期原本是「內閣制」,只是由於長期戒嚴的緣故,「總統」權力相當廣泛且無法有效牽制。正是這一點決定了國民黨政權專制獨裁的特質,也正是這一點導致了國民黨最終的在野喪權。蔣經國逝世以後,國民黨在民主化轉型當中本應當積極回歸「憲政」體制,但李登輝出於個人的野心積極主導「修憲」,結果是修出了一個名為權力制衡的「雙首長制」,實為「總統」權大無邊無需負任何責任的超級巨無霸的「總統制」。[58]民進黨、陳水扁上台

後，對於這一明顯有違政精神的「憲政」體制不僅不加以匡正，反倒處心積慮加以利用，並在此基礎上進一步擴張「總統」和政黨政府的權力。這樣做的結果是可想而知的：所謂台灣的民主化，今天看來不過是以民進黨的專制獨裁取代了國民黨的獨裁專制而已。

民進黨逐漸掌握了絕對的權力，它可以長期維持少數政府，可以以「政府」權力操控「立法」，可以以「政府」權力左右「司法」。對於國民黨遺留的政治體制，凡是有利於民進黨擴權、濫權的一律繼承並發揚光大，凡是不利於民進黨擴權、濫權的一律棄如敝屣。久而久之，民進黨全面控制了台灣社會的黨、政、軍、情部門，它重建了國民黨時期的極權政治，並且由於其瘋狂分裂族群、挑唆「台獨」的關係，該黨對於台灣社會的控制已經帶有濃郁的法西斯氣息。阿克頓勳爵曾經指出，絕對的權力必然導致絕對的腐敗。這是一條普適的原理，民進黨自然也無法跳脫這一規律。

2.革命紅利與政治腐敗：民進黨白金政治的登場

取得執政地位以後，民進黨意識到，政界需要商界，商界也需要黑白社會兩方面的功能。上台後，民進黨擁有了龐大的執政資源和更大的社會影響力，為鞏固和擴大執政根基並盡快改變少數執政的局面，他們加大了爭取中產階級、拉攏大資產階級甚至使拉攏黑金勢力的步伐，逐漸從基於以前的商界階層利益分析所做的政策導向中走出來，走向金權勾結。

陳水扁的重要幕僚陳明通曾專門就企業對統治者的功能作出分析。他指出，對統治者而言，企業具有以下功能：（1）生產性功能：現代的企業主（特別是大企業）有生產與銷售功能，因之掌控社會上的經濟資源，使政府對其有很深的依賴。（2）政治支持功能：除經濟資源外，現代企業僱用大量的員工，尚擁有可觀的社會資源。這些經濟力與社會力一旦轉化為政治力時，將可能影響一國政治勢力的均衡。其次就企業來說，政府具有如下功能：（1）保護性功能：由於國家是社會上唯一合法壟斷武力的組織，其對內可保障社會環境的安定、創設並鞏固多種經濟制度，以維護企業交易的信用與安全；對外又可協助企業對抗國際競爭，保護企業海外發展。（2）分配性功能：由於政府統治階層，握有對社會

價值（利益）權威性的分配權力。例如，政府對公共事業價格訂定、企業競爭環境設定等分配力，將影響到企業的營收。故企業總利潤中，一部分是企業主結合各種生產要素所得的「利潤」，另一部分則是企業主透過政府統治階級，所獲取的「競取租金」。[59]這一政界和商界的互動功能清晰地闡釋出政商連接的意義。

執政與在野的區別在於，是否擁有規則制定權與規則實施權。規則制定權作為人類群體中最大的權力，並非是由執政黨一黨就可以行使。在現代經濟社會中，任何一個政黨在獲取執政地位時，都需要和當時主導社會經濟發展，並擁有著龐大的經濟資源和經濟外交資源的經濟界溝通、獲取利益的平衡後再做政策制定與實施。大資產階級作為台灣統治集團內部重要的制衡力量，對任何執政黨和執政集團都有著不可或缺的影響力。尤其是在台灣對外關係相對匱乏，經濟資源外向型等因素的影響下，這層關係就更加重要。再加上本書在前面所談及的，任何利益團體內部都有三種人，而這些不同次利益集團往往也影響著政策的制定，影響著統治集團力量相互妥協的力度。

民進黨有上台苗頭的時候，就有巨商界人物投資於陳水扁。奇美集團董事長許文龍在選前一句「陳水扁最能繼承李登輝路線」的說辭，全面引爆南部地區的「棄連保扁」效應。而許文龍不但事前挺扁，在陳水扁任命唐飛消息傳出後，不喜歡面對媒體的許文龍還特別自南部傳真聲明表示支持，一路相挺到底。

在民進黨剛剛獲得「執政權」時，陳水扁的行動就表明了民進黨在商界政策上的轉軌。他在鞏固以前挺綠企業的同時，繼續擴大綠營的企業地盤，並進一步壓縮藍營的企業範圍。當時即有台灣媒體指出，「政權」更迭連帶的帶動台灣政商版圖重組。當選第三天，陳水扁就借南下祭祖的機會，拜訪了鐵桿挺扁的奇美實業董事長徐文龍，就任前夕，陳水扁拜訪行程不斷，其中對企業界的拜訪更為密集。這其中，突出的是張榮發和許文龍這兩位陳水扁「國政顧問團」的顧問和殷琪。而長榮、大陸工程等挺扁色彩濃厚的企業，從總裁到總機小姐，在陳水扁當選後幾乎是在搞企業總動員。在陳水扁走訪時，擴音機傳出的是競選主題歌，大廳內飄揚的是競選旗幟，員工競相走告，氣氛熱烈宛如造勢現場。

挺扁的企業，扁要感恩；不挺扁的企業，扁也不放棄拉攏的機會。針對選前

騎牆和挺藍的企業如台塑董事長王永慶等，陳水扁也極力採取各種方式拉攏。扁陣營認為，企業家長期習慣與國民黨打交道，選後有壓錯寶的沮喪，可以體諒。所以，陳水扁會利用選後的「企業之旅」，讓這些大老闆有重新認識陳水扁的機會，至少減緩他們對民進黨「反商」的觀感，所以陳水扁也把「企業之旅」的觸角，從挺扁企業延伸到恐扁企業中。他拜訪遠東企業董事長徐旭東就體現了這一點。遠東企業這次選舉雖然力挺連戰，徐旭東也多次幫連戰站台，不過，徐旭東曾受邀擔任陳水扁的台北市文化基金會董事，與扁陣營的互動良好，選後雙方很快恢復溝通管道。

另外，在工商企業的三大老方面，陳水扁在選後也馬上拜訪海基會董事長也是和信企業團會長辜振甫，邀請他繼續襄助兩岸事務。至於選前「預告」陳水扁當選股市跌到三千點的統一集團總裁高清願，也透過前統一發言人、任台中縣副縣長陳雨鑫與扁陣營聯繫。另一個擔心陳水扁當選「大家都得去跳海」的力霸集團總裁王又曾選後對陳水扁態度也有一百八十度轉變。尤其在唐飛「入閣」案中，王又曾在國民黨中常會內堅持不能對入閣的黨員黨紀處分，應該讓「新政府」有更多的人事任用權，顯示對於陳水扁主政，王又曾的恐懼已經少了很多，亟待靠攏的善意也溢於言表。這些都是民進黨獲得「政權」政商政策變更的過程與結果。

台灣工商團體在民進黨上台以後被「綠化」的速度也很快。陳水扁上台後，一直試圖拉攏工商界人士和工商團體。由於「三大」工商團體[60]有明顯的國民黨背景，因此，陳水扁在幾次「經貿之旅」中，都刻意邀請台灣中小企業協會理事長戴勝通參加（戴是唯一受邀的中小企業主）。陳水扁曾專程到戴勝通的三勝制帽大甲廠參觀，公開感謝戴對其「經貿外交」的支持，更讚許中小企業協會是台灣四大工商團體之一。2001年6月19日，陳水扁在接見工業協進會理事長李成家時，「封」工業協進會是「第五大工商團體」。隨著台灣電子資訊產業的發展，台灣電機電子同業公會的影響力也不斷提高。因此，台灣現在習慣上稱六大工商團體。在設立委員時，在陳水扁遴選的11位代表中，當時五大工商團體理事長定為籌備委員。

当年民进党建党时,就曾经在政治理念、组织结构等多方面拷贝国民党的模版。二十多年来,民进党亦步亦趋学习国民党,同时又尽其可能地败坏国民党。谁曾想,上台执政后的民进党即便连国民党的黑金政治也全盘学了过去。只不过,它还是有些羞耻之心,将自己的金权政治呼作「白金政治」,以此来与它的老师和对手相区隔。

3.白金政治从民进党执政无能开始

当一个政党将自身命运寄托于政治对手的软弱而非自身的强大和创造力的时候,这个党就已经十分危险了。人们看到,执政8年的民进党开动宣传机器,将台湾经济社会发展的停滞归结于国民党的黑金政治,而且,它还在喋喋不休地操纵所谓向国民党「讨党产」的政治运动。这样的做派说明什么问题呢?答案是,民进党无法以自己执政的政绩来回馈选民的期望,无法以建设和发展台湾的经济社会的成就来说明自己是一个成功的现代的「执政党」。为了苟延残喘下去,它就必须继续一再地挑唆民众对于国民党的仇恨,并煽动「台湾独立」的民粹,以继续反对国民党的旗号来延续所谓爱台湾的「本土政权」的命脉。

民进党陈水扁是意外当选的,虽然上台执政有合法性,但正当性不足。此外,民进党自己也还没有做好执政的充分准备。由于长期在「国会」中担当反对党的角色,最多也仅仅是在一部分县市地方上台执政,从来无法置喙「中央」行政事务,所以它在执政经验、执政理念等方面基本上还是空白。更为难堪的是,当时的民进党虽然有无数「民主斗士」、「革命家」,但其专业的行政和治理人才却是凤毛麟角、捉襟见肘。于是,民进党的执政历程就自然而然地呈现出前后两个不同的阶段。

第一阶段,民进党、陈水扁深知本党上台并非受到多数选民支持,所以将努力地重点放在了巩固政权方面。一开始,鉴于民进党还是「少数执政」,为了取得必要的政治缓冲,民进党陈水扁当局在拒绝与在野党共组联合「政府」的同时,延请国民党籍的原「国防部长」唐飞组建所谓「全民内阁」。表面上,民进党标榜「清流共治」,在政府42名成员中民进党籍的只有12名,且要辞去党职、退出党务活动。[61]实际上,在这样一个政治安排的背后,民进党加紧对人事

的控制和權力的接收,加速對政府事務的熟悉、掌握。很快,僅僅在137天以後,唐飛本人就因修建「核四」計劃與民進黨極端反核理念嚴重衝突而去職,民進黨也就順勢組建了本黨的政權,開始了它的「少數統治」。[62]

正如前面所提及的,民進黨執政伊始還是比較留心公共政策的,它深知這也是許多選民寄予其很高期望的原因所在。在經濟上,為了兌現選舉時許下的支票,民進黨當局企圖透過經濟政策調整,在一方面減稅、追加福利以討好選民的同時,另一方面擴張財政支出以刺激景氣。結果,卻是造成當局高額赤字。民進黨不顧經濟規律、一再蠻幹的結果是:台灣經濟增長整體乏力,投資與消費低迷,經濟結構脆弱,出口增長趨緩,財政金融惡化,失業率居高不下。[63]在其他方面,比如勞動工時問題、「核四」問題、農漁會問題、清算國民黨李登輝黑金政治等問題一路下來,由於民進黨始終無法爭取在野黨的合作,加之其立場也開始從關注草根民生轉移到上層權貴,它也就實在沒有能力、也沒有心思去支持群眾正當的權利要求。人們開始認識到,民進黨只是強烈地想取悅民眾,絕非是要實踐其長期以來的理想。[64]於是,繞在一部分台灣人心中的「民進黨情結」迅速消退。[65]

伴隨弱勢執政、經濟和社會政策上的挫折,以及對於可能由此而下台的焦慮,民進黨執政形勢很快急轉直下,進入到第二個階段——全面墮落和倒退的階段。在這一階段,民進黨的痼疾綜合爆發,嚴重影響到台灣政治、經濟、文化和社會的正常發展。該黨自我標榜的所謂「清廉、民主、愛台灣」品格喪失殆盡,它的興趣也隨之發生轉移,轉向了如何不擇手段地延續執政地位。同時,這個黨也被一種莫名的焦慮所困擾:國民黨毀黨喪權的殷鑒不遠,民進黨自身墮落之迅速較之國民黨尤甚。但是,在民進黨強人操控的現有體制下,這一焦慮無法化作自我反省和改革自新的動力,即便有也被視作寇仇。於是,民進黨內致力於民主、進步的理想與信念更是雪上加霜。所有這一切都構成當前民進黨及其政客瘋狂聚斂、金權禍政的根由。

第三章　民進黨內派系、政客及其與商界的關係

民進黨內政客、派系與商界的關係是本書要探討的重點。作為一個派系共治的政黨，民進黨和商界之間有著千絲萬縷的聯繫，黨內各派系共同織就了一張既密且疏、有形無形的權與利共進退的網絡。這一網絡伴隨民進黨從在野到執政，從「中央」到地方，成為民進黨主導台灣社會變遷的力量源泉，成為民進黨倒向貪腐墮落的病理基礎，也成為民進黨束縛台灣未來發展的天羅地網。

第一節　派系共治的民進黨

政黨的派系就是政黨內部基於相對穩定的特殊理念，以爭奪政黨內部資源和權力為目標，並認同政黨整體的非正式組織。[66]民進黨是台灣早年黨外運動理念和組織的結晶，它從一開始就是一個派系共治的政黨。

一、民進黨派系發展脈絡與變遷

民進黨的產生和蔣經國本人政治上相對寬厚的氣度和格局有著必然的聯繫。蔣經國執政期間開始致力於漸進地、有控制地推行台灣政治的民主化和本土化進程。作為結果之一，在二戰結束41年以後的1986年9月28日，民主進步黨——台灣第一個在野黨在台北圓山飯店非法宣告成立。當年10月5號，蔣經國在國民黨中常會上表示：「時代在變，環境在變，潮流也在變。因應這些變遷，『執政

黨」必須以新的觀念，新的做法，在民主『憲政』的基礎上，推動革新措施。唯有如此，才能與時代潮流相結合，才能和民眾永遠在一起。」正是這一宣示，促使國民黨中常會在10月15日一致通過兩項政治革新案：一、戒嚴令即將解決；二、修改「非常時期人民團體組織法」。11月10日，民進黨召開第一次「全國黨員代表大會」，江鵬堅當選為第一任主席，從此民進黨正式登上了台灣政治舞台。在民進黨組黨過程中，蔣經國、國民黨實際上是持一種默認的態度。

民進黨創黨之初，「台獨」主張並沒有像現在這樣成為其意識形態的天條。但在蔣經國去世，李登輝開始縱容「台獨」活動以後，在台灣「台獨」意識公開化、合法化以及海外「台獨」分子回台入黨的雙重作用下，「獨派」逐漸占據了民進黨內的主導地位。二十年來，民進黨內一直存在著一個對台灣政局和兩岸關係帶來巨大影響和衝擊的毒瘤——「台獨」。在它的侵蝕下，民進黨成立之初「反對黑金政治」的光環逐漸消退；在它的掩蔽下，民進黨自己與商界的不當關係一發不可收拾。民進黨喪失政治理想和深陷金權政治泥潭的過程，首先是從黨內派系活動開始的。故而，把握民進黨的政商關係，民進黨內的派系及其活動是唯一的切入口。

讓我們先從地方分布來研究民進黨派系脈絡。民進黨創立時旗下所屬的各地山頭勢力大約如下：

（一）基隆市：周滄淵、王拓、李進勇、候永利、李信志、陳德生與程惠卿等；

（二）台北縣：尤清、盧修一、鄭余鎮、周伯倫、陳婉真、廖學廣、陳金德、李文忠、賴勁麟、周慧英、陳茂南、王兆釗、張清芳、陳永福、蔡有全、李應元、陳景峻、蘇貞昌等；

（三）台北市：黃信介、黃田福、費希平、江鵬堅、康寧祥、康水木、康義雄、王昆和、王雪峰、林正杰、林文郎、藍美津、謝長廷、李逸洋、林濁水、吳乃仁、吳乃德、邱義仁、鄭南榕、葉菊蘭、黃爾璇、范巽綠、蕭裕珍、沈富雄、林瑞圖、陳菊、陳水扁、江蓋世、柯景升等；

（四）桃園縣：許信良、許國泰、呂秀蓮、呂傳勝、張貴木、鄭寶清、黃玉

嬌、張德銘、魏廷朝、邱垂貞、彭添富、林禧模、林禧厚、張聖勳、呂淋水、林清松、呂國民、邱奕彬等；

（五）新竹縣市：范振宗、林光華、張學舜、施性忠、施性平、莊姬美、蔡仁堅、羅美文、吳秋谷、柯建銘、林聖崇等；

（六）苗栗縣：傅文政、趙秀娃、葉菊蘭、陳文輝、陳文慶、杜文卿、劉健勳等；

（七）台中縣：田再庭、廖永來、利錦祥、林豐喜、郭俊銘、楊嘉猷、陳欽隆、蘇瑞雲、周秀真、周家齊、蔡百修等；

（八）台中市：何春木、何春樹、何敏誠、何敏豪、曾文坡、張深儒、劉文慶、劉文雄、張溫英、蔡明憲、洪奇昌、徐榮淑、陳大鈞、許世楷、林俊義、王世勛等；

（九）彰化縣：黃順興、張春男、謝聰敏、姚嘉文、周清玉、翁金珠、簡錫楷、鄭銀添等；

（十）南投縣：陳企吉、張俊宏、許榮淑、林宗南、彭百顯、彭百崇、蔡煌琅、吳弘二等；

（十一）雲林縣：蘇東起、蘇洪月嬌、蘇治洋、朱高正、許哲男、廖大林、林瑞卿、李應元、林國華、林慧如、王麗萍、許龍俊等；

（十二）嘉義縣市：許世賢、張博雅、張文英、陳珠愛（徐家班）、蔡同榮、蔡式淵、蔡啟芳、侯海熊、黃永聰、何嘉榮、林樂善、陳文欽、黃永煌、張永藏等；

（十三）台南縣：陳唐山、陳水扁、謝三升、蘇煥智、謝錦川、李俊毅、張田黨、魏耀乾、葉宜津、方來進、鄭自財、鄭天德、楊澤全、李宗藩等；

（十四）台南縣：蔡介雄、黃國展、施明德、張燦鍙、陳昭南、郭倍宏、王幸男、許添財、高俊明、高李麗珍（長老教會）、唐碧娥、蔡文斌、李金億等；

（十五）高雄縣：余登發、余陳月瑛、黃友仁、黃余秀鸞、余玲雅、余政

憲、余政道（余家班）、林景元、林應專、吳大清、尤宏、楊秋興、戴進吉、戴振耀、陳三思、楊金海、朱銅樹等；

（十六）高雄市：蘇秋鎮、張俊雄、陳哲男、王義雄、周平德、朱星羽、陳光復、黃昭輝、李勝雄、葉耀鵬、梁牧養、劉真祥等；

（十七）屏東縣：邱連輝、蘇貞昌、蘇嘉全、邱茂楠、楊四海、曹啟鴻、徐秉豐等；

（十八）宜蘭縣：郭雨新、陳菊、郭時南、林義雄、陳定南、黃煌雄、游錫堃、劉守成、林錫耀、張川田、黃玲娜、陳金德等；

（十九）花蓮縣：黃信介、陳永興、施金德、盧博基、陳瑞麟、徐景鳳、廖芳卿等；

（二十）台東縣：賴坤成、張甲長、官大楨、余文儀等；

（二十一）澎湖縣：高植鵬、謝明璋等。[67]

由於創黨的組織基礎是那些反國民黨勢力的大綜合，因此民進黨一開始就存在這麼多的不同派系。不僅如此，民進黨的派系及派系活動甚至可以上溯到黨外時期的康寧祥的「康派」與黃信介的「黃派」。從「美麗島事件」到民進黨成立，康寧祥的「康派」及其議會改革路線曾經長期引領台灣民主運動的主流。後來，由於「美麗島事件」「受刑人員家屬派」、「辯護律師派」以及編聯會「新生代黨工（新潮流）系」的興起，黨外力量在整體結構上就發生了明顯、有趣的變化，「康派」的影響力隨即江河日下。至民進黨成立時，它在組織上大致分為三部分：一是以康寧祥為主結合公職人員的「康系」；二是以邱義仁為首的「新潮流系」、黨工與「前進系」；三是尚未完成整編的「美麗島系」及一些游離的公職人員。不久之後，「美麗島系」、「泛新潮流系」與「中間派系」在民進黨內三足鼎立。後來，「美麗島系」又演變成為以黃信介、張俊宏為代表的「舊美系」和以許信良為代表的「新美系」兩大陣營。後來，「美麗島系」發生裂解，民進黨內最大的狗頭軍師、時任「立委」的陳水扁挑頭組織了「正義連線」，而中間派的「立委」謝長廷也出面組成「福利國連線」，再加上紛紛返台的「台灣

獨立聯盟」派系，民進黨內五大派系共生的結構初具規模。下面，讓我們對民進黨內各派系的基本主張及成員的簡要情況作一番檢視。

(一)「泛美麗島系」

1987年5月30日，因「台獨」活動獲罪被囚的黃信介、張俊宏獲假釋出獄，隨即開始重整昔日勢力，「美麗島系」由此成形。不久，黃信介勝選，獲任民進黨第三任主席，掌握了民進黨發展的主導權。這直接導致與之不睦的「康寧祥系」的瓦解，以及「前進系」的解散，民進黨勢力的重新組合開始了。

「美麗島系」與後來組成的「泛美麗島系」在政治主張上有所不同。「美麗島系」堅持「激進的公職路線」。「泛美麗島系」則希望走「溫和的議會公職路線」，但其政策主張的核心——以執政為第一目標是相近的。「泛美麗島派系」比較系統和有影響的主張是1989年出版的張俊宏《到執政之路》和1995年出版的許信良《新興民族》二書。張俊宏的主張著力批判了「新潮流系」「台獨」建國路線，認為民進黨應該透過選舉，採用「地方包圍中央」的路徑走到執政之路。許信良則在其書中著力論述了「大膽西進」的主張，認為台灣人是一個「新興民族」，「知道的比別人多，活動力比別人強」，應該有足夠的勇氣和自信，大膽西進，以經貿「經略中國」。張、許二人的主張引發了民進黨內「美麗島系」和「新潮流系」的第一次論戰。經此一役，民進黨當時確立起了「強本西進」的路線。

「泛美麗島系」在台灣前途問題上主張「台灣自決論」，堅持「台灣獨立」的立場。「泛美麗島系」和「新潮流系」都主張「台獨」，所不同的僅僅是「台獨」的路線和方針。較之「新潮流系」，他們更迫切的是建立「新政府」而不一定是「新國家」。所以，他們堅持「以議會路線為主，以街頭群眾路線為輔，群眾路線要服從於議會路線，為議會路線服務」。[68]

(二)新潮流系

1983年批康運動中，林正杰的《前進》系統和邱義仁的《深耕》系統的黨外雜誌員工、編輯共同組成了「黨外編輯作家聯誼會」(簡稱編聯會)。後來，以邱義仁、吳乃仁、洪其昌為首的一批年輕人，因對林正杰不滿而於1984年而

另立門戶，出版了《新潮流週刊》，繼續對國民黨展開無情、徹底的批判。該週刊的首任社長洪其昌、總編輯邱義仁、發行人吳乃仁現在仍是「新潮流系」的核心力人物。「新潮流系」雖然只是民進黨內的一個派系，但它卻有著鮮明的列寧式政黨的風格。它被稱為民進黨內「歷史最久、知性最高、紀律最嚴、鬥性最強、路線最左、轉型最快的派系」。「新潮流系」比民進黨成立還早兩年，是組織嚴密、戰鬥力很強的團隊。長期以來，它引導了民進黨的發展方向，已經並將繼續對台灣政局產生重要的影響。

「新潮流系」的政治主張極其鮮明。它在成立之初就確定出自己的三大主張：台灣獨立、群眾路線、社會民主主義。「新潮流系」是「台獨」基本教義派的中堅力量。他們長期奉行「老二哲學」的經營策略，精確選擇盟友並維持與盟友的合作關係，將他們送上一定位置，繼而分享勝利果實；又或者是與一把手親密合作，自己在幕後運籌帷幄，發揮影響力，尋求自己更大的發展空間。「新潮流系」對民進黨的影響可以說是決定性的。1991年，在民進黨五全大會上，「新潮流系」聯合其他「獨派」人物組成「泛新潮流系」，促使民進黨通過「台獨」黨綱，並且在民進黨中執委和中常委選舉中取得多數席位。此後，它一直作為黨內份量最重的派系，全面深入地影響著民進黨的發展。

二、民進黨派系的新發展

下圖反映了近年來民進黨內現有派系的結構情況。雖然民進黨派系結算，而且其中個別的派系稱呼上有所變化，但人馬基本上還是接續了老班底。

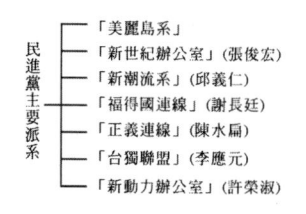

```
                   ┌─「美麗島系」
                   ├─「新世紀辦公室」(張俊宏)
民進黨              ├─「新潮流系」(邱義仁)
主要派系 ──────────┼─「福得國連線」(謝長廷)
                   ├─「正義連線」(陳水扁)
                   ├─「台獨聯盟」(李應元)
                   └─「新動力辦公室」(許榮淑)
```

圖表出處見王建民：《靠反國民黨起家，走「台獨」道路：沉淪‧台灣民進黨山頭林立》，《環

球時報》

「泛美麗島系」。由早年支持反對運動的各地山頭結盟而成，本來就是組織鬆散，充滿人情味但卻欠缺紀律，只是一個初級的利益交換的「聯誼會」，後因多位大佬相繼脫黨、落選、過世、淡出的緣故，這個昔日曾有多位黨主席坐鎮的派系日漸式微，黃信介、許信良、張俊宏幾成歷史，派系勢力大不如前。該系後來分裂成「新世紀辦公室」和「新動力連線」（新動力辦公室），由張俊宏和許榮淑這對前夫婦各執牛耳，但因為沒有資源，又缺乏經營，現在也已經趨於渙散。

「綠色友誼連線」。原「泛美麗島系」中的「綠色友誼連線」，延續了原「新潮流派」的香火。這一組織中有薛凌、徐志明、林進興、林雲生、吳福貴和鄭運鵬等六位剛當選的「立委」，雖規模較小，但是因為人數少容易操作，彼此相互抱團取暖，其集體力量也不容忽視。作為一個五臟俱全的實力派團體，它在民進黨內初選時往往成為各派爭相拉攏的對象。

「正義連線」。「正義連線」是由陳水扁創辦的，但陳水扁先後入主台北市政府和「總統府」，所以不再直接插手該派系事務。陳水扁在刻意維持自己是民進黨各派系「共主」的同時，安排馬永成作為「正義連線」的操盤手，並利用該派系培養出羅文嘉、陳其邁、餘政憲、高志鵬、蔡煌琅等年輕的主力幹部。但是，由於「正義連線」的人多追隨陳水扁在台灣當局中擔任各種公職，又加上他們對派系的管理並不算嚴格，唆使「跑票」問題非常嚴重。該派系在2012年台灣總統選舉中將成為蔡英文的主要幫手之一。

有民進黨執政御林軍之稱的「正義連線」，在精神領袖陳水扁的領導之下，人馬眾多。「正義連線」在陳水扁執政時，由許添財任會長，由馬永成和郭文彬出任高層幕僚。「正義連線」的主要成員有嫡系和非嫡系之分。嫡系有許添財（台南市長）、高志鵬（「立委」、曾任連線祕書長）、陳哲勇（曾任有給職「國策顧問」）、餘政憲（曾任有給職「國策顧問」）、陳其邁（曾任「行政院」發言人）、羅文嘉（曾任「客委會」主委）、蔡煌琅（「立委」）；非嫡系有「立委」（下述名單中有的已經卸任）林重謨、蔡啟芳、侯水盛（三寶）、餘

政道、張花冠、郭正亮、郭榮宗、彭天富、黃偉哲、藍美津、吳秉叡、李振南、曹來旺、陳景峻、江昭儀、杜文卿、莊碩漢、陳啟昱、陳朝龍、黃劍輝、趙永清、謝欣霓、陳秀惠（原住民代表）、張慶惠、陳明真、陳瑩等。該派系在陳水扁時期的行政系統及國營事業中任職的有：「內政部」次長李進勇、台鹽董事長鄭寶清、「文化總會」副祕書長陳秀惠、台北縣政府機要祕書柯景升。另外，在黨務系統中有「正義連線」人馬也有很多，比如陳水扁時期的中執委鄭寶清（兼任中常委）、邱議瑩、許添財、林重謨、鄭桂蓮、陳朝龍；陳水扁時期的中評委高志鵬、林文卿、藍美津、洪茂坤等等。其他還有沈富雄、張學舜、林忠正（卸任「立委」）、游盈隆（凱達格蘭學校副校長）等人。[69]

廣義上歸屬於「扁系」的「游系」人馬。游錫堃在「入閣執政」期間，帶領自己派系的人馬集體加入民進黨，被認為是廣義上的「陳水扁系」人馬。其派系由陳其邁居間操盤，和「正義連線」的行動基本整齊劃一。從其派系組成來看，其中技術官僚出身的人較多，政治性格不強，參與派系的程度不高。因此，游錫堃的派系除了和陳水扁的「正義連線」緊密合作，似乎沒有別的更好的出路。

「福利國連線」。「福利國連線」應該是民進黨內最複雜的派系，在組織上有類於泛美麗島系的山頭林立，唯一的不同就是「福利國連線」內多為一方諸侯，如謝長廷、蘇貞昌、蔡同榮、姚嘉文、張俊雄、柯建銘等。其中，謝長廷在陳水扁時期位居「行政院長」、蘇貞昌曾充任民進黨主席、姚嘉文曾擔任「考試院長」、另外三人均為現任或卸任「立法委員」。在「福利國連線」內部，由於謝長廷和蘇貞昌分裂，各自為政，又加上民進黨「立法院」總召柯建銘和前祕書長張俊雄已經被陳水扁這一派收編，以及「立委」以蔡同榮為首的主流聯盟裡外串通，實際上已成各擁其主、群雄割據的局面。

在「福利國連線」的許多政治人物比較出眾，如謝長廷，曾經在台北市和高雄市兩地經營多年，頗有成就。謝長廷有過擔任民進黨主席、「行政院長」的經歷，擅長跨選區、跨黨派、跨領域經營人脈。再加上長期以來南台灣綠色執政縣市經常集體行動，由謝帶頭向民進黨當局爭取資源，這都使得謝本人成為南台灣實力最強的諸侯。謝長廷的嫡系人馬有高建智（陳水扁時期「立委」）、徐國勇

（陳水扁時期「立委」）、王世堅（陳水扁時期「立委」）、李俊毅（陳水扁時期「立委」）、卓榮泰（陳水扁時期曾任「總統府」副祕書長）、蘇嘉全（陳水扁時期曾任「內政部長」）等人。[70]蘇貞昌在「福利國連線」中也很有實力。「蘇系」人馬大多是蘇貞昌在屏東和台北二縣執政時基於地緣關係而集結起來的。主要幹將有「立委」林育生、民進黨中常委蔡憲浩等。蘇系人馬的獨特之處在於，他們大多「寄養」在其他派系。如曾任代理台北縣長的林錫耀在「新潮流系」，「立委」吳秉叡在「正義連線」。蘇系人馬雖然在「中央」人丁稀少，但在地方尤其在台灣南北兩端的勢力卻極為強勁。蘇貞昌擔任民進黨主席後所經大小選戰有八次之多，如此反覆操兵，給「蘇」帶來很多擴大影響、深耕全台灣的機會。雖然蘇貞昌在2012年民進黨「總統」候選人選舉中敗給蔡英文，但其實力仍不容忽視，他仍是民進黨內重要的派系領袖。

「新潮流系」。「新潮流系」發展至今，已經以其強悍的性格、鮮明的立場在民進黨內站穩腳跟，民進黨內凡是和「新潮流系」聯合的，多半能夠成就功業。該派系奉行精兵主義，能夠做到人盡其才。由於組織嚴密、紀律嚴明、思想明確、雷厲風行，擅長團隊作戰，「新潮流系」對資源的利用極其充分，它在黨內的能量與地位也就不可替代。但是，它也因此招致其他派系的猜忌和抵制。雖然「新潮流系」只有二百多人，但民進黨執政時，卻有二十五名「立委」、兩個民進黨中常委、四位中執委、六個地方黨部一級正副主管、五個地方首長、七個「內閣政府閣員」，加上邱義仁、吳乃仁分別處於民進黨執政時期國安、證券的最高位，顏萬進保有民進黨執政時期海基會副祕書長職位多年，史哲是手握四千五百億勞保基金的勞保局總經理，以及散居各部會的機要祕書等，[71]「新潮流派」實際上握有台灣的執政權力，這就足以讓其他派系感到不寒而慄，同時也足以令其創生大量的政商關係。

「新潮流系」人馬在民進黨執政時期的陣營內部劃分為行政系統、外圍系統、縣市長、「立委」和黨務系統；加盟者中，有「立委」蕭美琴、葉宜津、王拓、顏文章等人；另有產經建研社加盟。行政系統以邱義仁為核心。邱義仁擔任民進黨祕書長多年，是領導層中少數同時對中美關係和兩岸關係都做過系統研究的人。為使新當局不致因激進「台獨」而「傾家蕩產」，他在許多涉及兩岸關係

的重要決策上，都對陳水扁施加重要影響。邱義仁在陳水扁執政時期占據「國安會」祕書長的要津，他所掌控的行政系統中有時任「科技主委」林逢慶、前「勞委會」主委、現任高雄市長陳菊、時任「教育部」次長范巽綠、時任「國防部」次長蔡明憲、時任「陸委會」副主委邱太三、時任「勞委會」副主委賴勁麟、時任「研考會」副主委陳俊麟、時任「勞保局」總經理史哲等人。

「新潮流」的外圍機構在陳水扁執政時期由吳乃仁統帥。吳乃仁那時身居證交所董事長要職，可以調控經濟命脈；顏萬進任海基會副祕書長，擔負民進黨兩岸政策白手套的作用。這一板塊中任過縣市長的主要有：原台北縣代理縣長林錫耀、時任台南縣長蘇煥智、時任彰化縣長翁金珠、時任高雄縣長楊秋興、時任宜蘭縣長劉守成。在民進黨執政時期的「立法院」系統，「新潮流」同樣人馬眾多。以洪其昌為統帥，包括「台獨理論大師」林濁水、田秋瑾（去王字旁）、蔡其昌、鄭國忠、李文忠、林岱樺、郭俊銘、陳金德、彭紹瑾、黃淑英、魏明谷、王世勛、李昆澤、林為洲、林淑芬、潘孟安、賴清德、沈發惠、盧天麟等人。吳乃仁執曾擔任民進黨祕書長，處事風格很現實。他一方面聲稱不會放棄「台獨理想」，另一方面也批評「建國黨」等台灣極「獨」勢力「犯了左傾幼稚病」。邱義仁、吳乃仁在2012年台灣總統選舉中為民進黨操盤，其地位和作用不容忽視。

民進黨執政後，「新潮流系」迅速完成卡位工作，集體學習執政本領，由資深財委會「立委」洪其昌牽頭成立了「產經建研社」，從財經政策研究做起，廣建企業界人脈。為了適應執政的要求，增強自己的實力，也為了避免外界對自己的猜忌，「新潮流」非常注重吸納專業經理人和中高層技術官僚「入流」，期待產經建研社能夠成為「新潮流系」的財經智庫和接觸企業界、建立政商關係的平台。當前，洪其昌的作用不可小視。

「派系共治」一直是民進黨相安無事、有效運轉的模式，即便是在派系解散後的今天。在野時代（2000年前）的民進黨，依靠派系力量競爭中常委、中執委席次，並決定黨的發展路線和選舉提名策略。當時，控制黨、公職數量多寡是衡量派系勢力大小的重要指標。執政後，民進黨權力集中於「總統」，陳水扁一

人獨掌龐大的行政和人事資源，可決定「閣揆」人選及「內閣」構成，自然也就成為黨政運作的核心。在他一度兼任黨主席以後，原有的民進黨決策機關中常會更加變得形同虛設。執政以後，由於一切都是陳水扁一人說了算，民進黨實際上完全蛻變成了提名和選舉的工具。

雖然有嫡系「正義連線」力挺，陳水扁還是選擇和「新潮流」密切合作，一起「打天下」、「治天下」。但自2004年「立委」選後，新系大佬林濁水點燃黨內新的派系爭鬥，批扁搞砸台美關係遭扁嫡系高志鵬跳出來反擊頗具「指標性」以來，「新潮流」頓時成為黨內「公敵」，飽受各派系和媒體的圍剿。這使得同樣曾經和「新潮流」如膠似漆的蘇貞昌被迫與之「保持距離，以策安全」。似這樣，民進黨各派系每逢選舉必有恩怨，幾經演變，整體上早已另有風貌，但唯一不變的是「新潮流系」。該派系在邱義仁、吳乃仁和洪其昌的領導下，另闢財經新天地成就不菲，其內部交接班也是循序漸進，加上鐵的紀律、剛性組織和經年累月的操兵演練，「新潮流系」的運作中有條不紊、進退有據。無論過去、現在和將來，它都是民進黨內最能整合資源、統一分配、展現集體政治勢力的政治團體。

第二節　民進黨主要派系的政商關係

民進黨內各派系均擁有不同的政商關係脈絡。這些脈絡可以分成政黨政商關係和政客個人與商界的關係兩個方面。後者最突出的是陳水扁本人與商界的關係，它可以細分為夫人派、幕僚派、官員派、行業巨商等派別的關係，雖然這些派系在民進黨2008年下台後有所變化。民進黨與商界的關係從「中央」到地方綿密交織，大體上又可以分為「中央派」和地方派。如此龐雜的政商關係介入民進黨的執政活動，它們所產生的負面影響是不容忽視的。民進黨從在野到執政，之所以會迅速腐化墮落，滋生出眾多的政商勾結的弊案，原因就在於在台灣民主政治尚未發育成熟的情況下，「社會越開放民主多元化，且金錢的力量足以操縱

選舉,影響「執政權」的穩定力量時,政治人物即與工商企業人士水乳交融」。[72]

隨著台灣社會由農業時代轉入工商時代,過去由士紳階層所主導的地方政治結構被新的工商業新興階層所取代。工商業階層本身鑒於社會競爭的殘酷性,需要為企業的發展尋求靠山和出路,迫切需要公權力部門的幫助。在這一經濟社會背景下,台灣政治畸形發展,比較突出的問題之一就是賄選非常嚴重,選舉經費激增。各政黨在地方選舉中因為選舉花費非常之大,它們也急需金錢,需要工商業階層的贊助。於是兩者一拍即合。「執政黨」為了選舉中實現最終的勝選目的,往往借助於地方派系企業財團,以求控制更多席位而穩固政權。商人介入政治權力可以為自己的企業運營增加競爭優勢,一來可以透過官方的保護增加企業營運的利潤,二來借發展國營或者黨營經濟與官方上層拉近彼此的關係,增加自己企業發展的保護傘。就這樣,台灣民主招牌下的政商結合、合流的現象出現了。

早先,台灣各主要政治力量都是希圖從地方派系出發進而控制全台灣,反過來用更多的「中央執政資源」來鞏固地方派系的發展。民進黨獲取執政地位後,黨內其各派系都充分利用政商關係的發展來募集資金,實現政與商更深層次的勾結。而與此同時,民進黨組織機構內部有意無意或明目張膽的政策漏洞及政策偏向也經常引起人們的質疑和非議。如在「立法院」內,民進黨的許多「立委」們並不迴避自己所在的領域。比如環境衛生及社會福利委員會的許多「立委」大多來自醫界、環保或社會福利團體。有多位「立委」自己就直接經營醫院事業。比如民進黨執政時期的「立委」侯水盛是台南侯安醫院院長,「立委」林進興也是高雄市林進興醫院的院長。這其中,在民進黨「立委」邱永仁擔任院長的永仁醫院,還曾被媒體披露曾經有詐領健保費的劣跡。[73]

據台灣學者調查,企業財團透過選舉參與而影響「立法」或者行政部門的政治過程通常是:1.直接介入競選。新興經濟勢力試圖結合地方派系,參加「中央」民代選舉,在「國會立法」或者「修法」,圖利於本身企業財團。2.提供政治獻金,推出企業代理人。企業財團捐獻競選資金,吸納地方派系菁英投入選戰

並當選，培養成為該企業在「立法議會」部門的代言人，影響決策並制定或修正有利財團法條。3.提供或支持政治人物的幕僚群人事經費及辦公設備費用等，或發動企業員工支持特定派系候選人。但是，不論是直接參選或間接支持，企業財團都要將金錢財物轉化可供權力與利益交換選擇的媒介物，透過最終完成交易達到影響政策、「立法」與收取經濟租金之競取目的。[74]當然，這僅是從企業財團出發的考慮。如果從民進黨各派系的角度來看，經濟的好處和政治上的利益實際上都被納入到了它們的政治考慮和政治行為當中。下面，讓我們來逐一檢視民進黨內各派系（針對民進黨執政時期）與商界的關係。

一、「正義連線」與商界的關係

「正義連線」雖然在組織結構上面臨很多問題，但是，由陳水扁親自操盤的政商關係卻是最為雄厚的。從陳水扁在民進黨角逐2008年「總統」大位問題上對「三王一後」的平衡打壓、不使出頭的努力中可以看出，陳水扁更多地將視角放到了2012年甚至此後一個時期內，對自己人馬以及相關支持力量的培養和扶植上。[75]資料顯示，包括馬永成、蕭美琴、林錦昌、柯承亨等所謂「童子軍」都曾一度成為陳水扁「總統」任內非常重視的幕僚群。陳水扁的幕僚當中，第一圈層的是「總統府」祕書馬永成、文膽林錦昌、「總統府」祕書長邱義仁；第二圈層是蔡英文、林全、陳博志、吳兆燮。除此以外，又有柯建銘、陳其邁分享馬永成的權力，而陳水扁的「御醫」黃方彥、張榮發的女婿鄭深池，以及陳哲男等都對陳水扁有相當大的影響力。幕僚作為最接近權力核心的人，最有機會用權力換取利益，建立政商關係。當然，這和他們的政治品格以及陳水扁本人的意旨也有很大關係。是故，他們在政治上的走勢和陳水扁經營的政商關係也必然有所牽涉和瓜葛。

台灣媒體《中國時報》在2006年6月18日披露了陳水扁、民進黨和台灣十四家金控集團的淵源祕辛，並指出，在若干色調偏藍的金控集團老闆相繼在綠營內

部主政後，賣力修補偏藍企業與民進黨當局的關係，成效頗為顯著。這些人中就包含張榮發的女婿鄭深池、蔡家的掌門人之一蔡鴻圖等人。2005年6月，在陳水扁的兒子陳致中的婚宴中，十四家金控老闆，只有開發金當時董事長陳木在、總經理辜仲瑩、玉山金董事長黃永仁、當時仍屬國民黨營事業的復華金董事長張昌邦未受邀出席，其餘各家金控老闆均放下手邊事務親自參加，陳水扁家庭與金控老闆往來關係之密切，由此可見一斑。

在金融圈中，鄭深池憑藉與陳水扁家庭的私誼關係，穩坐兆豐金董事長這一頭把交椅。早在陳水扁還是長榮法律顧問時，身為長榮集團總裁張榮發女婿的鄭深池，就與陳水扁很有交情。陳水扁在政治上起家到發跡、顯達的全過程，由市議員、立委、市長一路到「總統」，鄭深池始終予以堅定的支持，兩人感情深厚。民進黨上台以後，鄭深池很快就以「國王人馬」之姿，自2001年轉換跑道，離開長榮集團入主交銀擔任董事長，一時間「酬庸金主」之說不逕而走。行事細膩的鄭深池，做關係無微不至，他將兆豐金內部的「皇親國戚」打點得十分周到。據悉，鄭深池接下交銀沒多久，就將央行總裁陳水扁的親信彭淮南的連襟徐光曦，由投資部經理連升兩級為副總。同時，許多陳水扁核心幕僚、機要親信的親屬也都陸續進入兆豐金任職。

富邦、國泰蔡家，以及與蔡家有姻親關係的日盛金董事長陳國和等人，與陳水扁的關係都十分熟稔。曾有意爭搶SOGO經營權的蔡辰洋與陳水扁結識甚早，當年陳水扁出獄時，蔡辰洋是第一個幫扁設宴去霉。此後，在蔡辰洋母親蔡戴瑞穗八十大壽，蔡辰洋長子蔡伯府結婚時，人們都看到了陳水扁與吳淑珍的身影。富邦集團總裁蔡萬才，在陳水扁競選連任期間，一句「做一任不夠，應該再做一任」，被藍軍追打，其綠色標籤由此亮明。蔡家第一代蔡萬霖、蔡萬才昆仲，都曾被陳水扁聘任為「總統府無給職資政」，蔡家第二代的蔡宏圖則為陳水扁的大學同窗、其弟弟蔡鎮宇曾獲聘為「央行」理事，蔡氏家族政商實力橫跨藍綠。

中信金董事長辜濂松，雖然當時身為國民黨的中常委，但因其母辜顏碧霞早年吃過白色恐怖苦頭，同情黨外運動，不時向民進黨人提供資金挹注。是故，在辜顏碧霞過世時，陳水扁曾親自到府致哀。中信金副董事長辜仲諒在阿嬤耳濡目

染下,與陳水扁陣營培養出不錯的關係,成為中信金直通扁府的窗口。2006年6月,辜仲諒還在「哥們」前總統府副祕書長馬永成陪同下,設宴款待新婚不久的陳致中、黃睿靚夫婦。中信二少辜仲瑩為了搶下開發金經營權,也一度與開發金前董事長、時任一〇一董事長的陳敏薰爭相穿梭於陳水扁的官邸間。廚藝造詣頗高的辜仲瑩,不但開了一家高檔日本料理店,還曾帶法國主廚進官邸烹調美食,很是討陳水扁夫人吳淑貞的歡心。但是,坊間也外傳積極壯大自身事業版圖的辜仲瑩,兩年多前曾打算買進國民黨金母雞中央投資公司,間接攻下復華金,被陳水扁夫人叫到官邸訓斥,最後只能放棄。與辜二少爭搶復華金的元大集團總裁馬志玲被認為色調偏藍,但因辜二少犯下買黨產的致命戰略錯誤,基於「聯合次要敵人,打擊主要敵人」的思維下,陳水扁家庭與元大的距離反倒因辜仲瑩的關係而被大幅度拉近。

　　新光集團吳氏四兄弟,在陳水扁任台北市長期間,就與其有不錯的互動。當時陳水扁曾為敦南誠品租約到期、吳家想收回改開新光三越百貨事宜,親自出面幫誠品董事長吳清友與新光談定續租的事情。但是,新光家族深知分散風險的必要性。是故吳家四兄弟各黨通吃,絕不把雞蛋放在一個籃子裡。比如,他們當中最熱衷政治的吳東昇,就隨李登輝轉台到台聯,且一度出任台聯的不分區「立委」。

　　華南金董事長林明成與國民黨榮譽主席連戰兩家本是世交。在民進黨上台後,對該黨曾非常陌生的林明成開始努力融入綠色政商圈。林明成不但出錢捐助親綠的台灣智庫,還時常出借陽明山豪宅給綠朝新貴使用,與綠營稱兄道弟,交談熱絡,動輒以「革命同志」相呼。陳水扁尋求連任時,共有十二位銀行界負責人組成「全國金融界挺扁後援會」,林明成與彰銀董事長張伯欣都名列其中,因兩人在上屆「總統」選舉時都是連戰金融後援會的實際操盤手,是故他們的由藍轉綠相當引人側目。

　　此外,向來被視為偏藍的永豐餘董事長何壽川,2001年賣給陳水扁順水人情,同意吳淑珍輪椅推手羅太太的先生羅勝順代表永豐餘的上誼文化進入華紙董事會,擔任華紙董事長,從此與陳水扁家庭搭上線。過去長期在國民黨系統發展

的耐斯集團總裁陳哲芳,專走「總統」親家趙玉柱與趙建銘父子路線,其後也在國票金經營戰展現出「後來居上」的能耐。這些充分說明,陳水扁家庭弄權,動輒就能讓規模數千億的金控經營權翻盤,各家金控大老闆砸大錢經營扁府關係的原因由此可見一斑。

不僅陳水扁的家人,他的親信幕僚也多是弄權搞錢的高手。以陳水扁的「總統府」首席祕書馬永成為例。這位1965年出生的陳水扁幕僚,號稱「童軍團長」,是陳水扁聯繫工商界的得力幹將。馬永成長期協助陳水扁經營政商關係,還為陳水扁掌握公營事業單位作人事安排。陳水扁與商界的私人會晤,也經常攜帶馬永成同去。馬永成藉此與很多大資本家的第二代建立了良好的私人關係,他與辜家和信集團的辜成允、辜仲諒,蔡家富邦集團蔡明忠、蔡明興兄弟,蔡家國泰人壽蔡宏圖、蔡振宇兄弟,新光集團吳東亮,大陸工程總經理殷琪,台灣大哥大孫道存,誠品書店董事長吳清友,義美食品副董事長高志尚,微風廣場三僑董事長廖偉志,寒舍老闆蔡辰洋等人都過從甚密。另外,廣為大眾熟悉的金融界人士陳建隆、鄭深池、陳國和(日盛金控董事長)、胡定吾、林宗勇(「中國商行」董事長)、陳沖(證交所董事長)等,也與馬永成有著良好的私交關係。按照中國人的習俗,婚宴宴請的名單往往是一個人社會關係的大曝光。除了因為種種原因不便正式邀請的人以外,我們僅從馬永成結婚的宴客名單中就可以基本上他所聯繫的政界和商界關係的大致脈絡。馬宴請的賓客,除陳水扁的「第一公主」陳幸妤夫婦因故未能出席外,其他所有人均出席其婚宴。

這份名單中的政界人士有[76]:方仁惠(「國策顧問」、明治公司董事長)、吳乙峰(全景負責人)、吳釗燮(「總統府」祕書長)、吳國華(扁團隊印刷、文宣合作人)、呂秀蓮(「副總統」)、李勝琛(陳水扁助理、高雄地方法院法官)、周鈺玲、林文淵(台灣汽電共生公司董事長)、林志豪(華夏法律事務所律師)、柯承亨(「國安會諮詢委員」)、邱銘輝(一週刊副主編)、姚嘉文(「考試院長」)、胡鴻仁(中國時報副社長)、高志鵬(「立委」、馬永成球友)、張淑明(中國時報管理處副總)、張俊雄(民進黨祕書長)、張榮豐(「國安會副祕書長」)、張維嘉(新潮流辦公室總幹事)、陳水扁(民進黨主席兼「總統」)、陳沖(證交所董事長)、陳其邁(「立委」)、陳哲男(「總

統府」副祕書長）、陳建隆（一銀董事長）、宗才怡（敦睦聯誼會董事長）、陳師孟（「總統府」祕書長）、陳勝山（「交通部」參事）、游錫堃（「行政院長」）、賀陳旦（前「交通部長」）、黃美雲（洪敏泰之妻）、黃越綏（「國策顧問」）、蔡煌琅（「立委」）、蕭恆心（高雄市航空警察局科長）、鐘佳濱（李應元競選辦公室主任）、顏慶章及夫人（駐WTO代表）、羅文嘉（「立委」）。

商界人士包括[77]：羅盛順（華紙董事長）、龔金源（一銀董事）。企業界中有：江松樺（采盟集團董事長）、餘建新（中國時報董事長）、吳東亮（新纖董事長、台新金控董事長）、吳清友（誠品董事長）、吳傳輝（思科總經理、馬永成球友）、王文洋（呂安妮）（宏力半導體董事長）、李太程（台灣大副董、泛亞電信董事長）、李國祥（夫人）、林宗勇（中國商銀董事長）、林明成（華南銀行董事長）、林文淵（台灣汽電共生董事長、市府團隊）、林振得（中華顧問工程司副總，市府團隊）、林修銘、林進輝（家美建設總經理）、林誠一（誠泰銀行董事長）、林鴻南（宏泰建設總經理）、林鴻熙（宏泰銀行常董）、林鴻聯（聯邦銀行副總）、林鴻堯（聯邦建設）、胡定吾（中華開發資產管理公司董事長）、孫道存（太電、台灣大董事長）、殷琪（大陸工程總經理）、高志尚（義美集團）、張永平（嘉泥董事長）、陳忠源、陳河東（三商行集團董事長）、陳翔立（三商行集團副董事長）、陳建平（大眾銀行常董）、陳致遠（萬海集團董事長）、陳泰銘（國巨董事長）、陳國和（日盛集團總裁）、辜仲諒（中信金控總經理）、黃安捷（智邦創始人、董事）、黃方彥（新光醫院副院長）、黃秋永（毅嘉科技董事長兼總經理）、黃茂德（遠東集團特助）、廖偉志（微風廣場三僑負責人）、蔡宏圖（國泰金控董事長）、蔡鎮宇（國泰金控常務董事）、蔡鎮球（東泰產險副董）、蔡辰威（寒舍餐旅管理負責人）、蔡辰洋（寒舍集團負責人）、林中寬（蔡萬春二女婿）、王人正（達欣工程董事長）、王定幹（寒舍總經理）、林百里（廣達電腦董事長）、蔡其瑞（寶成集團董事長）、蔡明忠（富邦金控副董）、蔡明興（富邦金控副董）、鄭深池（交銀董事長）、戴勝通（三勝製帽董事長）、周婉菁（圖神出版社董事長祕書，市府團隊）、戴章皇（中華生技行銷業務副總，市府團隊）。

其他的客人還有：方振淵（夫婦、統一翻譯社社長）、吳浚明（前陽明醫院院長）、林文杰（世華空運負責人）、臨溪漢（台北市扁擔會會長、「福爾摩莎」基金會董事）、洪登科（科建貿易董事長、東昇金屬董事長）、陳秀雄（同成電機董事長）、陳德照（德照眼科負責人）、黃維生（維紡隆、揚生針織董事長）、陳旺來（台南成衣界人士、「福爾摩莎」聯誼會會員）。[78]他們基本上都屬於「福爾摩莎系統」。不難發現，透過馬永成的紐帶作用，將金融界、新聞界、民代界、公關界、建築界等聯繫在一起，織成一張密密麻麻的政商關係網。而這其中有多少是陳水扁的政商關係，是其他黨內領袖的政商關係還有待觀察和探討。

這一名單可以大略分成「福爾摩沙系統」、「市府時代」、「總統府時代」三個時代，三大派系人脈。其中，「福爾摩沙」聯誼會是「福爾摩沙」基金會的外圍組織，是陳水扁擔任「立委」期間，為了培養自己的助理而設立的組織，是北門扶輪社向外拓展的產物。「福爾摩莎」基金會是陳水扁操弄政商關係從中獲利的重要工具之一。至於「市府時代」、「總統府時代」，顧名思義，那就是在陳水扁擔任台北市長和「總統」時期所積累的人脈。

陳水扁也非常注重拉攏和收編地方派系為自己所用。比如，他所倚重的余政憲就是老牌地方派系高雄「黑派」的繼承者。「黑派」是以高雄縣余氏家族為核心形成的非常強大的地方派系政治勢力。「黑派」從第一代余登發開始，到第二代余陳月英（余登發獨子餘瑞言之妻），到第三代余政憲、余政道等，長期以來扮演著反對者的角色，縱橫台灣高雄縣政壇幾十年，其實力遠超國民黨的紅派與白派，成為高雄地方上一支重要的政治力量。余家在高雄縣勢力雄厚，余陳月英曾經擔任高雄縣兩任縣長，在其卸任轉為「總統府國策顧問」以後，其長子余政憲繼母親余陳月英之後，也連續擔任兩屆高雄縣長，使得余家母子先後十六年掌握高雄縣大權。其家族中還有余陳月英次子余政道也屬於「正義連線」，陳水扁收編的地方勢力可見一斑。由此，也就不難理解陳水扁能夠在短期內擊敗黨內其他派系，很快爬上「總統」寶座的原因。

陳水扁在經營政商關係時縱橫捭闔，甚至肆無忌憚。台灣媒體曾經曝光陳水

扁的「總統府」有所謂的決策夾層。兆豐金控董事長鄭深池、國泰金控董事長蔡宏圖（陳水扁台灣大學法律系同學）、新光醫院副院長黃方彥、中鋼董事長林文淵、陳水扁以前的財務長黃維生等人，以及為數眾多的一部分「總統府資政」和「國策顧問」都列名於這個夾層之中。其中，鄭深池對陳水扁的財經決策有相當程度的影響，蔡宏圖也可以推薦甚至最終影響「財政部」保險司長的人選。黃方彥在「衛生署署長」出缺時，也可以造成關鍵的建言作用。在這個「決策夾層」中，尤其需要關注的是「總統府副祕書長」陳哲男。陳哲男來自國民黨，曾經由基層里長幹起，既是李登輝「集思會」中的一員，又在教育界擁有系統的人脈關係。陳哲男和陳其邁父子都受到陳水扁青睞不是沒有原因的。陳哲男非常善於處理那些既重要又曖昧，陳水扁或馬永成及別人都無法處理的一些政商關係[79]，這就使得他在陳水扁政商關係脈絡中起著不可替代的作用。

陳水扁經營政商關係除了祕密途徑外，還有公開的手法。比如，民進黨的很多活動就非常照顧蔡辰洋、蔡宸洲兄弟的喜來登飯店。「第一祕書」馬永成的婚禮就是在喜來登飯店舉行的。更值得一提的是，很多民進黨內外事項，甚至許多祕密決議都在喜來登飯店的觥籌交錯中完成。這其中所蘊含的陳水扁與蔡氏兄弟之間的利益關係　不言自明。政界、商界人物的很多活動都是在飯店舉行，飯店的接觸面是很廣的，它們也因此而成為政治人物的「啦啦隊」或者聯繫樞紐。又比如，除了喜來登以外，在國賓和晶華飯店附近的老爺酒店，其董事長林清波、副總陳武熙也都是挺扁人物，陳水扁上台後兩次「出訪邦交國」就都帶上他們全程隨行。

陳水扁的夫人吳淑珍在陳水扁政商關係的營造過程中占有非常重要的地位。吳淑貞貪財好貨，商人們紛紛投其所好，博其歡心，以求陳水扁投桃報李。經吳淑貞牽線搭橋，許多商人進身於陳水扁的關係網絡。比如，不久前，親民黨「立委」孫大千曾影射過的「漢來幫」，就與「第一夫人」過從甚密。根據孫大千展示的「漢來幫」政商關係圖，我們可以看到，走吳淑貞路線的「漢來幫」成員韓碧祥（南台灣造船大王）一直就是陳水扁的金主。除了韓碧祥，中鋼董事長林文淵、前「總統府」副祕書長陳哲男、台糖董事長余政憲及「行政院長」謝長廷等人都與「漢來幫」關係密切。除孫大千的爆料外，國民黨籍「立委」邱毅也曾在

「立法院」質詢會上提及林宗勇是「漢來幫」的流動人口，是「第一夫人」面對金融界的重要窗口。不管「立委」爆料中是否有水分、水分有多大，但在台灣所有政商勾結關係圖譜中「夫人路線」最靈，這是路人皆知的事情。

陳水扁經營政商關係有一個很明顯的特點，那就是非常重視血緣關係。在東方政治中，血緣一直在發揮著重要作用。政客們在建構自己的關係網絡時，一般是以直系血緣為基礎，涉及旁系；以姻親關係為基礎，涉及遠親；以類血緣的同學關係、「老鄉」關係為基礎，涉及他們所及的關係；這種基於血親並呈圈層擴張的政商關係有著其強的隱蔽性，往往人們可以感受到它的存在但卻無法掌握它存在的確鑿證據。長期以來，陳水扁及其夫人、親信就是這樣以血緣路線為紐帶，逐步發展和壯大起來自己的勢力——「正義連線」，透過它來維持和發展自己在政商兩條路上的優勢，以獲取更多的政治利益和貨幣利益。

二、「福利國連線」與商界的關係

首先來看「福利國連線」領袖謝長廷與商界的關係。真正的大內高手是低調、保守和穩健的，不會輕易透露何時、何地與何人相會，當然更不可能在還沒有確立絕對優勢時，就開始發揮自己的影響力。謝長廷就是這樣的大內高手，他在處理政商關係時就異乎尋常的謹慎。長期以來，謝長廷一直刻意地跟商界人士保持距離。據台灣媒體報導，謝長廷連「出現類似『馬英九到富邦招待所吃飯』的事件都很少見」。[80]其低調、隱祕的程度由此可見一斑。每逢選舉，需要募集政治捐款和政治獻金時，謝長廷都會特別交待「只收小額，避免大額」或者「不接受大額捐款」之類的話。謝長廷對自己的金錢往來基本上都保留住存根收據，據說他所留的財務紀錄已經到了「兩三天可以調出來的地步」。但是，作為「福利國連線」的創始人謝長廷有著完整的從政經歷，不凡的人氣力量，這必然和他善於經營人脈、金脈有著重要的關係。

謝長廷是民進黨內的政治明星，四大天王之一，他非常善於打選舉戰。如前

文所述,台灣的選戰已經成了不折不扣的金錢戰。與西方選舉一樣,在台灣誰籌集的資金數額多,誰就容易取得選舉的勝利。謝長廷在選舉策略上和陳水扁有相似之處,那就是依靠大批中小企業主一路相鋌而扶搖直上。儘管陳、謝兩人在選舉中都有「面廣」的特點,但謝長廷有著與陳水扁截然不同的商界聯繫渠道。相關資料顯示,謝長廷的政商關鍵有二:一是各類聯誼會和基金會。如高雄發展聯誼會、新文化聯誼會、十八羅漢會等。二是透過市政建設、BTO等公共投資案所形成的政商聯結。

先看第一種模式。1999年謝長廷當選高雄市長之後,就創立了高雄發展聯誼會,該會與先期的新文化聯誼會是「姊妹會」。兩會的董事有相當大的重疊性。在高雄發展聯誼會中負責該會運作的執行長蕭晉財是謝長廷的機要祕書,該會由十一位常務董事、九位董事由建設、工程等的中小企業主組成,董事包括山集團副董事長楊文全、漢威巨蛋副董事長蔡麒遠、SKB文明鋼筆公司董事長盧惠祥、福茂建設總經理吳新章、高雄成衣會理事長高金虎、長基及雄菱工程公司董事長蔣順田、冷凍工程公司董事長徐正朝、高承開發何秉昌、王家建設董事長王辛聰等,[81]這些企業絕大多數在政治上是擁護謝長廷的。謝長廷旗下還有一個十八羅漢會。該會是2000年前後,謝長廷在競選高雄市長期間成立的非正式聯誼會,由當年擔任高雄銀行董事長的陳建隆以及新文化聯誼會會長張志榮召集、成立。張志榮長期追隨謝長廷,有謝長廷「分身」之説。十八羅漢會中的成員和高雄發展聯誼會高度重疊,蕭晉財、楊文全、帝豪建設董事長何秉昌、統立企業董事長葉致中、永仁醫院院長邱永仁等人都是跨兩會的骨幹分子。而謝長廷本人則經常是十八羅漢會活動唯一的來賓出席者。2000年,十八羅漢會的招商大會竟然請到長榮集團董事長張榮發、日月光集團張虔生到場背書,我們從中可見謝長廷在運作政商關係上的手法之高妙,以及十八羅漢會蘊含的能量之巨大。有證據表明,除了張榮發、張虔生之外,統一集團的高清愿、遠東集團等商界巨頭也透過形形色色的聯誼會組織和謝長廷保持著千絲萬縷的聯繫。

台灣學界和媒體的相關分析表明,謝長廷在處理政商關係時很善於運用「距離哲學」。他長期利用其上述的兩個聯誼會作為「白手套」,透過它們代理安插和商界關係密切的副市長和其他官員。這樣一來,他首任高雄市長時所面臨的與

市議會的緊張關係最終得以解除和改善，他也逐步做深、做實了他在「高雄幫」中的力量和地位。一直以來，謝長廷本人與商界的關係脈絡雖然極為廣泛，但卻極為隱祕，人們很難全盤地把握到它們。這與謝長廷的法律學科背景不無關係。處事低調、圓滑且細密的謝長廷根本不同於高調張揚的陳水扁，他在處理政商關係時，非常懂得在規則範圍內尋找機會，並懂得充分運用規則，巧妙地進行政商利益交換而不涉及表面上的政治權力的運行。

再來分析第二種模式——BOT（Built，Operation，Transfer就是興建、營運、轉移的意思）模式。BOT是一種有效引進民間資源，讓企業界參與重大建設的一種制度。對政府而言，以BOT模式讓民間投資完成自己興建公共設施的計劃有許多好處，一方面可以達到相當高的計劃執行效率，另一方面政府仍然可以擁有相關的資產。BOT能夠實現政府與民間投資者的良性互動，使兩者關係實現從「零和」（Zero-sum）到「雙贏」（win-win）的轉變，讓政府和投資者均可獲利。實施BOT項目，首先要求政府策劃出一整套完美而公平的遊戲規則和架構，然後使私人投資者以獲得具有吸引力的利潤作為交換條件，去承擔公共工程的風險。BTO是一石三鳥的公共建設體制。它既可以節省政府的大量開支，又可以避免政府效能不彰的缺點，還可以為民間帶來巨大的利潤。如果政府是清廉的，那麼就必然會產生官民雙贏的結果。但若政府走向腐敗，那麼它給政治以至社會秩序所帶來的後果將是嚴重且可怕的。

台灣理論界有人認為，「開放政治市場，全球治理台灣」[82]的具體形態就是全台BTO化。這樣的理論詮釋在本質上是有利於政商博弈直至政商結合的。實際上也的確如此。在台灣各地，BTO發揮的作用甚大。這在民進黨引以為社會基礎的中小企業高密度分布的高雄市更是具有典型意義。

據中廣新聞網2005年9月30日報導，親民黨立委張顯耀就高雄捷運BTO提出質疑，他認為，高雄捷運BTO本身就是一個大弊案，是假BTO之名，排除政府採購法限制，排除議會監督，以行利益輸送之實。高捷項目經費1800億新台幣，政府出資1500億卻沒有受到任何監督。張顯耀點名指責前高雄市長謝長廷未盡監督之責，刻意包庇。前交通部長葉菊蘭（後任高雄市代理市長）也脫不了關係

。張顯耀並且直指前高雄市捷運局長周禮良（後任交通部政務次長）跟前高雄捷運公司副董陳敏賢（後任董事）兩人合作製造弊案、搭配天衣無縫。張顯耀提到，有人向他檢舉周禮良多次出國旅遊都是由捷運工程的相關廠商付錢，而且還檢舉周禮良在日本有祕密帳戶，偶爾會有大筆款項匯入。不管這究竟是否屬實，但是整個高捷工程缺少起碼的監督確實是不容抵賴。辯證地檢視謝長廷在高雄市長任上的兩大政績高雄捷運和巨蛋案，人們就能在一定程度上理解謝長廷面臨指責時飄忽不定的眼神背後的東西，也能夠理解政界、商界人物主動與被動，控制與反控制，利用與反利用的複雜關係。

再來看「福利國聯線」重量級成員柯建銘與商界的關係。柯建銘曾經代理民進黨主席，並在立法院長選舉中代表民進黨角逐這一高位，他也曾連續三屆擔任民進黨立法院黨團總召。2005年，監察院一共受理了335件第六屆立委參選人申報政治獻金專戶會計報告書，其中有115位參選人的政治獻金超過台幣800萬，達到「政治獻金法」規定必須請會計師查核簽注的門檻。其中，部分參選人收到「政治獻金法」第七條當中所列不得捐款的事業、廠商、團體、機構、法人及個人的捐獻，例如外國人或團體、宗教團體、財團法人等，都屬違法，須在兩月內向監察院辦理繳庫，不能私自退還，若未繳回，要課台幣20萬至100萬元罰款；違法捐贈者，將按捐贈金額處以兩倍罰款。「監院」公報公示，已有20位立委主動繳回這種不合規定的捐款，其中最多的也是柯建銘，共繳回台幣60餘萬元；其餘者均繳回30萬元以下捐款。[83]

根據「監察院」最新公布「政治獻金法」實施後第一批申報資料，2005年所有立委參選人當中，民進黨「立委」柯建銘收到台幣6000多萬元新台幣的捐款，排名獻金入帳排名榜「榜首」。曾任民進黨中央政策會執行長的柯建銘原是牙醫出身，自然與醫界關係密切。在醫界人士中支持民進黨政治人物的態度積極，經濟能力又好，這是柯建銘能夠拿下政治獻金榜首的原因之一。此外，柯建銘與高科技業者素有淵源，一直在政治舞台上為新竹科學園區的高科技產業發聲，柯建銘同時還是全民電通投資公司的總經理與多家高科技企業的董事。所有這些，也使柯建銘獲得了較之別的參選人更堅實、雄厚的財力支撐。

柯建銘在政治和商界之間的遊走極為圓滑。柯建銘非常注重義氣和感情，並深知自己從政的根本就是關鍵時刻關注政治圈層內的利益共生體和政治圈外的樁腳。因為其職位來源於此，關係架構於此。職位可以失去，但是樁腳一旦失去，就失去了從頭再來的機會。這些僅從一例即可看出。

　　柯建銘與曹興誠有著拜把兄弟的利益共生關係。二人相交多年，從柯建銘在新竹當牙醫幫曹興誠拔牙開始，他們就有了合夥投資事業的交情，二人的兒子又是同班同學，曹興誠甚至經常把兒子寄養在柯建銘家。柯建銘從政，曹興誠在竹科出錢出力，對柯建銘力挺到底。在作為泛藍勢力票倉的新竹，依仗曹興誠的柯建銘屢屢獲勝，「頭過身就過」。柯建銘在「立法院」中，對竹科照顧甚多，他的身價財產也和竹科綁在一起。柯建銘也因此而成為「立法院」的科技始祖。後來曹興誠出事，柯建銘使出渾身解數為其圓轉。台灣曾有媒體報導，柯建銘為了曹興誠案，「豁出去了」。[84]僅就此一案，就足以完整解釋柯建銘是如何作為「不倒翁」屹立在民進黨政壇中的因由。

　　在高科技產業成為台灣的經濟發展領頭羊後，柯建銘的「竹科代言人」身分讓他身價猛漲。在民進黨上台執政以後，民進黨對八吋晶圓登陸問題上嚴加封鎖。但是，柯建銘透過自己也參加，產官學都有參加的「台灣產業科技協進會」提出「有條件開放」的檢驗，幫助科技產業進入大陸，同時也幫助自己化解了民進黨內的「獨派」圈套。在聯電全力推動「五合一」計劃時，由於擔心會遭遇既有租稅制度懲罰，柯建銘在「立法院」帶頭修法，鬆綁法令，切合產業發展需求，即使被説成「圖利特定人」、「聯電條款」，他也不以為意。柯建銘這些作為之所以能夠成功，原因在於他在政界和商界均建立起牢固的關係網，並透過關係網牽制其他關係。由於選舉政治和募集資金有著密切關係，黨內募集政治資金的人才就特別受到青睞。在民進黨尚未獲取「執政」地位之前，柯建銘的募款本事就令民進黨各位主席頗為放心，如施明德、林義雄等的感受最深。柯建銘為人仗義，經常幫黨內同志把「應繳金額」募清，因此在民進黨內頗有人緣，也因此為自己，為民進黨疏通了良好的政商關係渠道。[85]後來，柯建銘被陳水扁收服拉攏了過去，他與「福利國連線」是否繼續保持藕斷絲連的關係有待觀察。

「福利國連線」是「後陳水扁時代」最需要關注的民進黨派系。透過分析「福利國連線」與商界的關係，我們可以從中看出民進黨內黨、「政」、商系統的博弈，發現其內部的規律。如柯建銘，在政治上並無大的追求和理想，但是在以金錢為選舉必要潤滑劑的台灣，像柯建銘這一類的人物就不可或缺。正如在2000版《李光耀回憶錄》下卷第十二章中指出的，由極權走向民主自由，應該是會愈乾淨、愈廉潔，不料結果卻往往相反。原因就在於，民主必須透過選舉，而選舉則要花錢。李光耀還特別以台灣為例，指出台灣「立委」選舉，平均每名「立委」當選，就要花費1000萬美金（相當於3億新台幣）。西方更有政治學者認為金錢是「政治的母乳」、「選舉的血液」。如果不和商界結合謀求獻金人脈，當選就絕無可能；如果當選後只是執行公權力應當實現的公共目標，而不為其背後的商界服務，那麼當選者就不可能繼續在其位置上行使公權力。在權與利的角逐中，這一對矛盾無法解決，只好折中、妥協、媾和。這大概反映了「福利國連線」在派系理念和政治實踐之中的落差，以及他們對這一落差的認知和應對。

三、「新潮流系」與商界的關係

「新潮流系」與商界關係淵源甚深。比如「新潮流」的大老吳乃仁，他本來就是台中大地主之後，其父親靠經營房地產發家致富，後來設立高科技電子公司。吳乃仁自己也設立了JET電視台。吳乃仁的妻子詹彩霞長期在企業界發展，她在民進黨上台後曾經出任台灣證券交易所副總經理，後來又出任「中華信用評等公司」負責人。民進黨由於詹彩霞特殊的商界背景，一度開拓出政商關係的新天地，曾引致不少外資企業與民進黨的關係迅猛發展。[86]長袖善舞、多錢善賈，吳氏夫婦兼跨政、商兩界，無論是政治上的生意還是商業上的買賣都是一樣的興隆。

新系當中呂秀蓮與商界的關係也很值得關注。呂在陳水扁執政時期居「副總

統」高位，手中握有權力。在陳水扁執政末期，她也並不太掩飾2008年參選「總統」的野心，故其政商關係也很值得關注。從為數不多的事例我們可以窺見呂秀蓮與商界關係的端倪。比如中華電信轉投資公司的「胡錦標案」。2005年4月，在中華投資公司將要舉行董事會之際，中華電信轉投資的中華投資公司前董事長胡錦標涉嫌盜挪資金8000萬元新台幣到其個人投資的中華金聯公司一案爆出，但此時的案件當事人胡錦標已經遠走加拿大。據稱，中華電信在「立委」的壓力下，經過一年的時間才處理「胡錦標案」，處理該案的相關人士是在胡錦標祕書婚禮上聽說胡已經離開台灣以後才開始將全案轉移到檢署調查（胡的祕書為「副總統」呂秀蓮的外甥）。對於胡的逃離，相關主管機構的負責人「交通部長」林陵三居然一無所知。[87]是誰給胡通風報信？又是誰暗中上下其手？誰有這麼大的能量曲意迴護一個商界人士？這其中又有什麼樣的利害關係？我們從這個典型案件中可以判斷出，呂秀蓮也在綿密地交織政商關係，為其政治前途布局。

「新潮流系」是民進黨內部組織最嚴密、紀律最嚴明、力量最雄厚的派系。可以想見，它所以能夠發展壯大到今天，能夠權傾民進黨當局，僅有組織的力量而沒有厚重的商界背景是萬萬不成的。但也正由於「新潮流系」的上述特點，以及其相對神祕的活動風格，外界很少能夠抓住其政商勾結的把柄。對於民進黨內這樣一個派系，作為一個無法親臨其境的旁觀者，我們目前只能提供如上所述的部分資料。

總而言之，或多或少，或明或暗，民進黨的各個派系都有著經由各自領袖和頭面人物編織起來的與商界的互動關係，毫無例外地都在利用權與錢的交易來達成自己的政治目的：改善或鞏固派系領袖在民進黨內部的權勢和地位，改善或鞏固派系在民進黨中的實力和地位，改善和鞏固民進黨在台灣政黨體系中的勢力和地位。

第三節　政商關係對派系關係和民進黨利益的影響

政策就是做什麼，不做什麼；先做什麼，後做什麼。政黨的政策，包括黨內黨外兩部分。黨內政策，就是在黨內作為不作為，如何作為；黨外政策就是在社會上作為不作為及如何作為。政黨政策因為要兼顧各方面利益及關係的緣故，往往會出現內部的分歧。比如，為了應對2008年台灣總統選舉，民進黨內急需推出新的領軍人物對付聲勢日隆的馬英九，對此，蘇謝游呂是贊成的，但是陳水扁不同意。陳水扁要維護自己的權威。約束黨內卡位爭端，免得過早產生出替代使自己跛腳，這是他的政策考慮。當時，陳水扁代表民進黨內舊派勢力和「台獨」的勢力，而這些勢力對於部分商界、政界人物來說是很有吸引力的。陳水扁的挑戰者多是新的溫和派的人物，他們希望搞好兩岸關係，認為台灣未來離不開大陸。後來民進黨的發展也證明，民進黨不是鐵板一塊，它在整體、派系和個人三個層面上存在激烈的權利博弈。民進黨內部各派都在與商界合縱連橫，尤其是在民進黨「執政」以後，各派系圍繞著公權力採取了務實的「靠派」做法（各派系的人馬紛紛被陳水扁吸收進「政府」或者其他機構，以分享「執政資源」）。這些都和民進黨自身發展，尤其是「執政」後的發展，特別是它與商界關係的發展有著重要的關係。

一、黨內初選和派系衝突

民進黨黨內初選是其派系鬥爭與沿革中最值得注意的方面之一。

隨著「立法院」選舉方式的變化，民進黨的提名政策也作出相應的調整。1950-1974年，黨外人士以個人身分投入選舉；1974-1988年，黨外採取候選人推薦會推薦提名的方式；1989-1993年，民進黨採取黨員投票方式進行初選，其中，投票結果公開，不分區代表由中執委投票通過；1994年—2001年，民進黨分兩階段完成本黨提名。其中，1994年的規定是：第一階段黨員與幹部投票占50%權重，第二階段是選民投票占50%權重；1996年修改為：第一階段黨員投票占50%權重，第二階段民意調查占50%權重；2000年修改為：第一階段民意調查

70%權重，第二階段黨員投票占30%權重。[88]

　　民進黨的提名制度創始於1989年1月22日召開的第三屆「全國」代表大會第一次臨時會議中通過《公職人員提名選舉辦法》以後。那時，民進黨第一次正式建立黨內提名制度。當時在規則制定過程中，「新潮流系」和「美麗島系」都出於自身考量，對制度設計提出了不同意見。「新潮流系」堅持採取由基層黨員初選公職人員候選人制度，但是同意必要時得徵召黨員為公職候選人，徵召須經該選區投票黨員1/2以上同意。「美麗島系」則主張將黨齡限制從1年縮小為6個月，並加入「報備制度」，同時它也反對徵召需經選區黨員投票同意。「美麗島系」以公職黨員的結合為基礎，占有政治和經濟資源上的優勢，而且著力經營選區，知名度比較高，地方實力較強，但對於黨務較為生疏，基層黨員實力較弱，因此希望加入徵召和報備制度加以保障。「新潮流系」則是以黨工為主的，在基層經營地方實力，擅長意識形態的動員和鬥爭，採取初選制度對於擁有眾多基層黨工的「新潮流系」無疑最為有利。於是民進黨最後折中了兩方意見，以黨員初選為原則，加入徵召制度，排除報備制度。由於民進黨成立以來，人才缺乏，個別政治人物成為控制提名的要角。1993年，不少民進黨「國代」、「立委」爭搶縣市長選舉的提名資格，不僅影響了黨內的新人出頭，而且也有損黨籍公職人員對選民的誠信，於是，當年3月，民進黨選舉對策委員會提議修改公職人員提名辦法，列入「限制條款」，即現任公職人員任期未超過1/2者，想要參選其他種類的公職，非經辭職或徵召不得參加提名；同時規定，如果參選人得票數未達到最低當選票數的70%，5年內不得參選其他類公職。

　　1993年民進黨《公職人員選舉提名條例》影響深遠。[89]該條例明確規定，在公職人員選舉中如果不能透過協調產生黨的提名候選人，則採取兩階段初選的方式提名。在第一階段，由黨員投票與幹部投票各占50%，產生「提名名額加額1/2」的準候選人，黨員投票由該選區全體黨員參加。第二階段，即當第一階段所產生的準候選人經再次協調仍無結果時，則舉行第二階段選民投票，此投票結果占全部提名份量的50%。該修正案將公職人員分為五類：其中，第一類為「總統」、「副總統」；第二類為省長；第三類為「國代」、「立委」、「直轄市長」、省議員、縣市長；第四類為縣市議員、鄉鎮市長；第五類為鄉鎮市民代

表、村里長。事實上,「兩階段提名方式」主要是針對第一、二類公職人員候選人的提名。同時,該條例維持了「五年條款」的限制。民代部分選舉得票未達到當選票數70%,行政首長部分得票數未達到當選票數的60%,自開票日起5年內,非經徵召,不得參加任何公職候選人的提名。

但民進黨在2000年台灣總統選舉的黨內提名中,因為陳水扁與許信良的激烈競爭,導致對條例新一次的修改。[90]按照新條例的倡導者邱義仁的說法,它有四項優點:「一是可以將前來參加民進黨選民初選的民眾予以建檔,有利於民進黨與選民之間的聯繫;二是透過這樣的初選提早為候選人造勢;三是減少民進黨過去初選的弊端;四是縮短黨意與民意的差距。」[91]很明顯,民進黨新的初選規定是引自美國的政黨提名制度。民進黨人充分認知台灣中間選民「選人不選黨」的傾向,也懂得提名中推出高知名度、形象良好的明星級人物出馬參選的重要性,但由於所有這一切到頭來都需要用大筆的資金進行包裝,這就大大削弱了脫黨參選者當選的可能性,降低了初選中失敗者脫黨競爭的可能性,從而強制性地造就了黨內提名充分發揚民主的協調機制。至於所謂的民主協調,只不過是看誰掌握的金脈多罷了。因為,在派系政黨中,誰掌握了金脈,誰與商界的關係更為密切,他就能招募更多的人來抬轎子,他的派系就會像滾雪球一樣壯大,他也就有實力收買和瓦解其他派系。

民進黨初選制度的改革反映了它的政治理想和台灣政治生態的不對稱性。這一制度在台灣意識形態激烈對峙,政黨政治尚不成熟的歷史條件下,必然為候選人利用政黨機器,及其背後的政商關係尋求一己私利留下了可乘之機。由於「選人不選黨」的中間選民非常之多,所以候選人當選後往往會運用公權力資源為自己打造形象並凌駕政黨之上,這必然會引發民進黨內部的派系矛盾與衝突。

二、陳水扁對「執政」資源的控制和分割

「二二八事件」之後,台灣反對國民黨統治的勢力逐漸興起。經過參與選舉

和創辦雜誌的方式糾集了「中國民主黨」、美麗島政團、黨外公共政策研究會到黨外作家聯誼會等四波組織化進程，在國民黨開放黨禁之際成立了民進黨。民進黨從產生之初，就是派系共治的產物。從醞釀、組織化、成立到在野抗爭，民進黨一直是派系共治。陳水扁擔任「總統」以後，企圖以「總統」兼任黨主席的辦法實現「一人獨治」，完成民進黨由派系到統一。陳水扁雖然取消了派系，但民進黨內林立的各山頭在事實上仍繼續存在。

由於民進黨的草莽性，以及陳水扁和謝長廷的瑜亮情結，陳水扁擔任「總統」後深感黨內奧援不足，於是在其《世紀首航——政黨輪替五百天的沉思》一書中明確指出，民進黨的體制、黨機器是以作為在野黨來規劃設計的，「很可惜的是，民進黨執政後並沒有進行第二次轉型」。為此，他一直「暗示和公開呼籲民進黨轉型」。他認為，民進黨雖然問題出在執政能力、執政責任感、執政格局等三方面，但根本原因，仍是黨內派系的利益衝突。他說，如果派系都以個別利益為重，民進黨就無法轉型成為一個好的「執政黨」，無法開展執政能力，缺乏執政責任感，無法提升執政格局。陳水扁認識到，如果不直接介入黨內決策機制，無論體制內的以政領黨還是體制外的決策小組，都無法達成有效整合。[92]2002年8月1日，陳水扁冒著被指責的危險，兼任黨主席。[93]並在黨主席兼「總統」任上對派系的政商關係進行整合，以圖將民進黨各派系從根開始，重新組合。這從他對柯建銘的拉攏可以窺見一斑。

不難看出，陳水扁對從民進黨在野和執政的轉軌的理解還是有一定道理的。但是，民進黨的執政方式沒有脫離東方權威政治的圈子。儘管在其台北市長的任上，陳水扁已經憑藉其現代政治技巧的細膩綜合，包括問政策略、形象塑造、媒體造勢、事件行銷、民調配套、訴諸民氣、結合社團等方面，都為台灣後權威時代的民主政治奠定成功的典範[94]，但是在陳水扁代表民進黨獲取台灣「執政權」以後，他的權威時代的政治烙印還是展露無遺，尤其在其第二個「總統」任期內。在意識形態上，陳水扁充分利用了民進黨主流的「三合一教義（『台獨』、福佬主義和法西斯）」，在執政方式上，他選擇了將台灣的體制歸自己所用，將文官制度和政治制度化為私人工具。

陳水扁利用民進黨的草根性，實現政黨和企業的長期勾結。他充分利用手中掌控的公權力，將台灣的利益轉化為企業的私人財產，將大量的資源和利益明目張膽的輸送給「綠色金主」和親信。其中比較典型的案例有：

（一）台灣高鐵[95]

其原始股東獲得數百億（新台幣）的巨利，台灣財政付出4000億，卻沒有任何主導權，「立法院」也無法監督。這些原始股東透過承包工程早已賺回出資金額。因為是民營企業，他們延攬工程完全不必經過「國家」的正常招標程序。

（二）中華電信

600億元股票，只低調公告11天，迅速由富邦和國泰金控，以低價獨家得標。

（三）兆豐金控

操縱台灣政治最重要的兩家銀行，交通銀行和「中國商銀」，約一兆資產，指派陳水扁金主為董事長，並改為民股，從此一兆元的「國家資產」，為一人所有。

（四）中華紙漿

公有資產中的中華紙漿，陳水扁任命幫其夫人吳淑貞推輪椅的羅太太之夫（著者按：羅盛順）為董事長。此人先前只在中華紙漿作過基層業務員，最高資歷是陳水扁的扁帽工廠廠長。據李慶安披露，中華紙漿與永豐餘公司的合併案涉及利益輸送，造成「績優且規模較大的公營企業，被瀕臨財務危機、規模較小的私人公司合併而消滅。」[96]陳水扁在這一問題上的政策很清晰地表明了其鞏固金主，實現政黨、企業和個人之間利益結合與分配的價值取向。

這些事例都是民進黨在野時期既定的拓展和鞏固社會基礎這一政策的延續、異化和發展。民進黨成立以後，即以獲取政權為其目標。作為邁向政權的第一步，就是能夠提名、推舉最受民眾歡迎的本黨候選人。政黨提名牽涉到黨內利益分配和派系團結，往往是黨內各種力量相互角逐、激烈鬥爭、協調和妥協的產物。但也存在這樣的情況，那就是當對候選人的塑造達到一定程度時，候選人往

往就可以利用政黨為競選的工具和軀殼，或者僅僅把政黨作為競選的工具，有時甚至乾脆甩開政黨組織另起爐灶。這些西方政黨慣常出現的情況在台灣也可以找尋得到。在就任台北市長以後，陳水扁這位以前極其犀利的「立法委員」，[97]逐漸轉變了其處理問題和塑造形象的方式。正如台灣有學者指出的，「陳水扁當選市長後，多數的大企業和政府的交往開始熱絡起來，不知是市長有心，還是商人有意，陳水扁和企業之間，雖然稱不上水乳交融，但關係密切確是事實。」[98]應當說，陳水扁在其市長任期中，利用隱身在「福爾摩莎」基金會中的中小企業主，透過其募款大將洪登科、黃維生等，逐步建立起豐滿的政商關係。這些關係基本為陳水扁個人所用，成為後來陳水扁本人做了「總統」後能夠成功地凌駕於黨內各組織派系之上，甚至凌駕於民進黨之上的實力基礎。

當民進黨掌握「中央政權」，同時也在縣市中占據半壁河山的時候，這個政黨暴露出來的「李自成進城」式的弊端就逐步展露出來。在占據「總統府」五年多的時間內，鋪天蓋地的政商結合與腐敗，使得經濟蕭條、政治腐敗，白金政治尤勝於黑金政治的時候，人們對它的失望就隨之而來。這與民進黨倉促獲得「政權」不無關係，也與陳水扁個人對政黨政治的理解不無關係，更與台灣「中華民國憲法」對「總統」和「行政院」職責規定的不清晰[99]有著重要的關係。

民主政治就是政黨政治，政黨政治就是責任政治。但是，陳水扁企圖建立個人化「政府」，長期置民進黨於不顧。[100]台灣民主政治的破產和民進黨的混亂與陳水扁本人與民進黨互動不佳有著極大的關係。陳水扁當選「總統」後一意孤行，甚至在「行政院長」的任命上，都沒有和民進黨中央進行過良性的溝通與互動。

陳水扁執政期間，可以清楚地看到其身上台北市長時期的影子。其中包括他對選舉背後的政商關係的整合。陳水扁希望借助其「總統」權位，在實質上掃除民進黨派系及其背後的政商關係，確立以他為統帥的統一的民進黨。這一戰略思維之所以能夠在民進黨內得到默許，根本原因在於民進黨的價值體系本身有問題。民進黨過去一直堅持和標榜的就是民主與「台獨」，但是在事實上，尤其是獲取執政地位之後，它最關注的卻是鞏固「執政地位」與「永續執政」，因此，

以前曾經預防政治明星壟斷選舉的條款就得到修改，2000年陳水扁當選後沒有多久，就立即動員修改黨章，把由黨員直接選舉黨主席，改成由「總統」兼任，2004年在其獲取連任以後，民進黨又立即為陳水扁修改黨章，提出：為了「新憲法」，「總統」要處於超然立場，所以不再兼任黨主席，而由「總統」操控或者指定的人做黨主席。從民進黨黨章的任意修改可以看出，民進黨把制度作為工具使用，這在一定程度上說明這個黨為了執政而不擇手段。這種價值的強度之高，意願之純粹，使全黨一致統一，自上而下，全心全力要贏，甚至不擇手段。因為他們太沉醉於執政的好處，和在野後一無所有的痛苦。[101]

很明顯，在台灣由權威政治向民主社會過渡的過程中，雖然制度層面已經儼然成型，但是，由於權威政治的文化依然在發揮作用，尤其是民進黨作為一個年輕的政黨並無任何經驗可談，充分利用其執政資源，並充分利用其最得意的「台獨」理念以占領部分選民，彰顯其草根性，已經很明確的說明了走上迅速腐敗的道路是可以充分理解的。陳水扁及其親信集團就是充分利用了這一點，透過政商勾結的方式，將民進黨逐步地改造「新集權專制」的工具。這種強姦黨意，獲取私利的做法已經導致的台灣政壇規則錯亂，已經使人看到民進黨可見的未來會是個什麼樣子。

第四章　民進黨政商關係的構造、本質及後果

第一節　民進黨政商關係的要素：選票與鈔票

一、選舉民主與台灣不成熟的選舉

西方人認為，選舉對於民主政治的運轉來說必不可少。熊彼德（J.A.Schumpeter）在其《資本主義、社會主義與民主》一書中指出，「所謂的民主秩序就是達成政治決定的制度性安排，透過競爭人民選票的努力，個人得以獲得決定的權利。」亨廷頓也認為，「民主政治最主要的程序便是由被統治的人民經由競爭性的選舉來選擇領袖。」這都說明選舉在政治生活中的重要性。現代民主的選舉必須滿足一系列的要素條件，比如定期改選、有意義的選舉、有推舉候選人和參選的自由、公開競選和討論選舉的自由、每人一票票票等值、祕密投票、正確計票以及普選權等等。[102]從政治功能上來看，選舉一是由選民選擇自己的代表和代理人，並最終影響和決定公共事務的處理方式；二是迫使政黨政府及其官員（以及民意代表）必須對社會大眾負責。

薩托裡在其《比較憲政工程》一書中提到，每種選舉制度都有其優缺點：單一選區制比較容易形成兩黨制，從而較容易出現一黨政府或有效能的政府；比例代表制則強調議會及政府的公平代表性，重視結果的公平性，也就是政黨得票和席次分配的比例性；而混合制的目的，則是試圖吸納單一選區制和比例代表制的優點，創造出能夠平衡的選舉制度。事實上，人們對於任何一種選舉制度的優劣與否，都沒有統一的和絕對的衡量標準，而是必須將其放在該國或者該地區的歷

史文化傳承、政治制度嚴格和經濟制度變化中具體地予以考察。選舉制度總是要從一國、一民族、一地區所固有的文化傳統出發來制定合適的規則，而規則的制定則是民主社會中的核心問題。在一些轉型的發展中國家和地區，選舉民主基本上是舶來品。在這樣一個舶來品本土化過程尚未結束、選舉制度尚未健全和完善的情況下，政黨、政客就很有可能會操控規則的制定權，繼而操控整個的選舉活動。從這個意義上看，選舉本身有時只是作為現代化的表象而存在。但是，不管選舉民主被怎樣高估，也不管選舉制度本身如何運作，民主、政黨政治都必須要經過特定政治體系發揮作用。

現代選舉一般涉及如下幾個方面的問題：1.選舉與民主制度之間的關係；2.選舉制度本身的規則與其功能釋放；3.選舉與投票行為之間的模型；4.選舉與民意溝通；5.選舉與傳播媒介；6.選舉與各部門的功能；7.選舉與機構運行的監督與罷免程序等等。

考察台灣的選舉，必須特別關註上述問題中的選舉與投票行為的關係。目前學界研究選舉與投票行為關係時使用的分析模型主要有：政黨認同模型、社會學模型、社會心理學模型、理性選擇模型等等。政黨認同模型認為，投票行為是一種對於黨派意識形態的展現，而非受到政策、政治人物、競選活動和媒體報導等因素影響的產物。政黨認同模型可以解釋長期以來支持國民黨的眷村選民的投票行為。社會學模型則認為，投票行為與團體成員的身分有所關聯，選民在社會脈絡中的位置，包括社會經濟地位、宗教、居住地區等，都影響或決定了他的政治傾向和投票態度。這個理論模型可以解釋台灣族群問題。社會心理學模型則認為選民在很大程度上可能是基於政黨認同，也可能是基於對某位特定候選人或某項特定政見訴求的支持而投票。這在一定程度上可以解釋台灣選民「選人不選黨」、「看政績決定投票」這麼兩種投票行為。理性選擇模型更加注重社會團體和社會化過程的影響，它基本的假設前提是：選民基於個人的「自利」意識形成政黨偏好，而後者決定其投票行為。理性選擇模型認為投票只是一種滿足選民理性的自利判斷的工具，是一種「回溯性的評判」。這種理論就可以驗證民進黨弊案引發縣市長選舉中該黨票源大量流失的現象。

由於東亞地區和西方國家在民眾基礎和文化基礎上存在很大的不同，上述各模型中所涉及的諸方面因素會或多或少地、交替地發揮作用。在台灣，由於政黨產生的社會基礎不同、發展脈絡不同，在選舉中解決政黨整體的認同問題，甚至是超越個別政黨之上的社會陣營的認同問題就成了重要的選舉內容。其中，在所有的這些認同問題裡面，最為突出的就是族群認同和統「獨」認同的問題。長期以來，這兩方面的認同問題始終被民進黨所利用和操控，久而久之，選舉成為早期民進黨反對國民黨最有效的武器，成了後來民進黨鞏固政權的重要的工具。

　　選舉最重要的是獲取選民支持。由於在這一點上有著相當的共識，民進黨內各派的鬥爭基本上不是原則性爭鬥，而是在獲取選民的方式和策略上的爭鬥。這其中主要是牽涉到各派系在鞏固票倉、開拓票源，以及引導議題等方面的差異和矛盾。民進黨活動有一個顯著特點，那就是非常善於發動文宣攻勢和組織民眾運動。以1986年年底的「桃園機場事件」為開端，台灣社會掀起了一股前所未有的「街頭熱」，各種形式的街頭示威請願運動此起彼伏。據台灣有關部門公布的數字，在解嚴後的短短一年時間裡，台灣共發生遊行活動一千九百多起，平均每天超過五起。民進黨是這些活動主要策劃者和參與者。民進黨透過這種方式使台灣民眾看到了自己的力量，加深了對自身權益的認識，增強了對政治多元化、民主化的認同。

　　成熟的選舉民主必須建立在這樣一個基礎上：存在一個發育成熟的中產階級，它堅定地反對專制獨裁併自信地維護自身權益。從歷史的角度來看，民進黨的崛起本身就是對國民黨四十年專制獨裁統治反彈的必然結果；從政治學的角度看，民進黨所以能在台灣政壇上發揮極大的作用，在於它基本上是一個代表了台灣中產階級利益的黨，也在於它曾經熱烈地追求西方民主政治，反對封建專制獨裁。從選舉的角度看，台灣的中產階級的確就是上台之前民進黨的階級基礎所在。台灣的中產階級是清末以來台灣資本主義長期發展的必然產物，在國民黨政府逃台後不久的1960年代，它就已經發展成為台灣經濟的「支柱」。然而，長期以來，這個新興階級在經濟上的雄厚實力卻與它在政治上的無權地位形成了鮮明的對照。在台灣，代表大資產階級利益的國民黨長期以來實行「一黨專制」，在政治上、經濟上排擠中產階級，這就不能不激起後者強烈的不滿和反抗，它們

要求獲得與其經濟實力相適應的政治權利。適逢其時的民進黨正好扮演了台灣中產階級政治代表的角色。它在政治上主張「還政於民」，實行民主政治，要求開放黨禁、報禁，主張「總統」、省、市長民選和全面改造「國會」等等；經濟上主張「還財於民」、「機會均等」，反對壟斷，要求實行「官營企業民營化」，「尊重私有財產」等等。民進黨的這些主張大體上反映了台灣中產階級的政治經濟要求，在台灣的特定歷史條件下是有一定進步意義的。

需要指出的是，儘管台灣的中產階級早在1960年代就已經成為台灣經濟社會的中堅力量，但它在政治上尚不能說就是成熟的。須知，台灣的中產階級是在國民黨當局長期主導市場發展的前提下發育和成長起來的，它具有由於政府扶植而形成的先天的缺陷，更容易為傳統的東方式的權謀所欺騙和誤導，它尚未成熟到可以自主制定和捍衛民主政治的遊戲規則的程度。而這恰恰給了台灣某些政黨——現在來看主要是民進黨——利用和操縱選舉的機會。

二、選舉是台灣政黨與商界的聯結點

國民黨敗退台灣後不久，台灣地方的選舉就已經開始。從那時起，為了鞏固其地位，地方許多派系及其領袖們就已經形成了地方層面上錯綜複雜的政商結合關係。從1970年代後期開始，直到1990年代中期，台灣制度環境發生了巨大的變遷。伴隨著政治民主化、經濟自由化的進程，政黨財團化、財團政治化的過程也隨即鋪開。

在台灣政治民主化開始之後，選舉就成為政黨政府統治合法性的關鍵所在，由於制度的缺陷，也由於各政黨為了選票往往不擇手段，選舉同時也成為政黨與財團結盟的基礎。早在威權時期，逐漸壯大的民間財團就試圖和政治勢力結盟，並利用政治力量突破經濟封鎖。比如1983年，國泰集團的蔡辰洲當選增額「立法委員」，他就在「立法院」內組成了「十三兄弟」次級團體，這些成員都出自地方派系、具有企業背景，結交許多黨政要人，包括當時的國民黨祕書長蔣彥

士、「財政部長」徐立德、地方派系領袖蔡鴻文、「國防部」總政治作戰部主任王升等。這個政商聯盟在當時集結黨、政、軍、財團和地方派系等各路人馬於一身，一方面在「立法院」內推動解除金融管制，同時利用權力掩護國泰集團和其他財團利用人頭戶借貸資金炒作房地產和股票，並阻撓金融檢查機構執行取締。這一政商聯盟最終雖然以「十信風暴」並引發當時的重大的金融危機而告終，但是，逐步壯大的民間資本意圖運用政治力量保證其經濟利益的意圖已經凸現。應該說，進入1980年代以後，台灣許多財團都已在摩拳擦掌，等待制度環境的鬆動，等待建立政商的聯結。人們後來看到，制度環境上的這個鬆動和商界順理成章地尋求其政治代理人的現象其實都是以選舉的形式出現的。

當選舉成為獲取「合法」權力的手段時，勝選就需要龐大的人力、物力資源。商界尤其是大財團擁有龐大的資本和眾多的員工，自然也成為政黨拉攏的對象。設若不透過選舉，而由財團自己出錢、出人在政府中代表自己的利益，那麼它所花費的成本一定比較高，而且它也很容易成為商界其他同仁攻擊的對象。透過選舉，透過利用政黨之間的競爭關係，商界投資政治所花費的成本相對比較低，收效也比較大。正因如此，開放政黨政治後的台灣的政黨和財團終於如願地聯結到一起。

一般來講，政黨和商界在選舉問題上的聯結是透過政治獻金和企業動員員工選舉這兩方面來做的。政治獻金一般有政黨補助金、個人獻金和企業獻金這三大類。對於政黨和政客來講，只要收到的錢不是能夠查到的黑錢或者犯罪所得，數量上自然是多多益善。就商界而言，2004年台灣「政治獻金法」通過之前，他們對政黨的獻金資助一直很混亂。但是，這些獻金行為還是遵循著與其他國家、地區基本相同的遊戲規則。在獻金背後都是用錢來買政策，或者用金錢開道建立企業和政黨、政客之間的勾連，以便為企業的發展奠定良好的外部環境。

在政治獻金尚沒有規則制約的時期裡，商界和政黨的合作比較多地表現在商界（尤其是巨商）和國民黨的合作與互動上。比如，在「十信十兄弟」政商聯盟中，徐立德手握財經大權，在台灣制度環境轉型時，在政策上確實實現了政商結合的轉型。這一時期，財委會的投資主要集中在金融服務業、營建業和環保科技

事業上，同時以分散股權的方式和民間資本合作。1993年，國民黨投資事業管理委員會成立，正式將財團成員納入到黨營事業的決策機制。在此之前，一向以來與國民黨密切合作的生意夥伴大約有十五家企業，其中合作關係最密切的時永豐餘集團、潤泰集團、東帝士集團、新光集團和豐群集團等。這些和國民黨合作關係最緊密的財團對國民黨的投資事業幾乎全都涉及。除此之外，台灣主要財團和信集團、台塑集團、遠東集團、大同集團和裕隆集團等也都和黨營事業有著合作關係，由此可見，台灣主要企業集團都或多或少的被整合進國民黨的政商網絡中。[103]從那個時期開始，台灣當局的官員就利用資訊的方便從事炒股獲利的事情。

國民黨後來設立投資管理委員會，將和財團間的合作關係制度化，投管會的成員中，除了劉泰英，其餘大都是和國民黨合作關係最為密切的財團負責人，主要有金鼎證券集團總裁張平沼、潤泰集團總裁尹梁棟、美吾華公司董事長李成家、長億集團總裁楊天生、永豐餘董事長何壽川、奈思集團總裁陳哲芳、威京集團總裁沈慶京、宏國建設董事長林謝罕見、大眾銀行副總經理陳建平和裕隆集團執行長嚴凱泰等。[104]這一方面降低了國民黨和財團之間的交易成本，另一方面，又給投管會和國民黨與財團之間的合作預留了很多空間。

（1989年4月—1991年3月）台灣「中央投資公司」申報股票轉讓明細表

轉讓時間	轉讓股	張數	當月加權股價指數 最高點	當月加權股價指數 最低點	申報時股價指數
1989.4	裕豐	500	8172.48	7075.74	7927.16
1989.5	建台 裕豐	4000 500	9846.15	8100.06	8391.99 8100.06
1989.7	開發	1000	9504.20	7818.11	8796.41
1989.8	裕豐	600	10038.35	9145.16	9704.85
1989.9	裕豐	900	10773.11	9910.18	9994.64
1990.1	開發	500	12054.35	9805.40	
1990.4	台苯 裕豐	2000 1000	11163.49	8830.57	
1990.5	開發 台苯	2000 1000	8948.49	6146.44	8734.93 8922.67

續表

轉讓時間	轉讓股	張數	當月加權股價指數 最高點	當月加權股價指數 最低點	申報時股價指數
1990.6	台苯 東聯	3750 3000	7857.01	4995.38	7347.74 7339.71
1990.7	台苯 興票 建台	3750 3000 4000	5618.21	4524.55	4991.42 5618.21 5618.21
1990.11	興票 建台 東聯 開發	4000 4000 2000 2000	4926.39	3102.86	4582.86 4582.86 4582.86 4582.86
1991.3	建台 台苯 東聯 興票	5000 4000 5000 2000	5139.94	4487.84	4955.33 4955.33 4955.33 4955.33

此表引自陳淑梅：《中央投資賣股票，股票就跌》，商業週刊，第176期，第23-25頁。

我們研究發現，民進黨後來執政時期所仰仗的商界支撐，甚至近年來不斷曝光出來的很多弊案也是肇始於這一階段。在國民黨專心編制政商關係的同時，民進黨人也沒有閒著。民進黨早就看明白了這樣一條道理：台灣選舉是用錢堆起來的，它對於這一道理的領悟程度和實踐力度甚至比國民黨有過之而無不及。民進黨非常善於用錢招募人馬、換取選票支持，也非常善於利用手下的人馬以及多數的選民支持去「名正言順」地搞錢。由於能夠操控和利用規則制定權，民進黨及其政客們搞錢極為方便，數額也非常驚人，但違規的風險卻很低。根據1995年通過的台灣「總統、副總統選罷法」，台灣領導人候選人的最高競選經費為3億元新台幣（4元新台幣約合1元人民幣），但是實際上都是超過這個數額。又比如，謝長廷在2002年競選高雄市長連任成功後，他申報的競選經費沒有超過2500萬元新台幣的上限，但是他的「後援會」總收入支出卻達到遠遠超出相關法規所規定上限的6800萬元新台幣。這都是因為，包括法律、制度在內的所有選舉規則並沒有規定所謂「自發性」的「後援會」到募集和花費資金的上限。

另外，選舉中關於所用經費來源的規定實際上也形同虛設。雖然個人和公司對候選人及政黨的經費捐助都有上限規定，但是，真的要超出這一限額的話，個人及企業往往也不會受到相應的處罰。據陳由豪曝光，他曾給過民進黨至少1000萬元新台幣的獻金。這也僅是鳳毛麟角而已。整個台灣商界共有多少公司行號，為了本身利益所送出的獻金到底有多少，只怕政客們自己都算不清楚。因為只有獻金達到500萬元新台幣以上的，其捐贈老闆才有資格受到接見。500萬元以下的，一般就由中間牽線人打發了事。至於這些錢到底是不是進了「老闆」的帳戶，往往也是很難說清楚的事情。我們從後來陳水扁親家竟然從中悶掉數目甚巨的送給陳水扁的政治獻金這一事件中就可以窺見一斑。

　　走過總會留下痕跡。人們所以會訝異於民進黨何以會在執政後短短幾年間就變得如此貪腐不堪，就在於他們沒有看到這樣一個事實：早在執政之前的在野時期民進黨就已經在做政治上的投機。這種投機就是迎合商界人士的投機心理，開出甚至連民進黨人自己都無法估量其社會後果的政治承諾和經濟支票，以期儘可能的獲得人財物力的支援，儘早地上台執政。這種做法是非常不負責任和非常危險的。中國有句古話，叫做不當家不知柴米貴，民進黨政府2000年以前從來不知執政為何物，所以漫天許願。2000年，它突然間很意外地在一夕之間上台執政了，於是在彈冠相慶後不久就立刻陷入了政治上的兩難：兌現承諾，這是負責任的執政黨無法做到的；不兌現承諾，民進黨的政治信用就會馬上破產，而它鴨子滑水暗中已然接下的不法的政商勾結也會立刻浮出水面。民進黨最後選擇的是不負責任地兌現承諾，結果使公共利益大為受損，從而斷送了自己可能的在民生經濟方面做出業績的可能。不唯如此，即便是信守承諾，紙裡也終究包不住火，該曝光的最終還是要曝光，只不過是推遲了幾年而已。

　　引發席捲全台灣抗議風暴的陳水扁家族弊案，究其原因就在於民進黨在奉行其選舉總路線時所結下的政商關係在其執政後呈惡性發展的態勢，甚至民進黨、陳水扁自己都無法予以有效地規範和掌控。但是，這一切用接近陳水扁本人的民進黨人的來說，則成了陳水扁這個人太重視情誼，一心想著要回報那些曾經幫過他的人們。民主進步黨人這套似是而非的說辭充分表明，他們從一開始就不瞭解民主政治條件下執政意味著什麼。而且，相當多的民進黨人甚至連最根本的民主

與法治原理都搞不懂：公共的利益豈是可以用來私相授受、用以維繫私人情誼的？

在圍繞選舉結成的政商勾結的諸多弊端充分暴露之前，台灣經濟，特別是金融自由化的程度還是逐步加深的。對任一國家和地區來講，經濟開放的關鍵，是金融的自由化，它可以為融資和企業發展提供強大的推動力，但它也同時為政商勾結提供了更便利、更隱祕的手段。

台灣金融自由化進程中首先開放的是金融機構的設立。從1988年開放設立證券商，到1990年底，台灣共有350多家新證券商投入證券市場，幾乎所有地方派系和民間大大小小的財團人手一家。[105]在這之後，里程碑式的開放是新銀行的設立。從1989年「銀行法」修正通過開放新商銀設立後到1991年，台灣「財政部」共核準十五家新銀行，幾乎全台灣所有主要的財團都參與其中。在經濟自由化過程中，隨著證券商和銀行的開放，財團擁有了間接來自金融市場和直接由金融機構汲取資金的來源。在資金不虞乏的情況下，民間資本逐步獨立，規模不斷擴大。企業集團在台灣總體經濟中的影響力，由其營收淨額占國民生產毛額（GNP）的比率就可以觀察到。1998年企業集團超過5兆新台幣，營收淨額占GNP的比率為59.02%，逼近60%。其中，光是營收淨額前十名的集團就已經接近1.9兆元新台幣，占GNP的22.82%。這顯示出，這些大財團在經濟領域的作用甚至超過台灣當局所扮演的角色。[106]

下列這一圖表很清晰地表明了企業尤其是大財團在台灣經濟中的比重。根據經濟基礎決定上層建築的基本原理，我們從中可以看出財團對政治的影響力是非常大的。如果缺乏有效的疏導和控制，它完全有可能成為一支恣意左右政治生活的力量，而這對於一個正在走向現代民主政治的轉型社會而言並不是什麼福音。

歷年企業集團營收淨額與GNP比較表

（單位：億元）

年度/項目	集團總營收 (A)	政府收入總額 (B)	GNP (C)	(A)/(C) (%)	(B)/(C) (%)	集團總數 (個)
1973	1346	872	4102	32.81	21.26	111
1975	1655	1433	5863	28.23	24.44	106
1977	2364	2072	8238	28.07	25.15	100
1979	3819	3215	11962	31.93	26.88	100
1981	5076	4624	7642	28.77	26.21	100
1983	6337	5027	21032	30.13	23.09	96
1986	8402	5841	29257	28.72	19.96	97
1988	12193	8298	36115	33.76	22.98	100
1990	16886	1973	44119	38.27	24.87	101
1992	18727	13481	54409	34.42	24.78	101
1994	27077	15599	64545	41.95	24.17	115
1996	33771	16240	75396	44.79	21.54	113
1997	45547	18447	81730	55.73	22.57	154
1998	51537	20337	87311	59.03	23.29	179

資料來源：中華徵信所，台灣集團企業研究，2000年版，第116頁。

隨著台灣政治、經濟的轉型，台灣對選舉的開放程度越來越大，台灣領導人、各級民意代表機構也都已直選，「立法」部門的重要性也迅速提高。在這種情況下，商界尤其是大財團都嘗試在這些部門中進行布局，透過參與政治市場的競爭來繼續其商業市場上的競爭。財團往往透過形式上的選舉機制，暗中和立法委員或候選人行金權交易之實，以設立利益代理人的方式參與政治，甚至直接派出代表參選，進駐「立法院」，以就近掌握政策資訊，直接自己的代表對政治領導和行政官僚施壓，要求分得利益。這不是什麼理論上、宣傳上的虛構，因為台灣不少現任的「立法委員」的確就是商界的代表。

東海大學肖友鎮在其學位論文《立法委員為誰立法：台灣民選立委的權力結構分析》中分析道：1969年、1972年、1975年、1980年、1983年、1986年、1989年間由台灣所選出的增額立委和1992年所選出的二屆立委共294人中，擁有企業背景的平均比例占50%，多數立法委員都直接擔任過企業的正副董事長、正副總經理、董監事或者顧問。可見，在1990年代初期以前，台灣的立法部門就已經被財團有效利用作為參與政治決策。

1992年，台灣立法院全面改選後的立委總人數為161人，其中125人是經由選民直接投票選舉產生的。在這125人中，有59人有企業背景，所占的比例為47.20%。其他沒有直接企業色彩的立法委員也有將近兩成接受了相關企業的明顯金援。[107]1992年以後的每一屆立法委員中都有半數左右的人是有商界背景的。

自台灣總統直選以來，商界在這一選舉事項中的押寶也越來越明顯。台灣商界和政界的關係本來就錯綜複雜。商界在選舉中支持哪一個候選人，往往反映出它的利益和人脈取向。商界慣用的手法是兩面押寶（當然，這一兩面押寶也有其傾向性）。這是比較穩健的方式，那些易受政治風險侵擾的行業往往採取這一方式。其中，最不敢得罪當選者的是金融界。作為服務業，金融業和農業、工業不同，其服務對象主要在台灣。而且，台灣對金融的宏觀管治向來都是相當嚴密的。也正因為如此，金融界的傾向性有時也造成風向標的作用，在相當程度上影響到選票的投向。

比如，陳水扁在力拚連任時，共有十二位銀行界負責人組成「全國金融界挺扁後援會」，他們在陳水扁僥倖連任後加深了與扁府的政經聯姻關係。其中，該後援會中的林明成，在2000年「總統」選舉時還是連戰後援會在金融業界的實際操盤手，此刻則投靠到陳水扁的綠營中來。而陳水扁也是投桃報李，在勝選後即將自己和夫人吳淑珍的財產都交付給林明成掌舵的華南銀行信託。陳水扁出訪中南美洲，林明成全程隨行。我們從林明成的棄連投扁可以看出，在台灣總統選舉中，商界所起的作用很可能比明面上陳述的還要重大。就在2006年陳水扁提前跛腳之際，商界針對2008年台灣的「總統」大選布局。我包括中信金董事長辜濂松、華南金董事長林明成及台玻常董林伯實等三大本土財團領軍人物在內的商界人士，他們支持「連宋配」與民進黨抗衡，這顯示，重量級財團布局政商關係。[108]這中間又出現林明成的名字。無獨有偶，張榮發出巨資收購了國民黨中央黨部，為急於拋下黨產包袱的國民黨伸出援助之手，此事被許多觀察家看做是張本人投資國民黨2008年候選人的一種方式。就這樣，台灣商界總有些人在「總統」選舉中有著最精明的利益盤算，而這些看似偶然的利益盤算又往往對台灣政局產生重大的影響。

2000年之前，由於國民黨基本能夠控制全台性的選舉，因此，商界在投票選擇時也大都傾向國民黨。在選舉結束後，商界勢力尤其是押寶準確的財團，往往借助政治權利的庇護，憑藉強大的政商關係，向銀行取得成本低廉的資金，大舉投入股票和房地產的投機炒作，賺了錢則收歸己有，如果不幸被套牢就再運用政商關係，要求紓困和免除債務。[109]在押寶不靈的情況下，其財務槓桿的調度當然會倍感吃力。因此，商界在選舉中的傾向對判斷哪個候選人當選有著重要的意義。

　　總而言之，透過早期的制度變遷和政商關係的制度化，台灣政黨和商界之間的聯繫日益廣泛，政黨和商界之間的政策利益也逐漸趨向一致。

　　為了將以選舉為中心的政商關係規範化，2004年3月，台灣通過了「政治獻金法」。該法第二條將政治獻金定義為「對從事競選活動或其他政治相關活動之個人或團體，無償提供之動產或不動產、不相當對價之給付、債務之免除或其他經濟利益。但黨費、會費或義工之服務不包括在內。」該法第十三條還規定：「任何人不得以本人以外之名義捐贈或為超過新台幣一萬元之匿名捐贈。超過新台幣十萬元以上現金捐贈，應以支票或經由郵局、銀行匯款為之。」但是，在選舉實踐中，該「法」事實上無法造成真正規範選舉中的政商關係的作用。以縣市議員選舉為例，捐款專戶可以在選前八個月前設立，但選務單位的慣例卻是在選舉前四個月才發布選舉公告，捐款時間的界限到底是怎樣的，誰也沒個準。從捐款的方式來看，如果不付支票只給現金，任憑是誰都無法予以核實、追查。而且，「政治獻金法」也只能限制候選人個人帳戶，若其他關係特殊的團體以「後援會」名義，不透過捐款形式，而是主動為候選人捐贈代表性服裝、印製名片或辦演講會等等，這些是否應計入候選人的競選支出，也是個疑問。台灣的選舉一直被戲稱是「全國性的財富重分配」，由於候選人投入的選舉資費都是天文數字，它儼然成了可以臨時性紓解就業壓力的渠道，許多沒有工作的民眾可以在選舉期間得到餬口的收入。以選舉為中心的政黨和商界關係，以及由此帶動的就業機會等已經形成路徑依賴，要想將這一暗箱為主的行為修正為陽光行為，所需時日還很遙遠。

總之，當代台灣的選舉文化在東亞地區是比較有代表性的。這不僅在於它的選舉為民主政治的發展和鞏固提供了必要的途徑，更在於它將即便是民主體制也難以消弭的政商勾結誇張到了極致，以至於不瞭解政商關係，人們根本就無法讀懂台灣民主政治的現狀。

第二節　民進黨政商關係權力的本質：選票與鈔票的互換

儘管任何社會中都存在政界與商界的互動關係，但由於歷史的、文化的不同，東亞地區政界與商界的互動關係較之西方同樣的此類關係還是有著很大的不同。在東亞，商所指代的意義遠遠超出西方人的理解，它不僅侷限於流通領域，甚至擴張、滲透到了所有的經濟部門。政商關係在西方往往更為單純一些，大多侷限於政治人物與商人、企業的關係。相形之下，東亞的政商關係更為複雜，它在多數情況下實際上意味著政黨政府與整個國民經濟體系的關係。也正因其如此，東西方政商關係結構呈現出不同的特質。

西方政治社會是由現代市場經濟派生而來，它對制度成本的關注類似於企業對成本的關注，可以說它是市場經濟秩序外化的結果。這樣，在市場中自然生成的慣例和上升到理性層面的市場規範以及法律規範在政治領域中被延伸運用。西方的政治和經濟的關係更多的是制度層面的東西，是法治層面的東西。在政黨、商界之間關係上，西方社會是首先確定國家，然後國家之下政黨輪替。政府的變遷是政黨的輪流執政，政黨執政就需要透過政策包括對商界的經濟政策來解決問題。所以，西方社會中的政黨與商界關係是建立在秩序基礎上的政治與經濟關係，這一關係是靠政策及其執行來實現良性互動的。

在東亞，情況則截然相反。東亞地區的市場經濟是政治體系出於維繫自我存在和發展的目的而做出選擇的結果。換句話說，東亞社會是政府主導市場，政商關係是在權力至高無上的條件下建構起來的。在國民黨統治台灣期間，由於黨政體制的緣故，那時的政商關係就是政府與商界的關係。在台灣實現政治體制的轉

型之後，由於政治體系中出現了「國家」、「政府」、政黨分離的狀況，同時經濟主體也出現了「國家」所有制的企業、政黨所有制的企業、私人資本所有制企業的分殊，政商關係逐漸演變成了政黨和商界尤其是大財團之間的關係。而由於權力的至高無上，也由於商界存在對權力庇佑的依賴，政商之間的交易根本無法迴避。商業活動也就很自然地延伸到政治體制內部，成為權力結構內生的一部分。所以，不管是權力部門還是企業，先天上都沒有能夠抵禦公權濫用的能力。這就決定了台灣的政黨與商界的關係並不像西方社會那樣，是一種良性互動的政策及其執行的關係，而是基於政黨私利的以權壓商的關係。

台灣的政商關係基本上是一種自政而商的政界和商界關係，它是政黨收編商界力量的結果，由於是建立在政治考量的基礎之上不對稱關係，它缺乏要求權力與責任相統一的動力和壓力，因此其制度化程度不是很高。國民黨統治時期的1990年代，其投資管理委員會起著政商結合的樞紐功能，政商關係還存在著些許的制度化，但是這種制度化本質上並非是良性的，充其量不過是尋租的制度化而已。2000年以後，台灣的制度環境發生了很大變化。國民黨由執政到在野，其在台灣政治中的核心地位不復存在，民進黨成為了台灣政治的核心。民進黨執政以後的公權力尋租行為有過之而無不及。長期的在野，以及突然執政的刺激，促使民進黨全身心地投入到了收編企業組織、控制經濟社會的努力中去。上述這兩個時期的政商關係大概如下圖（見下頁）所述：

下面，讓我們具體地來檢視民進黨到底是怎樣與商界互動的，這一互動的本質又是些什麼。

我們先來看一個比較具有典型性的案例——高鐵弊案。

民進黨和國民黨不同，從作為一個被定性為非法的組織到被默認為「合法」的組織，它一直都是由一群反對國民黨統治的集團組合而成，一開始它只是一個反對國民黨統治的聯盟，沒有自己的黨營產業，又加之其所謂「革命黨」的本性，所以它在早期一貫積極反對國民黨和商界的結盟，因此和企業的關係也無法籍由共同經濟上的利益而更加緊密化，更無法將政商關係制度化或者組織化。

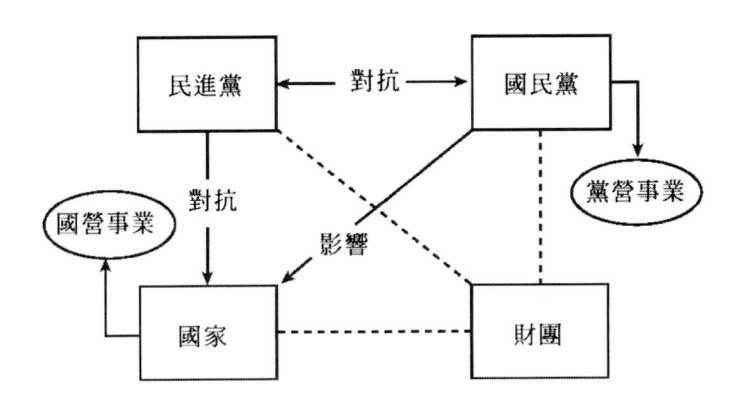

該圖引自黃宗昊：《台灣政商關係的演變：歷史制度論分析》，第43卷，第4期，第64頁。

　　後來民進黨逐漸體會到反商的結果是商界反民進黨，是把原本應當化為自己盟友的商界推向了自己的對立面。於是它開始逐步地軟化在政商關係上的立場，並積極地尋求化解與商界的矛盾。2000年，民進黨上台以後，除了在政治上秉承李登輝的理念，同時也在政商關係上承接了李登輝的脈絡（當然，李登輝不甘寂寞的復出與組織「台灣團結聯盟」本身也促使民進黨用其他方法拉攏商界關係）。民進黨延續並發展了國民黨威權時期的「非制度性個別籠絡」，透過主導台灣納稅人提交財政的巨大公共資源的配給，對支持自己的商界人士予以利益還原。

　　台灣高鐵就是民進黨為謀一己私利大肆進行利益還原的典型案例。高鐵工程採用了BTO方式。1997年9月，在高鐵工程招標過程中，殷琪（大陸工程集團負責人）主導的台灣高鐵聯盟（主要投資股東分別為大陸工程、富邦、太電、長榮及東元電機），與劉泰英（前國民黨黨營事業管理委員會負責人）主導的中華高鐵聯盟展開激烈競爭。最後，殷琪的台灣高鐵聯盟以「政府零出資」的優勢勝出。

　　1999年3月，高鐵工程舉行了動工典禮，2000年開始動工興建。高鐵工程投資巨大，總計經費高達五千八百五十七億元新台幣，其中台灣當局方面負責的經費應為一千零五十七億元（主要為規劃設計、購地拆遷與相關配套工程等），高

鐵公司負責經費當為四千八百億元新台幣（包括財務成本四百三十五億元與建設工程經費四千三百六十五億元）。然而，在興建過程中，高鐵公司不僅資本額不足，而且投資額也不足，故不得不透過發行特別股等方式追加投資，結果引發一系列的官商勾結的爭議。[110]

在高鐵資金嚴重不足的情況下，台灣高鐵公司董事長殷琪依靠其與陳水扁的私人關係，獲得陳水扁當局大力的但卻「違規」的協助。台灣當局不但不究責高鐵公司「政府零投資」的承諾，反而動用「政府資源」，先後主導「行政院開發基金」以及台糖、中華電信、中鋼、榮工公司等公營企業參與高鐵增資認股，逐漸成了公司的大股東。最後，官方資金以及台灣當局全責擔保的銀行融資占到了整個工程的絕大部分，而真正的民間投入的部分還不到十分之一。其中，由台灣當局全責擔保的二十三家銀行聯合貸款案，總計達到三千三百二十三億元新台幣。

2005年9月，高鐵公司的自有資金仍然存在七十五億元新台幣的缺口。這一時期，在民間資本和民眾不願投資的情況下，台灣當局再次違規，由行政院下屬的「航發會」與「中技社」兩個財團法人機構分別出資四十五億元與三十億元投資高鐵，使得官營資本在高鐵中的持股比例達到35.6%，直接違背了BTO條例規定的公營企業投資不得超過20%的規定。如今，高鐵公司的大股東與債券機關，除五大原始股東外，還包括了台糖與中鋼兩大公營企業、合作金庫等八家公股銀行、「行政院開發基金」等，其中，大陸工程、富邦、中鋼、台糖與東元時高鐵的「新五大金主」。

高鐵公司與陳水扁當局的這一勾結已經違背了當時的合約約定，使得高鐵成為「吸金黑洞」。正因如此，我們說該工程暴露出其背後的很多政商勾結。目前，高鐵公司的五大股東及其下屬關係企業的總投資不足三百億元新台幣，持股比例只有30.9%。然而，這五大股東承攬的工程數額卻極為巨大。其中，大陸工程公司為主組成的「聯合承包」企業，承攬了工程金額達四百九十億元新台幣；長榮集團下屬的長鴻營造公司等承包工程金額為三百二十八億元新台幣；東元電機等企業則承包工程金額近一百二十億元新台幣；太平洋電線電纜公司聯合承包

了一百五十億元新台幣；富邦承包工程為四十九億元新台幣；另外，長榮與十一家日商合組而成的「台灣新幹線軌道工事共同體」承攬的工程總額達二千三百億元新台幣，是其投資額的三倍多。[111]應該説，如此巨大的商業利益和台灣當局如此頻繁的違規操作，背後一定有不可告人的政商目的。

台灣高鐵公司負責人殷琪作為堅定支持民進黨的工商界領袖之一，是大陸工程公司領導殷之浩之女。殷之浩曾經遭受國民黨的迫害，因此他們父女有著強烈的反國民黨情結。在2000年台灣總統選舉中，殷琪加入了陳水扁的「國策顧問團」，是工商界支持陳水扁的唯一女性領袖。民進黨執政以後，殷琪與陳水扁當局的關係進一步加深。殷琪先是被陳水扁聘為「國策顧問」，後又被提名為「監察委員」審薦小組成員。在野聯盟2000年底發動罷免陳水扁時，殷琪出面組織工商界領袖，聯合在媒體上刊登「挺扁」廣告，以「安定」為名，反對罷免，進一步加深了和陳水扁的關係。富邦集團與長榮集團作為民進黨的長期金主，一直向民進黨提供巨額資金援助與支持。正因如此，陳水扁當局對高鐵的種種不當作為，不但沒有相應處罰，反而不斷提供資金與支持。總之，民進黨當局在運行政商關係的過程中，更多的是從政黨和政客酬庸的角度來運作的。

接下來，讓我們進一步分析民進黨是如何收編民間工商團體的。

除鞏固長期支持民進黨的企業外，[112]民進黨還對國民黨執政時所控制的民間工商團體進行有針對性的收編。這些工商團體如「全國工業總會」、「全國商業總會」、工商協進會等，在其領導階層受到台灣當局者的籠絡和支持的同時，這些工商團體也能如同在國民黨執政條件下那般有效地表達協會成員的利益與心聲。當然，在台灣政黨輪替以後，民進黨在短期內並沒有完全控制住這些原來效忠於國民黨的工商團體。但在後來，經過一段時間的整合，民進黨終於取得突破性的進展，基本收編了上述三個大工商團體，另加三個小工商團體中小企業協會、工業協進會和電電工會。下表的相關內容就非常清晰地反映了民進黨當局的這一政治收編的情況。

台灣政黨輪替後企業組織變動表

組織名稱	國民黨執政時期	民進黨執政時期	政治走向
全國工業總會（工總）	工總理事長為國民黨所器重，甚至為當然中常委，如第一屆林挺生、第二屆辜振甫，第三屆許勝發，第四屆高清愿均是。	工總由於2000年代表傳統產業的林坤鐘和代表科技產業的孫道存競逐理事長，林坤鐘出線，但工總凝聚力鬆動。2003年四月改選，東和銅錢侯貞雄出任新龍頭。	工總總組織綿密，且為集體領導，國民黨長期佈局綠營對工總只有部分影響力。現任理事長侯貞雄本身為無黨籍。
全國商業總會（商總）	原商總理事員，力霸集團董事長王又曾，過去曾任國民黨中常委。力霸集團與商總淵源甚深，亦接近國民黨色彩。	現任理事長力霸集團王令麟因國民黨「反黑金」條款限制，2001年未獲提名，棄選立委。2002年因「台開案」官司纏身，綠營亦保持距離	原親近國民黨，目前藍綠色彩均淡。
工商協進會	組織成員囊括工商界重要企業，由辜振甫和其姪辜濂松先生後後擔任理事長（親國民黨）。	2002年六月理事長改選，辜濂松有意推薦復華投信王志剛接任，卻被由層峰支持之東元電機黃茂雄所擠下。	黃茂雄與李登輝、陳水扁關係不錯。
中小企業協會	政黨輪替前，中小企業協會較不受重視，影響力亦較小。	民進黨執政後全力扶植中小企業協會，理事長戴勝通三年內均隨總統或閣揆出訪。	目前與綠營關係極密切，配合度也高。

續表

組織名稱	國民黨執政時期	民進黨執政時期	政治走向
工業協進會	李成家會任國民黨不分區國代和投管會委員，與李登輝、賴國洲熟識。	2001年李成家等組「工商協進會」向「工總」挑戰，深受府院高層支持。	2001年國民黨「十六大」改選中內委員，李成家放棄參選，漸與綠營接近。
台灣區電極電子工會（電電工會）	原接近泛藍系統，前任理事長西菱電子吳思鐘與宋楚瑜有姻親關係。	2001年由金寶集團許勝接任，與藍綠保持良好關係。	目前維持中立關係色彩。

資料來源：張嘉琪、林修全，「昔日紅頂商人換綠帽」，新新聞，第841期（「民國」92年4月），第64～69頁；劉阿榮，「跨世紀的台灣政商關係——一九九〇年代迄今」，社會文化學報，第16期（「民國」92年）第97～126頁。

再讓我們在來看一看民進黨對國民黨時期「國營」企業的控制。

民進黨上台的同時，也接收了曾經長期為國民黨所操縱的「國營」企業，其中包括部分仍由「中央政府」主導的金融企業。當時公營事業有著龐大的規模與豐厚的實力，比起民營企業來毫不遜色。[113]民進黨上台以後，綠營人馬全面進駐「國營」企業，將所有官方代表更換為具有民進黨背景的董事、監事。除了酬庸之外，這一做法得主要目的有二：一是調度資源，服務於民進黨政權的延續；二是革除弊端，為陳水扁執政當局加分。民進黨對於「國企」人事布局的基本原則是，政治任命的董事長，搭配專業人才的總經理；關鍵的人事由「總統府」欽定，中下游職位則交由各「部會」解決。[114]這種方法對民進黨政商的發展有著重要作用。

這其中，尤其值得一提的是金融部門。金融部門掌握著資金，主導金融政策是最為有利而且方便的政治工具，無論是籠絡地方勢力還是營造政商諧和，金融機構的放款與資金調度都較宏觀的經濟或財政政策有彈性，更能及時有效地替民進黨解決問題。比如，原屬於台灣省政府和「財政部」的金融機構分別在1998年和1999年完成民營化，但是台灣當局依然持有至少30%以上的股份，[115]掌握著實質控制權。民進黨當局上台以後成了這些官股當然的持有人，同時，它又可以透過財政部這一主管機關掌握著金融行業運營監管權力[116]，能夠很容易地把這批金融企業納入公私部門間的模糊地帶，帶給民進黨留下更大的政治運作空間。[117]

民進黨當局對金融部門的依賴程度非常的高。眾所周知，金融是現代市場經濟中最為重要的部門之一。掌握了金融部門，就掌握了基礎貨幣和派生貨幣，就可以搭配使用貨幣和財政政策工具，就可以調控經濟發展和資金使用方向。金融在任何國家、任何地區經濟體中的地位都相當重要。沒有資本在本國、本地區，以及在海外的順暢融通，該國、該地區的經濟發展就很難在經濟全球化中占據有利地位。台灣是海島型經濟，對外投資的數額巨大，金融的作用更加不言而喻。儘管經過蔣經國時代「藏富於民」的政策後，民間所藏資金數額很多，金融環境相對優越，但是，當局能否運用好金融部門和金融政策工具也還是相當重要的。

能否運用好金融部門及金融政策工具的關鍵就在於，政黨政府應當著眼於本地區經濟社會發展的戰略全局來考慮金融問題。但是，出於一黨之私，民進黨當局更多的是把金融部門牢牢控制在自己手中，用以派生和控制更多的政商關係。

民進黨當局的「財政部」在2001年底開放設立金融控股公司，已經民營化的華南、第一、交通等三家銀行都提出了申請；截止2003年2月為止，台灣已經成立的十四家金控公司，「政府」間接監管的就有華南金控、第一金控與兆豐金控（由原「交銀金控」更名）等三家。在十四家金控中，資產規模最大總額過兆的有五家，「準公營」的三家均名列其中。這當中，拿出資本額最為雄厚破千億的有兩家，分別是開發金控和兆豐金控，而兆豐金控則是在民進黨上台後一手全力促成的，其董事長鄭深池甚至被稱為「陳水扁的劉泰英」和「民進黨的綠色大掌櫃」。[118]政治力量基於自身考慮介入金融公司的存廢及運營，這將給台灣的金融安全帶來極大的潛在風險。

此外，民進黨執政以後的兩次「金改」工程，也是該黨基於自身政商關係布局考慮的結果。民進黨上台以後，由於銀行逾放比例偏高，當局透過減免營業稅等手段，讓銀行沖銷呆帳。儘管當時的民營金融機構體質出現了明顯的改善，金融危機也算是基本化解，但根基不牢的民營金控卻也趁機擴大了版圖，這也為未來台灣金融安全的前景平添了變數。金融業的一言一行，都必須經過主管機關的核可，台灣所謂的自由市場由此基本上成了一個騙局，當局想讓誰擴張誰就可以擴張，反之，想打壓誰就打壓誰。如，中信金妄圖以創新金融商品併購兆豐金部分股份，就被陳水扁當局嚴厲制止。實際上，台灣金融監管在信託書徵求制度、併購程序透明化、資金來源查核、資金運用限制以及股權連結衍生性商品方面的規定很不健全。那麼，這些民營金融機構的購併與擴張的背後都是些什麼東西，這是不言而喻的。

我們曾提及，民進黨早期很少依賴財團及大企業主的支持，而是靠社會的弱勢群體，主要是中下層的群眾、經濟和其他方面的弱勢群體、勞工以及與農民的權益運動團體和渴望社會改革的知識分子。但是，該黨在上台以後卻逐漸地背離了其原有的社會基礎。從民進黨建黨初期的指導綱領，從福利國家，再到產業民

主，民進黨一直執行著中間偏左的路線。儘管與其所標榜的社會民主主義精神格格不入，但是，民進黨長期堅持「公營企業民營化」的主張，上台以後落實的也最為徹底。個中奧妙就在於，「公營企業民營化」的潛台詞就是私有化，而私有化恰恰是當權者最便捷的政商交換的方式。民進黨「二次金改」的本質其實就是利益輸送、假公濟私。

2001年以後，一些大財團旗下的金控公司大舉擴張獲得成功。2004年10月民進黨當局所推行的「二次金改」政策，宣示2005年底金融機構減半、2006年年底前金控公司減半的目標。「財政部」隨即在限期內將體質良好的官股銀行及金融機構賣給民營金控公司。而這幾家吃下官營資本的民營金控公司，竟然多數是規模相對較小、根柢虛浮，而且是六年多前瀕臨經營危機的財團金融事業變身而成。依常理判斷，在不到五、六年的時間內，即便這些財團金融機構體質改善速度再快，也不可能脫胎換骨、搖身變成雄霸一方、難以駕馭的金融勢力。這一幕幕蛇吞象的金融活劇不能不令人懷疑民進黨當局是借助「金改」之名，而將龐大規模的「國有」資產轉移給關係密切的特定利益集團。

與此同時，「二次金改」缺乏公正、透明的遊戲規則。吃下官股財團的民營金控公司並沒有足夠的財力，甚至還有負責人所持多數仍在質押狀態的情況，但他們卻能祭出五鬼搬運大法，運用旗下金融事業持有的公眾資金，包括客戶的保險金、存款等，來購併規模大過本身數倍的公營行庫。此外，更有金控公司遊走於法律邊緣，利用高度的財務槓桿，規避金控法或銀行法對銀行持股的限制，甚至迂迴利用海外分行與外資合作，企圖掌控公股勢力減退的金融機構。這等運用不當手法擴張金融版圖的行徑，不僅破壞公平競爭的法則，而且造成難以駕馭的金控怪物，升高金融機構經營的風險。

再者，民進黨當局對公股行庫的管理極為無能。以2006年兆豐金董監事改選為例，公股持股比例仍達22%，為最大持股者；鄭深池過去當董事長也是公股支持的結果，按理說公股在董監事改選掌控過半席次應是輕而易舉，但直到選舉之前，公股管理人才赫然發覺情況早已失控，若非最後關頭「行政院」施壓，迫使兩位民選董事當選後主動辭職，兆豐金可能就此翻盤，喪失公股的主導權。

民進黨當局的金融監理機構公信力喪失，未能適時發揮監理功能，也是讓財團金控公司坐大的原因。金管會對上述金控公司的各種玩法行為，非但未事前防範，事後也不去補救，失職失能莫此為甚。更離譜的是，身為台灣最高金融監理機構的「金管會」卻也監守自盜，不僅先有「檢查局局長」涉及弊案被起訴求刑，而且又發生最高負責人涉案而遭停職但又拒絕辭職，以致「金管會主委」只能代理的荒謬現象。[119]在這些荒唐事的背後，到底隱藏著怎樣的政商關係和利益輸送，恐怕現象本身已經給了我們最好的詮釋。

　　民進黨當局對政商關係的依賴還表現在它在其他方面大幅度延續了先前國民黨當局的思維與做法。比如，對股市的護盤、為問題企業疏解困境和提供優惠房貸等。台灣有學者認為，一個合理的推想是：民進黨當局面對先前國民黨遺留下的問題企業與金融缺口，一方面想用紓困的方式暫時維繫問題財團的生機，以免破產倒閉帶來更大的經濟波動、社會不安，有損民進黨自身的政治利益；另一方面則希望藉由政府政策作為提升股市與房地產業的景氣，讓各財團的資產能夠解套，提供清償債務的利基，使問題能夠迎刃而解。[120]

　　綜上所述，民進黨承接國民黨執政地位以後，首先想到的不是國計民生，而是如何利用手中的權力和資源，去經營自己的政商關係，並企圖將整個台灣經濟發展納入本黨選戰的戰車，這是極其自私自利和極不負責任的行為，也是極其危險但又欲罷不能的飲鴆止渴的行為。

第三節　民進黨扭曲的經濟政策及其對商界的影響

一、民進黨上台後應對商界訴求的經濟政策選擇

　　商界利益的訴求總是伴隨著經濟體的變化而變化的，台灣商界也是如此。民進黨執政時期，伴隨地區經濟的深入發展與深刻轉型，台灣商界的訴求具有連續

性和逐步擴大化的趨勢。

從上世紀九十年代到本時期初，台灣經濟發展與以往產生了一定程度的不同。首先，台灣製造業外移引發了商界的利益訴求擴大化。自上世紀60年代台灣經濟起飛以後，製造業企業一直扮演著台灣經濟火車頭的位置。製造業從台灣GDP比重的19.1%上升到1986年的39.4%，這一時期製造業處於快速上升時期，帶動台灣經濟7%的年均增長。[121]但是1987年前後，由於新台幣升值、勞力與土地泡沫經濟影響大幅度攀升、勞工運動高漲等一系列內部因素衝擊，台灣的勞動力密集型企業很快失去了在台灣生存的空間，加速了向海外，尤其是大陸的轉移。90年代後半期開始，台灣IT產業大幅度向海外轉移。另外一個台灣重要核心半導體產業，也在21世紀初開始向外轉移。

其次，台灣服務業發展的瓶頸促使了商界利益的擴大化。自上世紀八十年代中期以來，台灣服務業所占的比重從1987年的52.2%大幅攀升到2003年的67.8%，已經成為帶動台灣經濟增長和吸引台灣就業的主導部門。這一方面是由於台灣人均收入從上世紀八十年代開始迅速升高，另一方面，經濟自由化程度刺激了金融保險業的快速發展。但是，在台灣收入提高和政策推動服務業快速發展的同時，台灣服務業以內需為導向的特徵也得以形成。台灣金融、訊息服務、工商服務等生產性服務業一直存在大量的貿易逆差，國際競爭力較弱。同時，服務業在總體經濟中扮演的協助其他產業發展的前向關聯角色也沒有充分發揮出來。在這種情況下，台灣服務業急需到島外發展，拓展市場和增強國際競爭力，不然，台灣經濟就很難有持續的發展。正因其如此，台灣商界很多人士都仔細地研究過到大陸對每一個微觀企業所發揮的作用，包括市場潛力、勞動力價格、土地使用的優惠條件等等。他們很快就形成這樣的共識：雖然台灣經濟和美國、日本等依然有著相當程度的互動，但大陸的作用是任何其他國家和地區所不能比擬的。所以，商界在對政黨，尤其是「執政黨」開放兩岸經貿政策抱有極大的期待。

民進黨上台以後，台灣商界的投資取向也發生了很大的變化。儘管民進黨上台後兩岸政治僵局始終無法打破，但台灣商界對外的投資尤其是前往大陸的投資

卻一直都是有增無減。台商對大陸投資的蓬勃發展，促進了台灣對大陸的出口貿易。1992年，台灣對大陸出口超過其出口總額的10%；2002年則超過其出口總額的20%。台商對大陸投資不但提高了台灣對大陸出口總額，還促進了兩岸貨物貿易結構的變化。1990年，大陸對台灣出口的主要商品是中藥材、鰻魚苗、棉紡織物、煤炭、鋼材和水泥；大陸自台灣進口的主要商品是化纖紗布、機械設備、電機和電子元器件、塑料原料等生產資料。[122] 1991年，大陸出口到台灣的傳統農工原料，已下降到對台出口總額的50%左右，工業製成品的比重則有一定的增長，其中，大部分是大陸台資企業回銷台灣的製成品和半製成品。而在台灣出口大陸的商品中，大陸台資企業所需要的特種機械、原材料、零部件等也占了相當高的比例。[123]

雖然台灣當局對出口高科技產品到大陸及從大陸進口工業品實行各種「管制」措施，但是，在兩岸經貿過程中，台灣出口至大陸的產品科技含量越來越高，同時，從大陸進口的工業產品（成品、半成品）也越來越多。

台灣政黨輪替後，兩岸「政治冷、經貿熱」，台商投資大陸進入新階段。根據大陸公布的資料，截至2000年6月，台商大陸投資共44931件，協議投資金額為457.58億美元，實際到位資金248.21億美元。[124] 而到2002年底，台商對大陸投資增長到55691件，投資金額增長為614.71億美元，實際到位資金331.11億美元，在一年半的時間裡，台商投資大陸項目增加了10760件，協議金額增加了157.13億美元，實際到位資金增加了88.92億美元。2003年，據大陸相關部門統計，2003年，除協議台資金額為85.6億美元及較上年同期增長27%外，大陸批准台資項目為4495個，實際投資額為33.8億美元，分別較上年同期下降7.4%與14.9%，[125]台商投資大陸勢頭雖然有所減緩，但投資總額仍然在持續增長中。可見，台灣政黨輪替後，台商確實興起了新一波投資大陸的熱潮。大陸外經貿部台港澳司司長王遼平因而指出：「2001年是自1995年以來台商投資大陸增幅最大的一年」。[126]

2001年，台商赴大陸投資出現了一個新變化：「台商投資大陸的主體也由中小企業主導轉向大企業主導，許多台灣上市、上櫃公司已到大陸投資。在台灣

大企業的『群聚效應』影響下，大批相關中小企業紛紛跟進，逐漸在大企業所處的地域形成完整的產業供應鏈。」[127]據統計，截至2002年9月底，台灣上市（上櫃）公司中有567家已經赴大陸投資，累計匯出金額近40億美元；台灣「百大」企業，有80多家在大陸開辦了近200個投資項目，其中包括台塑、統一、正新、東帝士、力霸、遠東紡織、台積電、聯電等著名大型企業集團。據台灣工業總會2003年11月初的調查結果顯示，在大陸投資500萬美元以上的台商占總數的31.4%，1000萬美元以上的占19.5%。[128]台灣產業轉移大陸「大型化」、「集團化」的趨勢已經十分明顯。

隨著台商對於當局全力支持和配合台灣經濟轉型的要求日益迫切，隨著他們投資大陸規模的逐漸增大，他們對兩岸「三通」的利益訴求也極為強烈。如前所述，商界就是要成本最小化、利潤最大化。針對台灣商界訴求，民進黨在首先考量自己執政需要的前提下，對台灣經濟發展方向和政策進行了探討，提出了以「綠色矽島」為台灣總體發展遠景目標，以「深耕台灣、布局全球」為21世紀台灣經濟發展戰略。在此基礎上，出台了一系列的經濟政策，並產生了相應的政策後果。

首先，民進黨經濟政策考量的出發點是「選舉」與「永續執政」。

將經濟問題政治化的結果是，民進黨上台以來雖然提出或者指定了許多經濟發展的方案或者計劃，但很多都沒有從實際出發來回應商界訴求。

比如，民進黨以「綠色」為代表，其執政也標榜為「綠色執政」。綠色矽島政策就是其中之一。這一政策是對李登輝時期「亞太營運中心」政策的修訂。民進黨當局首先將「亞太營運中心」修改為「全球運籌中心」，認為這樣才能避免掉「亞太營運中心」以大陸為腹地的盲點。然後，他們將「綠色矽島」與「全球運籌中心」結合在一起，認為這樣可以避免台灣經濟的大陸化，並增加與歐美高科技國家的經濟聯繫。為了實現民進黨的「執政理念」和避免台灣商界更多的投資大陸，同時出於利益集團的壓力和選票考量，民進黨當局採取了稅收優惠的政策。這包括擴大產業投資稅收減免幅度政策、刺激房地產的地租減免政策、避免金融風險的稅收減免政策。

民進黨在野時曾拚命反對國民黨當局將金融機構營業稅降低以應對金融風險的政策。但它上台以後，基於選舉、獲得金融機構的支持和其他考量，不僅延長了金融機構減稅的時限，而且先後制定了《金融機構合併法》（2000年12月生效）、《公司法》（2001年11月生效）、《企業併購法》（2002年1月生效）、《金融資產證券化條例》與《不動產證券化條例》等，這些法規均制定了有關租稅減免，對所得稅、印花稅、契稅、證券交易稅、營業稅、土地增值稅等都採取了不同程度的減免規定。

　　為了更好地貫徹民進黨「台獨」路線，實現台灣商界「根留台灣」的目標，民進黨當局在2002年6月公布了《企業營運總部租稅獎勵實施辦法》，2003年1月公布了《促進產業升級條例》修正案，再次大幅度的推行稅收減免。前者規定台灣外企業凡在台灣經內設立一定規模的企業運營總部，均免收其海外關係企業的權力金所得和盈利事業稅所得；後者規定，製造業及相關技術服務業新增投資5年內一律免收營業稅。這兩項措施給台灣稅源帶來重挫。民進黨當局在這一領域減少稅收，取得了微弱的效果。但是，稅源的減少又給民進黨當局帶來財政的危機。2005年12月9日，民進黨當局為了應對財政危機和台灣民眾的壓力，修改了這一稅制。但這很快就招致了商界的強烈反彈。兩週以後，台積電董事長張忠謀、力晶董事長黃崇仁、明基電通董事長李焜耀、金仁寶集團董事長就集體向台「財政部」發難，指出這項新稅制可能使得278家在台設立營運總部的企業出走。（這278家在台設立營運總部的企業中，電子資訊業超過半數。）

　　台灣會計界人士分析，民進黨執政後期，台灣上市櫃企業可能要考慮到底繼續留在台灣還是把資產版圖重組，甚至仿效鴻海公司分割子公司富士康到香港掛牌上市。應該說，台灣很多企業都在考慮調整經營策略的問題。這是商界黨性必然導致的結果，也是民進黨當局顧頭不顧腳的經濟政策的必然結果。

　　諸如個人綜合所得稅的最高級距減徵15%，土地增值稅減半、免徵土地交易所得稅、證券交易所得稅、金融事業營業稅以及兩稅合一等政策都有利於替巨額投資者減免大筆稅款，不少財團紛紛籍民進黨當局頒布的促進產業升級條例、科學工業園區設置管理條例、獎勵民間參與交通建設條例等法規，獲得租稅減免，

以錢滾利、以利滾利，每年獲利數十億甚至上百億元新台幣。[129]因此，陳水扁當局的減稅政策被認為是服務於富人的財稅政策。

這種基於選舉和執政，基於政商關係勾結的政策考量，既沒有系統性，也沒有連續性，在一定程度上造成了民進黨當局在經濟上的被動。但是，由於這些政策具有明顯的傾向性，陳水扁「執政」當局在吸納自己的政商關係和為私利而為的政商互動創立了條件。我們透過民進黨當局後來不斷曝光的弊案不難看出，大多數「問題政策」都和金融機構和高科技行業有關。這些政策選擇和民進黨的政商關係應該有著必然的聯繫。

其次，酬庸性、擴張性財政政策導致民進黨當局進退失據。

民進黨上台以來，將意識形態凌駕於公共事務的判斷之上，甚至在財政領域中也缺乏專業判斷與整體考量，從而使財政政策成了利益集團勢力折衷的結果，成了「拼選舉」的籌碼和工具。台灣年年有選舉，朝野政黨均以不負責任的承諾為競選政見，亂開選舉支票。台灣輿論指稱：「我們養出一群專吃霸王餐的政治人物，個個在為民謀福利大纛下奮勇爭先，人人都以空頭支票買單，竭盡全力討好選民，爭取選票。」執政黨能調動大量資源，可以大開大闔地逢迎選民；負有監督重任的在野黨或以被動不作為、不抵制，或主動提出更討好的專案來向選民爭寵。陳水扁執政以來，台灣各政黨惡性競爭呈現變本加厲之勢，競選時開了很多支票，當選了就要兌現，這必然埋下更多未來財政潛藏的危機，連擔任民進黨「財政部長」的李庸三都抱怨：「民主政治，選舉愈多愈麻煩」。更甚者，當時的財政拮据也被朝野之間作為政治操控與鬥爭的工具，讓台灣民眾都陷一步步走向財政破產的囚犯困境之中。[130]

民進黨當局的財政支出嚴重擴張，主要表現以下幾方面：一是人事費支出膨脹。陳水扁上台後不僅全盤承襲了李登輝時代的「政府架構」，而且還用高薪豢養了一大批「總統府資政」、「國策顧問」和「國安會諮詢委員」等閒置高官。據統計，各級「政府」的總人事費占其歲出的比率平均約為35%，約DNP的9.5%左右，連帶排擠到民間可用資源；[131]二是因財經政策反覆導致資金空耗，如「核四」停建又復建損失400-500億元；三是因官僚缺乏效率，公共建設項目財

務規劃與經濟效益評估不夠準確或執行落後，經常追加預算助長財政支出經費的膨脹；四是為兌現競選支票，使得社會福利支出快速成長。統計數字顯示，2000年以來支出結構中社會福利支出所占比率均超過經濟建設的支出，目前在全民健保財務已呈現警訊情況下，又出台「國民年金制度」，而社會保險財務責任制度尚未建立，對當局財政負擔來說無疑是沉重的壓力。如按陳水扁時期朝野協商達成的共識，則今後將有六成老人可月領3000元新台幣津貼，一年所需經費500億元新台幣，[132]台灣人口老齡化速度很快，這項支出會自動加碼，財政缺口不斷擴大已可預期；五是台灣總統選舉日期日益逼近，執政的民進黨又在花錢「拼選舉」上大做文章，更加大了財政赤字或債務累積的速度。

第三，擴大財政收入的主要手段，維繫了民進黨政商關係的運作。

民進黨當局這些擴大財政支出的手段中最為值得關注的是其對「國有資產」的變賣和對土地使用權的出讓。民進黨當局2002年4月成立的「國家資產經營管理委員會」除了出售官股問題值得質疑以外，還被台灣媒體指責為出售「國有土地」的「萬惡之源」。[133]據統計，自該機構成立到2006年2月底，「國資會」要求收回各機關經營無公用需要的土地達一萬三千多公頃，粗略估計帳面價值一千三百餘億元新台幣，待收回後，由「國產局」透過無償撥用、有償撥用、出租、出售、委託經營或管理、改良利用等方式處理。至於怎樣處理，只有民進黨當局和有關商家知道。

游錫堃「內閣」時期，財團高價購買聯勤信義土地就是游錫堃匆匆推出所謂觀光措施，「國產局」賣力配合，然後一下子找出五、六塊土地，提供建造平價旅館；接著謝長廷擔任「行政院長」時，又發覺其中幾塊地段甚佳，蓋三星級旅館可惜，又評估觀光需求其實沒有那麼大，土地賣掉最有利；最後，蘇貞昌一上任「行政院長」，就因賣地被批，改成全面暫停標售。整個過程，從旅館需求評估、每塊閒置公有土地最適用途的規劃，到「國有土地」政策究竟要依經濟原則貫徹還是依「輿論原則」很難說清楚，而其背後政商關係的因素到底有多少，也不得而知。但是，有問題是肯定的。

二、民進黨關於兩岸經貿問題的政策選擇及其與商界關係

從戰略上講，民進黨當局是要推動台灣「獨立」，成為一個所謂的「正常化國家」。台灣大學陳明通教授明確指出，民進黨當局以本世紀為起點，推動台灣與大陸的全面正常化，是跨世紀「中國政策」的主軸。讓台灣成為一個「正常國家」的戰略必然會衍生出一整套的「正常化運動」規則，「兩岸經貿政策」構成其中的一個重要部分。從這個戰略目標出發，民進黨當局提出所謂現階段的重點是「和平發展、平等、互利、互信」，進行這項戰略目標的指導原則是「善意和解、積極合作、永久和平」。達到這一目標的政策是「（一）凝聚『國家』定位共識：台灣是主權獨立的國家，依『憲法』國號是『中華民國』。（二）提出共存共榮願景：以歐盟模式作為兩岸未來全新的思維格局。（三）建構邁向願景的過渡性安排：從經貿、文化的統合到政治統合的新構架。（四）協商『兩岸和平穩定的互動架構』。（五）發展經貿合作關係：積極開放，有效管理。（六）協助中國政治民主化：化解兩岸根本的矛盾。」[134]所以，陳明通認為，民進黨的兩岸政策沒有搖擺，陳水扁也沒有搖擺，其目的都是為了實現「台獨」。

我們發現陳水扁當局的兩岸經貿政策比較符合這一邏輯。在當選之初，2000年3月25日，陳水扁在接受日本朝日新聞專訪時說：「經貿關係正常化是台灣與中國大陸關係正常化的第一步」，甚至表示：「三通問題勢必無法迴避。」[135]2001年3月26日，陳水扁表示「兩岸經貿議題也應重新納入全球市場考量，在做好風險管理前提下，以全新視野，建構兩岸經貿的嶄新模式。」[136]2001年4月27日，陳水扁強調，「在『國家安全』確保的前提下，『政府』願意重新檢討過去『政府』的兩岸經貿政策，勇敢面對未來兩岸加入WTO以及三通的議題，同時在『積極開放，有效管理』思維下檢討戒急用忍政策。」這是陳水扁上台後首次提出「積極開放，有效管理」新思維。[137]同時，陳水扁當局內部並沒有就對「戒急用忍」鬆綁達成一致。時任「陸委會主委」蔡英文於2000年11月17日就大陸經貿政策發表不同意見：「在戒急用忍政策方

面,目前『陸委會』正在進行放鬆前的政策檢討。不過,戒急用忍若只是單純地從產業面進行檢討,可討論與放寬的空間並不大。」[138]

經過觀望和搖擺以後,陳水扁迫於商界的壓力,於2001年7月8日至8月26日的一個多月裡,召開了有企業家、勞工、政黨、學者、專家與「政府」部門參與的台灣經濟發展諮詢委員會議(簡稱「經發會」),會議采「共識決」,達成共識322項。經發會全體委員會議通過了「兩岸組共識」,[139]主要內容有:

1.推動兩岸經貿發展之基本原則為(1)「台灣優先」:政府應積極改善國內投資環境,並在保持台灣經濟自主發展前提下,開展兩岸經貿良性互動;(2)「全球布局」:掌握台灣在全球經貿體系的關鍵地位,將兩岸經貿納為全球發展策略之一環,以「全球布局,策略性開放」政策,持續推動自由化、國際化、提升台灣競爭優勢;(3)「互惠雙贏」:「政府」應在「互惠合作、創造雙贏」的基礎上,積極推動兩岸經貿關係正常化;(4)「風險管理」:政府對兩岸經貿須有「國家安全」考量,並應就兩岸經貿對台灣總體經濟、社會及政治各層面之影響,提供正確資訊及評估,有效管理。

2.大陸投資「戒急用忍」政策鬆綁,應秉持「全球布局,策略性開放」原則,改為「積極開放,有效管理」,具體內容包括(1)凡有助於提高台灣產業競爭力、提升企業全球運籌管理能力者,應積極開放;台灣已無發展空間,須赴大陸投資方能維繫生存發展者,不予限制。(2)放寬大陸投資資金限制,並建立風險管理機制:放寬上市、上櫃公司及其他個別企業在大陸投資累計金額上限等有關限制;放寬投資5000萬美元以上之個案,建立專案審查機制;建立大陸投資動態調節機制,降低赴大陸投資整體風險。(3)在建立相關配套措施及保障投資安全前提下,開放企業赴大陸直接投資;強化大陸台商產業輔導體系,積極協助台商降低投資風險;推動簽署兩岸投資保障協定及兩岸租稅協定。(4)建立兩岸資金流動的靈活機制:加強發展銀行國際金融分行(OBU[140])成為海外及大陸台商資金調度中心,進一步開放OBU得與大陸地區金融機構直接通匯;引導企業將大陸投資利潤匯回,企業大陸資金匯回可循環運用。(5)依國際慣例,循序開放台灣金融服務業赴大陸地區進行業務投資、設立分行(分公司)或

子公司；配合加入世界貿易組織（WTO），開放陸資來台從事事業投資、投資土地及不動產、來台從事證券投資，並以QFII制度[141]對陸資作有效管理。

在經發會召開期間，陳水扁宣稱，用「積極開放，有效管理」取代「戒急用忍」政策，是一種明智的選擇，也是台灣「必走的路。」[142]陳水扁在開幕式上致詞表示，台灣新世紀經濟戰略是「深耕台灣、布局全球」，在此目標下，台灣經濟發展的策略是：「1.經濟優先、投資優先、台灣優先；2.經濟自由化、國際化；3.科技創新與研發；4.全球運籌管理；5.政府再造、提升效率。」並信誓旦旦地表示：「經發會最後所做的結論和共識，政府部門一定會依據『三個決心』、『一個貫徹』和『一項保證』來落實。」「行政院與立法院一定貫徹經發會所達成的結論與共識。」[143]

但從2001年11月7日台當局公布的《對大陸投資「積極開放，有效管理」執行計劃》看，陳水扁當局對大陸經貿政策「積極開放」是虛，「有效管理」是實。該《計劃》的主要內容[144]有：（1）簡化大陸投資產業分類為禁止類及一般類：禁止類為基於國際公約、「國防」或「國安」需要、重大基礎建設及產業發展考量（如核心技術或關鍵零組件），禁止前往大陸投資之產品或營業項目；一般類為非禁止類之產品或營業項目，其符合個案審查標準，准許赴大陸投資。（2）個案審查機制：凡列為一般類之產品及營業項目得准許赴大陸投資，要予以簡易審查和專案審查：累計投資金額在2000萬美元以下者（含2000萬美元），採簡易審查方式；個案累計投資金額逾2000萬美元者，須經投審會進行專案審查。審查的標準和項目包括：是否根留台灣（如國內相對投資情形），是否全球化布局（加大陸投資占海外投資比例及全球化布局計劃），是否債留台灣（如負債餘額、負債比例等），技術移轉是否可能導致國內業者核心競爭力之削弱，是否影響國家安全，是否影響兩岸關係等等。

民進黨執政時期擔任「陸委會主委」的蔡英文曾強調，「『政府』推動兩岸經貿，除須強化台灣本身的經濟體質外，也要積極建構經濟安全網及防火牆機制，以將各種可能的風險作有效的控管，使兩岸經貿的負面影響降至最低限度。」[145]

隨後，台灣當局對兩岸經貿政策不斷小幅開放。2002年，台「經濟部」公告「在大陸地區從事投資或技術合作製造業或農業禁止類之產品項目」清單，將台商赴大陸投資業別項目的分類由「許可類、禁止類、專案審查類」三類調整為「禁止類、一般類」二類。至此，台灣開放進口的大陸物品項目達到8044項，開放比例達到75.7%。[146]但是相較於其他地區的開放比率，台灣對大陸產品仍有較多限制。

2003年10月，台灣立法院正式通過「兩岸人民關係條例」修正案，對兩岸經貿往來政策進行了調整，主要內容包括：台商赴大陸投資審查方式改為「申請制為主，審核制為輔」，即在一定金額以下的投資不須事先審核，只要向台灣經濟部登記即可。（2）開放大陸企業與民眾在台置不動產。（3）開放大陸銀行在台設立分支機構，放寬民眾可攜帶少量人民幣進出台灣。（4）經批准大陸商品與服務等可在台灣從事廣告活動或促銷推廣。（5）維持兩岸直航「許可制」，要求主管機構在一年半內制訂兩岸直航的許可與管理辦法，但必要時可延長出台時間表。[147]

2004年台灣當局的兩岸經貿政策持續小幅前進，3月1日，宣布實施多項放寬兩岸經貿往來辦法：（1）所有經台灣經濟部許可的台商，包括福建以外地區的台商，皆得經「小三通」往返兩岸；（2）台商赴大陸投資金額在20萬美元以下得采申報制，且不計入大陸投資累計金額；（3）台灣民眾進入大陸地區不需再申請許可；（4）「違規」赴大陸投資的台商得從優審核；（5）台灣民眾可攜帶6000元人民幣入境台灣，超過部分須封存於海關，於出境時再攜出。[148]2005年是兩岸關係發展歷史上的重要一年，反分裂國家法的出台和連宋相繼到大陸來訪問，使得兩岸關係的攻守開始易位，民進黨的兩岸政策調整空間日益縮小。在這種情況下，民進黨的兩岸經貿政策也出現了緊縮的跡象。4月1日，陳水扁邀集台灣「府院黨」主管開會，提出所謂的「七點結論」，揚言要「秉持『和解不退縮，堅定不對立』的原則」，對兩岸經貿政策「不能一味開放，而忽略了最根本最重要的『有效管理』，『國安』及行政部門應即檢討調整相關經貿政策」。隨即台有關部門宣布了全面凍結實施兩岸經貿開放政策。[149]隨後，在2006年的「元旦文告」又提出了「有效開放、積極管理」的措施，意

味著兩岸經貿政策的持續緊縮。

　　從以上分析可以看出，民進黨當局在上台後實施了有利於己的小幅開放政策。從客觀上看，這種政策在在一定程度上促進了兩岸經貿的不斷增長。根據有關數據統計，截至2002年11月底，近三年新增台資項目和合約台資分別為11663個、169.4億美元，其顯著特徵是項目金額進一步增大、技術領域不斷拓展，從而形成第三波大陸投資熱。台灣以IT產業最主要的生產和出口基地。以中芯國際、宏力半導體等為代表的大型集成電路製造業相繼落戶大陸，並迅速集結起一大批相關項目和企業，實際投資總額已超過電腦也在崑山分別投資2億美元和8億美元，生產印刷電路板和筆記本電腦用8吋晶圓。據台灣「經濟部投審會」統計，至2000年底台灣資訊硬體產業的海外產值已首次超過台灣，其中有38.54%的產值為大陸台資企業所提供。從表面上看，陳水扁執政後的「大陸經貿政策」的確有鬆綁的跡象，但這只是出於不得已。其一，民進黨執政後，台灣經濟每況愈下，並出現了負增長，失業率連連攀升，致使在野黨不斷指責民進黨無能「拚經濟」。為了獲得工商界的票源，以鞏固其執政地位，台灣當局不得不擺出「高姿態」；其二，應對兩岸加入世界貿易組織的新形勢。由於台灣當局對兩岸經貿交流的限制有悖WTO自由貿易的規則，而且束縛了台商在大陸的發展，因此在兩岸正式成為WTO成員後，台灣當局必須對其大陸經貿政策作出相應的調整；第三，台商早已採取各種變通手段到大陸投資。截至2005年底，已有6.8萬家台商在大陸投資，台灣已成為全球對大陸市場依存度最高的地區。可見，民進黨當局的「積極管理」政策也沒有奏效。

　　投資大陸的企業在大陸的規模越來越大，自身發展也越來越離不開大陸。它們出於自身利益的考慮，必然會向民進黨當局施壓，並在一定程度上對民進黨當局的兩岸經貿政策產生重大的影響。但是，基於自身政治利益的考慮，民進黨當局還是頑固堅持其已處於風雨飄搖中的「管制居首，開放為次」的大陸經貿政策。截止到2005年12月，台灣開放准許進口的大陸產品為8666項，其中工業產品7237項，農產品1492項，約占全部貨品項目的80%，也就是說，依然有20%的農工產品未開放進口。禁止對大陸投資的範圍包括：農產品236項，製成品102項；鐵路、公路、水利、機場、地鐵等基礎設施；金融、電信、郵政、集成

電路設計等服務業；IT等高科技產業和石化上游等資金密集型產業赴大陸投資均受到了嚴厲的限制。對於准許投資的行業也有規定，投資大陸的資金若是以個人名義投資，金額不得超過8000萬元，如果以公司名義投資，50億資產以下的企業，上限為公司淨值的40%。2006年元旦，陳水扁公然提出了「積極管理、有效開放」的新經貿政策，隨後，台灣行政主管部門即表示：「政府必須著眼於長遠之發展，為可預見之風險把關，扮演經濟安全大門之守門人。為落實『積極管理、有效開放』之兩岸經貿政策，將檢討2001年8月經發會後持續推動兩岸經貿開放措施所造成之若乾負面影響，並採取積極管理之政策」，代表著台灣的大陸經貿政策進入新一輪管制階段。

第五章　民進黨與商界的權利博弈

2000年民進黨挾所謂清流之名上台成為「執政黨」。儘管陳水扁是憑簡單多數當選「總統」，儘管理論上講民進黨當局始終是一個少數政權，但這些卻或多或少地明白昭示著這樣一個事實：台灣的部分選民寧願冒一個「台獨」黨破壞兩岸關係的風險，也不願意再繼續忍受國民黨。但是，不久人們就發現，民進黨似乎並不是自己理想中的清流政黨，它的許多經濟社會承諾並沒有能夠真正地實現，而且他還有著與此前的國民黨相似的地方，那就是為了本黨的前途與利益，甚至是為了本黨少數政客的前途與利益而不惜犧牲社會的、民眾的公益。台灣民眾，包括商界人士在內，他們對於民進黨的幻想很快就破滅了，這個過程甚至要比對人們逐漸對國民黨絕望的過程來得快得多。事實表明，希望一次政黨輪替就能徹底解決台灣經濟社會的全部問題，希望只要培育和扶植起一個土生土長的政黨就能夠一勞永逸地將政治生活導向良性和民主，這種想法實在是太單純了。

任何政黨都有自己的利益。政黨的利益與社會的利益既有相同的地方，又有自己特殊的方面。對於社會來說，自己的利益就是個體、群體的生存和發展，以及這一生存和發展所必需的物質的、精神的條件。社會的利益大多體現為經濟方面的利益，相比較而言，商界對政治的和文化方面利益的追求符合邊際效益遞減規律的要求，他們對政治權利的追求最終要以能否為自己帶來利益最大化為上限，同時以自身利益與利益預期的實現不會遭受損壞和壓制為下限，因而它不會是無節制的。對於政黨而言，情況則有所不同。政黨追求的首先是政治利益，具體地說就是執政和永續執政。有些政黨是為了執政而凝聚起來，有些政黨為了能夠凝聚起來就必須保持自己的執政地位。政黨也追求政治以外的利益，包括經濟的和文化的利益來服務於自己的政治活動和政治訴求。政黨利益與社會利益是有區別的，因為政黨畢竟只是社會的一部分。作為社會一部分的政黨只有代表社會

利益時，它才能夠理性執政，才能夠處理好自身利益與社會利益的關係問題——在較好地服務社會利益條件下，在社會的許可範圍內收穫自己的利益。但是，這需要有良好的制度來予以規範，否則，政黨就完全有可能被饕餮之徒把持，它對經濟利益的追逐往往會發展到不計自身生死的地步，至於商界與民生，則更不在考慮之中。民進黨似乎就是這樣。

在現代市場經濟條件下，任何執政黨都不能小覷商界的利益。同時，又由於政黨政府控制著調控經濟的權責，商界往往不得不屈從於政黨的擺布。政黨與商界權力和利益關係的邊界往往要靠雙方長期的博弈來實現。處於民主鞏固階段的台灣，當時執政的民進黨和基本代表台灣社會的台灣工商界之間無疑是存在這麼一種權與利的角逐和博弈關係。這一角逐和博弈才剛剛開始，但它卻最終攸關台灣民主政治的發展，乃至台灣社會生活的整體發展。

第一節　商界的整體利益與民進黨的政策導向

商界與政黨的博弈總是在政策層面上展開。政策，就是政黨政府的作為或不作為。用著名政治學者拉斯維爾的話說，政治的實質就是關於誰得到什麼，何時以及如何得到（Who gets what, when and how?）。那麼，政策就是要解決上述問題的具體的政治過程。政策過程大抵要經過政策問題的認定，政治議程的確立，政策方案的制訂與遴選，以及政策的實施和監督、回饋和反思等等。這樣一個過程，在民主社會是由政黨政府和民間力量，包括利益集團和社會團體等多元主體互動共同實現的。但在一些初級的民主社會，比如在台灣，多元主體參與和主導政策過程實際上尚存在制度上的瓶頸。舊的官僚政權單方面主宰政策活動的制度剛剛打破，新的社會參與和主導決策的體制尚未建立和完善起來，這就為個別政黨，及其個別的領袖人物暗箱操作，規避民主參與和監督提供了可乘之機。民進黨內個別派系及其領袖就充分利用了這一機會，假民主之名，憑民粹之力，行集權專制之實，把持決策權力，一方面是應付社會民生，但更多的是肆無忌憚

地遂一黨、一派甚至一人之私。

民進黨這樣做的後果是必定的，那就是它的政策導向從根本上就是偏離社會期望，並且嚴重牴觸和衝擊商界的整體利益。

一、台灣經濟發展現狀與民進黨兩岸經貿政策的失敗

在台灣政治發展的進程中，民進黨從一開始就與國民黨形成一對矛盾。這一矛盾發展到今天，觀察家們對如下的觀點似乎是達成了高度的認同：國民黨搞經濟是把好手但不能較好地引領政治發展；民進黨長於政治鬥爭的策略而短於發展民生經濟。公允地說，國民黨雖然在2000年下台，但台灣經濟能夠實現現代化的轉型，能夠擠身亞洲四小龍之列，甚至在今天還能經得起長期政治動盪的折騰，不能不與國民黨時期理性、穩健、成熟的經濟政策打下的牢固基礎聯繫起來。民進黨執政八年，也不能說它不關心經濟，但關心是一回事，形成可觀的業績則是另外一回事。這個黨仍然延續著從體制外破壞和解構現存體制的革命慣性，同時，它執政經驗欠缺，執政人才缺乏，這不可避免地會生成我們所看到的台灣經濟發展的現狀：由於政策的失誤和失敗，民進黨執政時期台灣經濟發展的主要弊病是方向迷失，進退失據，整體停滯和局部倒退。

方向迷失，是指在世界經濟發展出現一體化和區域化共存並進的前提下，台灣經濟由於民進黨當局頑固堅持與大陸切割的政策導向，從而痛失大陸經濟崛起的良機，不能與大陸經濟發展形成優勢互補，從而自外於東亞、亞太乃至世界經濟一體化的進程之中。

二戰以後，東亞經濟的發展經歷了三次大的浪潮，每次都是以若乾國家經濟的快速發展為龍頭，帶動周邊的經濟發展。第一次浪潮是由日本掀起的，它建造了當代日本經濟強國的基礎，同時也奠定了日本在亞洲乃至世界經濟體系中舉足輕重的地位；第二次浪潮是由包括台灣在內的所謂「亞洲四小龍」所引領的，它在東亞成就了一批新興的工業化國家和地區，同時，為中國大陸的發展提供了良

好的外部環境；第三次浪潮就是中國大陸經濟上的崛起，它使二戰後東亞的發展從整體上具備了拉動世界整體發展的經濟引擎的意義與作用。

中國大陸的經濟崛起與以往東亞任何一次的發展浪潮都相似，它本身就構成強力吸引資本、技術和人員流動的凝聚核心。周邊國家與地區，只有服從現代市場經濟資源的優化配置需要，才能夠從引導發展的作為經濟成長動力源的核心國家或地區獲得豐厚的利益回報。否則，人為地抵制、遏制某一國家、地區的經濟崛起，人為地控制資本、技術和人員的流動，不僅無濟於事，反而會深受其害。

台灣經濟曾經有過傲人的業績。但是在1990年代以來，在東亞各國經濟結構轉型的關鍵時期，在各國都在積極布局經濟戰略以迎接大陸經濟起飛前景的歷史關頭，台灣的李登輝當局卻開始了消極抵禦大陸經濟發展和積極遏制兩岸經貿交流的政策，妄圖螳臂當車，或至少是掩耳盜鈴。出於台灣獨立這一長遠戰略利益的考慮，李登輝當局採取了「戒急用忍」的經濟政策，從而開啟了台灣經濟自外於大陸，乃至世界經濟一體化進程的濫觴。民進黨上台之後，政治上忠實地繼承了李登輝的「台獨」路線，也從經濟上完整地繼承了李登輝的「戒急用忍」政策。

「戒急用忍」政策即便在李登輝時期就為台灣工商界人士所詬病。台灣的一些工商企業，出於自身競爭和發展的考慮，出於追逐自身利益最大化的考慮，將自己的資本、人員和技術適時地轉移到資源相對豐富、生產成本相對低廉的大陸地區，這是積極的、合理的舉措。民進黨上台以後，出於狹隘的「台獨」戰略利益，先是繼續「戒急用忍」，之後是推出所謂「南向政策」企圖消弭台資的「西進」勢頭，在民怨沸騰聲浪中，不得不放棄「戒急用忍」，代之以「積極推動、有效管理」政策，而其本質卻始終未能走出「戒急用忍」政策本義的窠臼，那就是：開放兩岸三通和放任兩岸正常的經貿交流對台灣來說是「災難性的」，一方面會形成所謂的「台灣產業空洞化」，另一方面會使台灣經濟為大陸所挾持，從而影響到所謂的「台灣的主權與獨立」。此外，即便對於始終不承諾放棄「台獨」路線的民進黨來說，台灣經濟發展必須依賴大陸發展這一事實他們也是非常明白的，只是在真地面對這一歷史潮流的時候，他們總會因兩岸經濟文化的融合

前景會最後破壞民進黨存在和發展的基礎而本能地予以抵制而已。

進退失據，是指在民進黨及其決策層鎖島心態的支配下，台灣當局的經貿政策陷入一種僵持狀態。一方面，開放兩岸「三通」，依託大陸發展是台灣經濟參與東亞乃至世界分工的必由之路，不如此，民進黨當局將承擔搞衰台灣經濟的罪責從而最終失去執政的合法性；另一方面，開放「三通」，鼓勵台資大膽西進，這固然會使兩岸經濟相得益彰，但這必然帶來兩岸一體化日趨緊密的前景，而這一點對於執政並堅持「台獨」路線的民進黨來說，則不僅意味著合法性的削弱，同時更意味著它自身存在的合理性也會面臨嚴峻考驗。

上述悖論外化的結果就是，本應積極主導和調控經濟發展的民進黨，對台灣的經濟發展卻一籌莫展，有心無力。引領經濟發展並且交上一份合格的答卷，這是當今世界各個國家和地區的執政黨都無法迴避的，當初相當多的工商界人士所以贊成將國民黨逐出執政舞台並把民進黨送上台，也是更多地出於換個黨執政可能更有益於自身發展，有益於經濟民生的考慮。民進黨不是不知道這一點，它也不是不懂得工商界對它的支持是有條件的和需要回報的，但是它內部堅定、剛性的意識形態約束卻阻礙了它在這方面的努力。執政八年，台灣民進黨當局在經濟發展方面的成績單即便自己也看不下去。

1.投資環境惡化，民間投資下降，外商投資減少。由於民進黨間歇性地操弄兩岸議題，經常性地引發兩岸關係緊張和危機，對在野黨採取狹隘的敵對政策，導致它的施政能力不足，財經、環保、社會福利政策不明，企業倒閉增加，民間與外商投資雙雙減少。2000年民進黨上台當年，台灣關廠歇業的企業就有4995家，2001年則是增加到5187家。由於政治生態不良導致投資環境惡化，台灣民間投資呈現持續下降趨勢，僅2000年和2001年外商對台投資則分別大幅下降33%與36%。

2.金融壞帳問題日益嚴重。台灣政黨當局與金融機構及企業之間不當財務關係很不正常。許多金融機構為大財團或大家族所控制，與所屬企業經常進行不當的資產轉移，非法融資，以及參與各種不動產、股市等投機活動，造成金融機構的呆壞帳問題，並經常引發擠兌事件或金融風暴。僅90年代中期以來，台灣就

先後發生基層金融機構擠兌等事件數十次之多。台灣整個金融機構超額超貸比率很高，僅在民進黨執政一年後的2001年底就已達8.2%，基層金融機構逾期貸款比率更高，問題更嚴重。按國際標準，台灣實際逾期貸款額與逾貸比率遠高於官方公布數。美國穆迪信用評級公司發布的報告認為，台灣金融機構呆帳比率超過15%。一些學者更估計金融機構的各類超額或逾期貸款可能達3萬億元新台幣，是官方公布的3倍。儘管民進黨當局也採取許多措施，如取消金融機構營業稅、延緩傳統產業還款期限、推動金融機構合併等措施，但台灣金融機構的體質與營運情況未有大的改善，呆壞帳問題仍然嚴峻。

3.財政形勢惡化。2000年之前，李登輝治下台灣的財政狀況已是不容樂觀，但當時的民進黨還是不顧財政艱難，盲目兌現當初選舉時作出的政策承諾，進一步加劇了財政負擔。台灣當局公債累計未償還餘額已從1990年的2000億元增到2002年度的2.9萬億元，加上地方政府債務，政府債務總額近3.6萬億元。如果依專家的計算口徑，加上各種潛在的負債，台灣當局的實際負債近8.5萬億元，平均每人負債37萬元。在稅收優惠減免、稅收減少及福利支出不斷增加下，台灣的財政赤字迅速增加，2000年度（因財政年度變更，時程為1999年6月到2000年底）財政赤字（不包括地方政府赤字）為1805億元，2001年度為2676億元新台幣，2003年度為2700億元。同時地方財政形勢也嚴重惡化。財政問題成為台灣經濟發展的另一棘手問題。

4.通貨緊縮，失業率居高不下。民進黨上台以後，台灣通貨緊縮壓力增大，2001年，台灣的消費物價指數出現0.01%的負增長，2002年繼續呈現負增長，全年物價下跌0.26%，為50多年來首現。台灣在國民黨執政時期原本並不甚嚴重的失業問題，因經濟景氣走緩而變得更為突出與嚴重。自2000年7月份始，因經濟景氣趨緩與倒閉企業增加，台灣失業率迅速升高，全年平均達到3%。2001年，失業率超過4%，2002年超過5%，失業人數超過50萬人，波及的人口超過110萬人，失業問題成為台灣當局面臨的另一大挑戰。

上述狀況表明，民進黨執政下的台灣經濟出現了整體停滯和局部倒退的境地。在台灣這樣的經濟與政策生態條件下，台灣工商企業大多面臨生死的抉擇。

聽從民進黨的擺布留在台灣是等死,而違反當局的禁令開拓大陸市場則又會招致當局的報復,差不多是找死。只有兩類企業是例外,一是與民進黨黨政官僚核心走得非常近、受到民進黨當局特殊關照的企業;另一類則是實力雄厚,即便民進黨當局也不敢輕易開罪的企業。但是,在效忠民進黨當局和企業自身的生存和發展之間,即便上述兩類企業最終也還是選擇加入了登陸拓展的序列。曾經挺扁、挺民進黨的許文龍、張榮發及其名下的企業就是如此。結果是,台灣的經濟發展主導權名義上雖掌握在民進黨當局手中,但政策卻成為眾矢之的,備受責難、挑戰而趨於衰朽,經貿發展的主導權實際上已經轉移到了工商界手中。願意的跟著走,不願意的被拖著走,民進黨當局的經貿政策實際上是被工商業不斷衝撞政策底線的舉動拖著走,這些既缺乏合理性、又缺乏合法性的政策已經徹底失去了應有的效力,不能不說是失敗的政策。

二、拼選舉還是拼經濟:政黨和商界的分歧

人們一般認為選舉是民主政治、政黨政治的根基所在。民主政治、政黨政治最基本的要求就是統治應當是被民眾所認可的統治,亦即政治的合法性要求。現代民主政治的合法性主要是透過公民的政治參與來實現。選舉作為政治參與的主要形式,它與充分的知情權,對議程的最終控制權,以及成年人的公民權[150]一起共同構成民主政治的基本內容。對於政黨來說,選舉是自己通向執政的必由之路,也是衡量和檢驗自己社會影響力和被認同度的最主要途徑;對於公民和社會來說,選舉是賦予政黨政府政治合法性的基本形式,它既可以用來支持自己認同的政黨執政,又可以用來將自己不滿意的執政黨趕下台。西方學者傾向於認為,幾乎所有的公民權利和社會權力是建立在選舉權力的基礎之上。如果沒有競爭性選舉,如果政黨不能夠在這樣的競爭性選舉當中實現政權的交接和輪替,那麼公民與社會的權利就不會有根本的保證。

2000年民進黨取代國民黨成為「執政黨」,從而完成了台灣政治發展歷史

上破天荒的一次政權輪替。選舉對於政黨政府的合法性是毋庸置疑的,但這並不意味著選舉就成了政黨政治的全部。畢竟公眾透過選舉選擇某個執政黨執政本身不成其為目的,他們實際上是出於自身利益鞏固和拓展的目的才這樣做的。對於社會公眾,包括工商界人士在內,他們可能有某種政黨傾向,但在利益這個問題上所有的政黨在他們眼中都是一樣的,那就是侵害自己利益的黨必須受到應有的懲罰。這一基本的法則同樣也適用於台灣政黨政治。但在民主政治上處於鞏固階段的台灣,該法則卻是透過某種扭曲的方式表達出來的。

那就是為了選舉而選舉。2004年台灣「大選」期間,有些鐵桿的綠色選民提出「寧要肚子扁扁,也要選陳水扁」,這樣一句並非出於理性考慮的政治口號反映了在特定的時期,並非所有台灣選民都有較高的民主素養,他們當中有相當多的人對民主的理解尚處於意識形態至上的階段,而不是將民主直接地視作自己權力和利益得以實現、鞏固和拓展的形式和路徑保證。有什麼樣的人民就有什麼樣的政黨、政府。台灣有些政黨也未能倖免於上述短視的民主觀。民進黨是個中典型。這個黨早在黨外時期開始就在大大小小各式各樣的選戰中摸爬滾打,選舉鬥爭是其存在和發展的基本方式,它對選舉的重視是與生俱來的和滲入血脈的。

民進黨內部的組織派系結構及其過程,基本上就是圍繞選舉展開的。黨內有派,不同的派系分別在從政治實用主義傾向至意識形態理想主義傾向這兩者之間的光譜中占據自己的位置,並且代表不同地方和利益集團的利益,這是民進黨組織結構與過程的特色。2000年民進黨上台就是憑藉黨內務實派別抬頭,放寬了「台獨」意識形態的剛性約束後才得以實現的。但隨著民進黨執政日久,它在公眾心目中的形象逐漸敗壞,為了維持黨的執政地位,為了避免黨的解體,就必須保持社會上支持本黨的基本盤,於是民進黨內各派別紛紛選擇回歸「台獨」原教旨主義。這樣一來,民進黨內部原本主張「強本西進」的聲音始終占不到上風,而那些刻意阻撓和延緩兩岸經貿交流的做法往往成為首選。民進黨在這方面與狼群有些相似,各派系及其領袖人物彼此之間始終保持某種微妙的權、勢平衡關係,大家彼此間都心存不良,但對外卻總能協調一致,遺憾的是,這種協調一致總是導向惡性的循環。

當然，民進黨內部派系間，以及主要的政治寡頭之間的鬥爭也如狼群般殘酷。在民進黨內要想出人頭地，那就是要能夠代表本黨競選公職且勝選任職。如果想要成為全黨的領袖，唯一的途徑就是代表本黨競逐「總統」大位並且當選。為了追逐這一最高職位，成為本黨提名的候選人是關鍵的一跳。當年陳水扁就是用盡了心思與奉行務實路線的許信良爭奪候選人資格，並成功將其排擠出民進黨才得遂所願的。然而2000年5月，從民進黨上台的第一天開始，另一場相類似的爭奪就已悄然地拉開了帷幕。從那時起，野心勃勃的民進黨寡頭們就開始布局陳水扁屆滿後的黨內提名。以此為目的的鬥爭在台灣被稱作「卡位」戰，民進黨各寡頭分別把持黨、政和地方的權力與資源，不放過任何一個日常執政過程中削弱對手和壯大自己的機會，結果一定會造成政治權力運作的機能性紊亂，民進黨經濟政策在派系鬥爭中被扭曲，變得越來越遠離社會公眾的利益，甚至是越來越遠離民進黨整體的利益。

　　民進黨不僅內鬥成風，且善於挑起黨際之間的鬥爭。相比較而言，民進黨的對手國民黨還是一個重視經濟政策的黨。2000年連戰敗選後開始著手再造國民黨，從那時起，國民黨就渴望與民進黨在民生福利和經濟政策領域決一高下，但是民進黨始終沒有給出這樣的機會。民進黨的策略是揚長避短，避重就輕，透過牢牢主宰選舉的議題，將黨際之間的鬥爭引向兩岸關係，引向台灣種族矛盾等敏感但並非緊迫的政治領域，透過煽動和鼓舞台灣極具破壞性而絕無建設性的民粹、悲情，來擠壓反對黨的生存空間。民進黨曾經提出要對國民黨展開「割喉割到斷」的選戰，這樣的提法本身就暴露了民進黨缺乏一個民主政黨應有的寬容心態。民進黨並且把自己所挑起種種劣質黨爭的責任全部推卸給國民黨，國民黨則因為自己不光彩的歷史和再造進程的遲緩而實際上不折不扣地充當了冤大頭。

　　這樣，民進黨的黨內政治過程以及黨際政治過程都事實上排出了建設性的政策活動主導政治生活的可能。其結果必定是，儘管民怨沸騰，儘管物議滔滔，儘管個別的黨內有識之士以及黨外的政治力量都有心拚經濟、拚民生，特別是民進黨二次當選以後面臨沉重的執政合法性壓力的條件下也不得不一再宣誓要拚經濟，但它的所作所為實在是緣木求魚。這或許可以算作是一種路徑依賴，靠選戰上台的民進黨治理無能、經濟弱智，只能以選戰慣用的手段來維持生計，這已是

不爭的事實,這種情況下,台灣民眾除了領略「文化革命」的滋味而外,就只能自求多福了。

面對一個選戰內行,執政外行的執政黨,台灣工商界只能用自己的腳來出走,藉以表明態度。至2003年,台灣前一千家大企業赴大陸投資已達五成,其中台灣盈利最多的20強電子企業中就有70%投資大陸。台商投資大陸在出現大型化、集團化的趨勢。同時,高科技產業及資本密集型產業也已經成為投資的主流。據分析,當時台商投資大陸的行業領域非常廣泛,涉及金融、諮詢服務、倉儲物流、航運和商業零售批發、醫療、電信業等等。

民進黨執政後期,台商赴大陸投資必須得到台灣民進黨當局「經濟部投審會」、「陸委會」的批准,這些部門的審批規定很多都是命令或行政裁量,其中標準尺度的拿捏掌控充滿了隨意性和政治性。台商為避免投資受到困擾,經常採用「繞路」方式規避民進黨當局的管制。最常見的有兩種方式:一種是在第三地成立掛名公司,再輾轉前往大陸投資;另一種是規避公司投資,改以個人名義赴大陸投資。這種繞路投資方式產生許多弊端。台灣企業界強烈希望投資大陸,但卻苦於受到民進黨當局政策的限制。他們呼籲台灣當局擺脫意識形態糾葛,把政黨的利益放在一邊,重新檢討經濟政策,切實針對台灣經濟需求,制定宏觀可行的政策,為台商投資大陸創造條件。

2005年連戰、宋楚瑜相繼訪問大陸,大陸為密切與台灣經貿交流關係,出台更多的優惠互利政策之後,台灣各界要求台灣當局檢討兩岸經貿政策的聲浪更是不斷高漲。他們指出,民進黨當局的投資政策不合時宜、不符民意,嚴重阻礙了兩岸經貿的交流。民進黨當局跳不出舊思維,台灣經濟就不會有根本的轉變,也難以阻止台商前往大陸的步伐。2008年民進黨下台,與此不無關係。

第二節　民進黨商界政策與商界態度的轉變

政客謀權,往往擲千金而不惜;商人逐利,每每尋奇貨而居之。政界與商界

相互把對方孜孜以求的目標視作達成自己目標的手段。這就帶來了兩者利用、合作的可能。同時，這也內涵了兩者矛盾、衝突的根由。民進黨在黨外和在野時期彷彿是在臥薪嘗膽，商界對它寄予了厚望，鼎力相助，希望這個黨能夠踐行「苟富貴勿相忘」的古訓；而民進黨出於執政必須要尋求商界支持的考慮，也曾經及時地調整商界政策，信誓旦旦同甘共苦。誰曾想情隨境遷，世易時移，上台執政以後，此民進黨已非彼民進黨，它要追求自己的政治理想，要實踐自己的政治理念，在自己的意識形態天條面前，什麼山盟海誓，什麼商界利益都是可以忽略不計的。面對自己扶植、栽培起來的民進黨，面對這樣一個刻薄寡恩的「執政黨」，台灣的部分工商巨子深感挫折，繼之以無奈，最後則是出離的惱怒。執政僅僅幾年的時間，民進黨在商界的昔日同道已經是分道揚鑣，商界對民進黨當局的態度有了根本的轉變，他們已經基本上不再抱有本土政權就能夠造福本土的幻想。

一、民進黨商界政策內涵的矛盾

民進黨商界政策始終是動搖不定的。這個黨是依託商界巨頭支持才得以上台執政的，它不是不清楚商界對它的政治前途意味著什麼，它也非常明白商界所以要支持它取代國民黨上台執政的目的是什麼。但是，出於政治上的需要，它又要時不時地撇清與商界的關係，以此與所謂的國民黨黑金政治相區隔。同時，它也要顧及自身內部各派系政見之間的歧異與平衡，時不時地在執政第一的實用主義派系與「台獨」第一的原教旨主義派系之間和稀泥。此外，並非所有的商界人士都與民進黨有良好的合作關係，在民進黨高層那裡，工商界人士對於自己總是有親疏之別的。比較親近的企業，民進黨及其高層領袖會不惜破壞法度與之相勾結，大搞權錢交易；對於那些關係一般，甚或是挑戰民進黨政治權威的工商人士，民進黨及其高層人士也會濫用權力施以選擇性執法或選擇性政策行為，予以排擠和打壓。

民進黨政策層的這些顧忌和考慮成為民進黨混亂的商界政策所潛藏的根本矛盾。這一根本矛盾外化的結果，就是民進黨政策的衝突和混亂。

　　其一，民進黨因懼怕積極的工商業政策將導致自己意想不到的政治後果而遲疑不決。民進黨也不是不想回報曾經支持自己的工商企業界人士，但是它所願意和所能做到的與工商企業界人士所期望的卻相去甚遠。工商界人士希望當局能夠認清台灣經濟發展必須依託大陸經濟崛起的現實，希望民進黨當局能夠打破李登輝以來的鎖島政策，解放台灣企業赴大陸發展的種種不合理的束縛，盡快開放兩岸三通，以降低台資到大陸發展的成本等等。但是民進黨囿於「台獨建國」理念的束縛，對大陸的發展始終持恐懼的心理和敵視的態度，把台灣企業赴大陸發展的後果理解為削弱台灣經濟實力，助推大陸崛起的零和效應。為了抵制大陸對台灣工商業人士的吸引力，民進黨當局積極鼓勵台資遠赴東南亞甚至是印度發展，而對一水之隔、同文同種的大陸地區漠然置之。

　　其二，民進黨政客們自己也撈錢。為了遂一己私利，他們無所不用其極，貪墨暴斂、損公肥私，許多民進黨黨政要人名下都有產業，這些產業在他們執政前後近乎天文數字般地擴張。相形之下，台灣許多中小企業者則始終看不到前途。當政以來，民進黨及其政客近乎瘋狂地聚斂錢財，大有不掏空台灣誓不罷休的勢頭。在短短八年的時間裡，層出不窮令人目不暇給的弊案足以證明這一點。政客也有金錢的需要，這是可以理解的。但是，在民主社會裡，政客獲利要取之有道，那就是透過為社會提供良好的服務而間接地獲取法律許可的錢財。如果政客直接捲入經營性活動，那就是與民爭利。與民爭利的執政黨是不合格的執政黨。它所有的政策考慮都要受到自己私利的約束，因為它隨時可能為了自己的經濟利益毀壞公眾的整體利益。

　　其三，民進黨放開手腳所從事的經濟領域而外的政策活動，客觀上卻造成了打壓、惡化了工商企業界人士獲利空間和前景的作用。比如民進黨當局積極推行的「去中國化」政策，強迫工商企業拿掉自己名稱中的「中國」字樣，看似容易，實則代價不菲，許多企業因此而損失數以億計美元的品牌價值。又比如，民進黨當局出於台灣政治鬥爭的需要，經常性地製造兩岸緊張氛圍，不時地招致大

陸方面的強烈反應，以致台灣的金融市場經常性地因兩岸政治問題遭受重創，台灣外投資者因此而遭受不必要的巨大損失，台灣的投資環境不斷惡化。還有就是民進黨當局自以為得意的對外「邦交」活動，純粹就是一路撒銀子的金元「外交」，這些資金如果用於台灣建設，將會更有利於工商企業界的利益。

二、民進黨產業政策口惠而實不至

民進黨上台之初對於搞好經濟還是充滿憧憬的。一開始便提出要將台灣建設成為「永續發展的綠色矽島」和「全球高科技製造中心」。陳水扁當局不斷召開各種專門討論如何「拚經濟」的會議，並且提出了一系列發展經濟的方案。2001年1月，陳水扁宣布計劃五年內花364億新台幣完成「知識經濟發展方案」，以及旨在擴大公共投資、提振經濟景氣的「8100台灣啟動計劃」，準備在一年內投資8100億元新台幣擴大公共投資。2002年5月，扁當局又提出「六年發展重點計劃」，規劃六年投入26500億元新台幣發展觀光旅遊等10個重點產業。2003年9月，陳水扁重提早在國民黨執政時期就著手規劃的「亞太營運中心計劃」，希望能夠加強台灣的經濟自由化，並吸引跨國公司在台灣設立營運中心。

但是，在民進黨手中，所有這些冠冕堂皇的計劃、願景無不虎頭蛇尾化作泡影。台灣經濟自民進黨執政後陷入了上世紀六十年代以來的最低谷。陳水扁上台時2000年台灣經濟增長率為5.86%，2001年，台灣經濟即出現-2.18%的負增長。此後，台灣經濟出現了一些緩慢的復甦，但始終徘徊在3%左右，較之迅猛發展的周邊國家和地區簡直乏善可陳。其中具有風向標作用的台灣股票指數，一路由2000年最高時期的10393點跌至2004年的6000多點，最低曾跌至4000點。新台幣兌美元的匯率也一路走低。與之相隨的是，民進黨當局的財政赤字以年均2500億元新台幣的速度在增長，債務總額也由陳水扁執政前的2.3萬億新台幣增加到近4萬億元新台幣。

民進黨、陳水扁也知道台灣經濟問題的問題出在台灣長期以來保守鎖國的兩岸政策上。為了提升台灣經濟，2001年7月陳水扁當局即邀請各黨派、工商界人士召開了「經濟發展會議」。會議先後通過了322項共識，並建議將原國民黨、李登輝執政時期的「戒急用忍」政策調整為「積極開放，有效管理」，開放了兩岸直接貿易、直接通匯、銀行業登陸設立辦事處，甚至鬆綁大陸人士來台灣投資房地產等。這些曾經讓台灣工商界為之欣慰的政策宣示實際上並沒有落到實處。其中諸如經濟改革的推動問題，以及兩岸「三通」問題等等，不僅沒有著手去做，反而有所倒退。

　　以「三通」問題為例。先看海運，根據林祖嘉在2003年的測算，不直航而灣靠時，航行時間與距離會增加，時間增加3至21小時，距離則增加165海里至274海里。灣靠主要會增加兩項成本，一項是港口成本，雖然灣靠不需要裝卸成本，但為了取得證明，需花費35萬日元到72萬日元之間，另一項是代理成本，約在8萬日元左右。另外，灣靠時間增加後，營運成本（即固定與變動成本）也會增加，因此兩岸若不直航而因灣靠增加20小時航行時間，加上港口成本及代理成本，一艘船要增加53萬新台幣左右的成本。依據航政司根據2002年的資料估算，在不定期船班部分，目前兩岸之間以煤炭及砂石為大宗，台灣一年資大陸進口1496萬公噸的煤炭，若直航，一年將可節省新台幣1.5億元左右；砂石則可以直接節省7000多萬台幣，這兩項大宗貨品加起來以後，不定期船在直航後一年約可節省新台幣2.2億元。在定期船（貨櫃船）部分，根據專家討論，航政司、海研會及基隆港務局均估算一年定期船約在100萬至105萬TEU之間。若是自由船，灣靠將減少一天時間，如果是租船，則可以減少一天租金。按照專家測算，上述不定期船及定期船直航後所節省的成本相加，海運成本可節省8.4億元新台幣。[151]

　　再看空運。依據台灣學者提供的資料、台灣「民航局」提供的2001年台港及台澳航線航空客運量分別為673.5萬及246.5萬人次的資料，參考台灣「交通部」運研所1998年辦理『赴港澳地區國際空運旅客特性調查分析』計劃中赴港澳地區旅客轉機至大陸各主要地區之屢次分配比例，估算華北、華中與華南地區客運人數依次為30萬、100萬及140萬人次後，再以此資料與直航後每人每航次

節省時間成本相乘，可以得出兩岸直航後，華北、華中及華南地區客運部分，時間成本將節省43.0億元新台幣。在票價成本方面，依台灣民航主管部門提供的材料，以2001年台港、台澳航線航空客運量及票價，估算兩岸直航後，華北、華中以及華南地區依序將節省票價成本19.2億元新台幣、103.0億元新台幣及127.8億元新台幣，合計兩岸直航後，票價成本將可節省250.7億元新台幣。總計時間成本及票價成本，兩岸直航後空運客運節省成本共計293.8億元，其中，華北、華中及華南地區分別節省24.0億元、120.4億元及149.4億元。依照台灣政治大學經濟系教授林祖嘉等人的估算，直航可以使台灣人員與貨物往來兩岸之間的運輸成本及時間成本減少，每年大約為310.3億元新台幣。在兩岸運輸成本大幅減少的情況下，兩岸貿易與投資都會相應增加，從而進一步帶動GDP的成長。據專家估算，在直航後，可以使台灣每年出口增長率增加0.27%到0.71%之間，進口成長率則會介於0.52%與0.82%之間。隨著進出口的成長，企業產值與GDP也隨之擴大，兩岸直航可以使企業總產值每年增加0.02%到0.16%，可使台灣每年GDP的增長率提高0.01%到0.41%之間。[152]

　　由此可見，民進黨當局開放「三通」已經成為是兩岸經貿發展的迫切要求，同時也成為台灣經濟穩定發展的內在要求。據統計，2003年兩岸貿易額突破500億美元，達到583.6億，大陸取代美日成為台灣最大貿易夥伴，台灣對香港和內地的出口依賴度達到34.5%，內地對台灣增長的貢獻率超過70%，如其不然，台灣經濟增長將下調2個百分點。這充分說明，大陸以及與大陸之間的經貿關係，是台灣先天不足的島嶼經濟得以持續、健康和穩定發展的一條命脈。但是，由於不能夠實現兩岸間直接的通航、通商和通郵關係，台灣企業人員、資本和物資往來台海兩岸只能透過日本、港澳等地區周轉，費時、費力、費錢。除了交通成本高而外，台灣還因不能「三通」而損失許多外資、外企進入台灣的機會，以及台灣產品輸入大陸市場的機會，等等。

　　國民黨時期當局為商界所詬病的罪責之一就是阻撓「三通」。民進黨在野時期不知深淺，以為自己可以推動開放「三通」，上台之初也躊躇滿志，一度做出了致力於推進「三通」實現的政策承諾。但是，八年過去了，除了搞出一個似通不通的金門、廈門「小三通」來敷衍了事外，整體上情形並沒有太大的變化。人

們更多地看到，民進黨當局始終以所謂「主權對等」、「國家安全」等藉口將不能徹底「三通」的責任推卸給大陸方面。畢竟當家方知柴米貴，執政後民進黨認識到當初國民黨阻撓「三通」的背後原來大有文章。思維方式的變化使民進黨步國民黨後塵，把「三通」當做一張政治牌來打。

在民進黨看來，國民黨當初所以處心積慮地阻撓「三通」就在於「三通」可能通到統一。統一的前景對於民進黨而言也是它所不樂見的，為此，它也有必要像國民黨李登輝當局一樣，避免這一前景成為現實。但是，「三通」對台灣經濟的確有好處，再像李登輝那樣明目張膽的反對「三通」，由此而引發的責任也是曾經承諾過推動「三通」的民進黨所不願承擔的。權衡之下，民進黨當局一度採取了一種比當初國民黨當局更狡猾的陽奉陰違的策略。表面上，它口口聲聲催促大陸官方與之談判「三通」問題，實際上則是設置種種的政治障礙，比如將「三通」主體定位為「國與國」關係，這種欺騙性的伎倆反映了民進黨真實的心態：「三通」事務能拖多久就拖多久，反正兩岸已有雖非通暢但卻聊勝於無的經貿交流渠道，而且到目前為止還是能夠獲利的，民進黨沒有必要搬起可能會砸到自己腳的「三通」石頭。相反，做出一些宣示，擺出一些姿態，一方面可以將「三通」得來的好處歸於自己名下，另一方面還能夠搪塞民意，而且還能煽動不明真相的民粹敵對情緒指向大陸，自己能夠便宜占盡而不負責任，這是最好不過的事情。

「拖」字訣背後是「騙」字訣。民進黨當局這種拙劣的騙術很快被識破，特別是連戰、宋楚瑜訪問大陸後，大陸提出的一系列推動「三通」、拓展兩岸交流的務實舉措出台後，民進黨委責於大陸方面的手段很快被揭穿，假「三通」，真不通的政策理念被曝光，情急之下民進黨原形畢露，在2006年公開宣示將原來好看不好吃的「積極開放，有效管理」政策更改為「積極管理，有效開放」，乾脆連好看的招牌也去掉，剩下的就只有殺氣騰騰的緊縮兩岸民間交流這一真實目的了。這充分說明，民進黨對「三通」政策的演變過程，從頭到尾都是口惠而實不至的。

不僅「三通」一個問題，在經濟發展的其他領域、其他問題上，民進黨也是

「騙」字當先,敷衍其後,繼之以赤裸裸的政策打壓。這一點倒是很符合某些有問題的政黨政府政治衰變的一般路向:當它的合法性基礎鞏固時,雞毛可以當令箭,這往往使執政黨忘乎所以,以為自己無所不能而恣意行事,結果所有的事情都搞得差強人意;此後,問題逐漸暴露,此時這個政黨就會牽強附會地找來種種藉口推卸責任,這樣做的結果是一定的,那就是它的統治合法性開始逐步喪失;一旦統治合法性低落到谷底,政黨反倒可能沒了顧忌,因為此時它的統治已經不再依靠民眾對其權威的認同,而是更多地轉向依靠政權的強制力。

三、商界主流對民進黨態度的轉變

商界主流對民進黨及其政策態度的變化分作如下幾個重要的階段:

民進黨在野時期,商界主流對民進黨及其政策的態度是從觀望不定到樂觀其成。國民黨當政時期推行黨天下的政治、經濟與文化控制,它雖然成功地引領了台灣經濟的現代起飛,使台灣工商界主流的利益總量有了極大地擴張,但由於政治的不民主,商界利益總是存在得不到有效保護的危險,而且國民黨當局在事實上也存在侵奪商界利益的劣跡。這樣一來,商界主流對國民黨政權的態度是憂懼大於親近。這一階段的民進黨先後處於非法、在野境況,由於它更重視別苗頭,凸顯自己堅決反對國民黨貪腐政權的形象,它事實上採取了一種近乎教條的商界政策——保持距離。這樣一來,在執政的國民黨和最大的反對黨民進黨之間,商界主流並未表現出特別的政黨傾向,對於民進黨及其政策主張也是持本能的懷疑態度。此後,民進黨逐步認識到要爭取商界支持,充分利用商界與國民黨之間的矛盾,於是採取了積極的接近策略。伴隨民進黨政治地位的合法化,以及民進黨在政治之日復一日的發展和壯大,不少工商人士開始向民進黨輸誠,積極參與布局國民黨政權的後事,以期在不久的將來獲取更大的權益,工商界主流也大多心存換個黨做做看的念頭,對民進黨顛覆國民黨當局的政治鬥爭採取樂觀其成的姿態。

民進黨上台前後，商界主流和民進黨共同度過了一段短暫的蜜月期。隨著民進黨遲早會上台執政的信念逐步確立起來，商界主流不再掩藏自己的政黨偏好，在他們看來，民進黨執政代表著鞏固和拓展自身利益的希望，而國民黨當局則不能給出這樣的希望。民進黨上台以後，不少工商界人士被引為民進黨的座上賓，出席各種各樣地協商會議，出任所謂「總統府資政」，一時間甚是風光。在民進黨雄心勃勃，決心勵精圖治的不太長的一段時期內，它還是能認真聽取並尊重商界意見的，此時的商界主流瀰漫著一片樂觀情緒，人們彷彿是看到了深化台灣產業改革和促進兩岸經貿交流的一線生機。

　　但是好景不長，民進黨當局不久就暴露出了執政外行，主導經濟事務外行的弊端。此時的商界基本上願意容忍上述問題，他們還是傾向於認為民進黨執政經驗不足，應當給它足夠的時間熟悉政權運作。對於民進黨提出的一些顯然不合乎他們利益的要求，商界主流也還是委曲求全，願意給予民進黨當局同情的理解。總之，在相當長的時期裡，商界對民進黨當局能夠最終服務自己的利益這一點還是篤信不疑的，因為他們對這一點還是比較自信的：畢竟民進黨是自己扶植起來的政黨。這種委曲求全的政治配合和一廂情願的政黨信念一直持續到2003年民進黨上台後第一次「大選」之前。其間，不少人士對於民進黨工商政策的質疑已經由溫和變為嚴厲。對民進黨當局執政無能、經濟外行的評價也獲得越來越多的認同。

　　2003-2004年「大選」期間，民進黨當局枉顧民意，野蠻地操弄兩岸議題、族群議題和公投議題，引發台灣和海峽兩岸局勢的動盪不安，臨近投票時又搞出一個槍擊案，這些無所不用其極的手法坐實了早先人們對民進黨政治品質低下的評判，自那時起，商界對民進黨的政治誠信發生了徹底的動搖。人們不再相信民進黨的政策承諾，而是用自己的行動去表達自己的不滿。比較早的是，曾經是民進黨、陳水扁鐵桿盟友的奇美總裁許文龍發表退休感言，比較含蓄地批評民進黨的闕政。當時的扁當局還散布消息講許是受到大陸的壓力不得已而為之，然而不久，越來越多的工商界人士開始以辭職、聲明等方式宣布脫離民進黨陣營，這無異於宣告了民進黨執政合法性危機的到來。

此後的民進黨不知悔改，反倒變本加厲。陳水扁家族，以及民進黨當局貪瀆成風、弊案不止，為了轉移民眾視線，又頻頻操弄那些已經不再新鮮的老花招，這使工商界人士變得絕望，他們紛紛作出實質性的舉措，在不放棄呼籲民進黨當局政策上改弦更張的同時，越來越多的工商界人士開始著手調整他們的政黨傾向，許多企業改變了以往「西瓜偎大邊」，將寶押在民進黨身上的做法，開始同國民黨等在野黨接近，希望它們代表自己的聲音。2006年上半年，國民黨組團赴大陸出席兩岸經貿論壇，隨團而行的就有50餘大企業的代表，有許多負責人已經不再避諱而選擇親自出席，他們的產值加在一起已經接近台灣總產值的五成。[153]工商界這種於朝野政黨兩邊押寶的方式常見於成熟的民主社會，是企業界人士政治上理性、成熟的表現。但這對於民進黨來說，卻是絕對的利空大於利多。原因就在於，一個除煽動民粹狂熱而外別無長處的政黨唯恐避之不及的就是社會公眾的清醒和理智。

第三節　民進黨與商界博弈的焦點：權力還是利益

在東亞這樣一個在歷史文化上都相對比較特殊的地方，特別是在以台灣為典型的處於民主過渡和鞏固階段的社會裡，政商關係更加明白地表現為權錢關係。按照這些地方政商關係一般的遊戲規則，一個政黨上台與否，取決於支持它的人的多少，也就是它所能夠爭取的選民的多少，支持者的多少又取決於它的動員能量的大小。其中，政黨所能募集的政治捐款的多少造成非常關鍵的作用。所以，商界確實能夠透過自己對選舉的政治影響來左右一個政黨的政治命運。另一方面，政黨如果已經執政，那麼它就會因掌握公共權力而獲得相對獨立於商界控制的自由空間，它可以透過自己的政策來禍福商界。對於在自己競選和執政期間一貫的合作者，執政黨一般會給予利益的還原和輸送，以示撫慰；對於前後不一，以及明顯不合作的工商業者，執政黨一般會透過種種程序合法（有時甚至是非法）的手段予以打壓，以惡化其經營條件，達到訛詐和報復的目的。

台灣民進黨與商界之間也存在上述糾結不清的權錢關係。民進黨當局是權也要，錢也要。在面臨喪失政權危機的時刻，這個黨在變本加厲撈錢的同時，更是片面地強迫商界犧牲自己的經濟利益來服務於本黨的政治利益——繼續執政。這使得台灣由來已久的商界與政黨政府的力量博弈開始步入一個新的歷史階段。到底是錢大還是權大？商界和民進黨到底是誰能夠禍福誰？這場博弈目前還處於進行時。2008年民進黨在台灣總統選舉中慘敗，讓我們清晰地看懂這場博弈對於台灣民主政治鞏固和發展的意義：如果權力服從於利益，那麼台灣民主政治和經濟發展還有希望；否則，前景將會是十分的迷茫。

一、民進黨一切只為自己執政

民進黨的政治格局不大，執政動機褊狹，政治行為偏執。歷史上台灣長期孤懸於海外，近代以來相繼在日本殖民者和國民黨當局的專制統治下，民眾對外交往受到強力控制，它的文化生態特點是典型的島嶼性、褊狹性。從發生學的角度看，與國民黨孕育和成長於大陸不同，民進黨是一個在狹小的島嶼空間內部土生土長的政黨。這樣一個政黨因其發育和生長的外部生態關係，既有它的先天優勢，也有其先天的劣勢。優勢是，作為本土政黨，它受到一些本土意識較強的人們，以及「台獨」意識意識較強的人們的喜愛和擁護，他們視民進黨如同己出；劣勢是，這個黨的政治視野較窄，政治器量較小，政治見解淺薄，政治行為偏執。

幾乎所有民進黨政治上的失敗都取決於其錯亂的「國家認同」方面。作為「執政黨」，始終不能正視自己權利的法源所在，它也就不會有執政的責任感。憑什麼好好幹，服務於一個並非自己「祖國」的「中華民國」？這大概是民進黨決策層當中大多數人內心潛藏的疑問。也正是如此，民進黨執政伊始就是繼續其「台獨建國」的努力，它的所有政策都內在地指向這一目標，如果有所變通以迎合社會期望的話，那也是出於策略的考慮。只有把握了這一點，我們才能夠較好

地理解何以民進黨寧願頂住壓力，也要冷處理以致惡化兩岸關係的做法。

　　商界及其利益要求在民進黨看來不過是可資利用的棋子。況且，民進黨可以組織任何可能的藉口來解釋何以自己治下的台灣經濟持續萎靡不振。民進黨當局一直指責大陸的打壓對其構成威脅因而造成台灣經濟環境的惡化，彷彿這一切都與它堅決推進的「台獨」進程沒有任何關係；民進黨當局也經常指責商界赴大陸發展就是不愛台灣，又彷彿商界由於當局關係而遭受的種種挫折全都是咎由自取。總之，民進黨當局是高效的、清廉的和愛台灣的，因此永續執政就是合情合理、毋庸置疑的，商界絕不能因自己短視的局部的利益以至於使民進黨自己都無法認清的「國家利益」遭受損失。

　　民進黨自己就有長遠的眼光嗎？答案是否定的。以民進黨及其當局處理陳水扁家族弊案的手法為例，我們就可以從中看到民進黨政治上得過且過以及飲鴆止渴的短視與淺薄。一個政治上成熟穩健且具備戰略眼光的政黨，在自己領袖被揭出這麼多滔天罪惡的情形下，應當壯士斷腕、破釜沉舟，斷然處置將其清理出黨且繩之以法，而人們看到的卻是另一番景象，先是集體失語，繼之以相互指責，然後是步調一致地為首惡開脫，企圖大事化小、小事化了。這簡直是在侮辱公眾的智商，這種瞞天過海、掩耳盜鈴的做法即便民進黨內部也有人看不下去，即便是曾經很鐵的「台聯黨」也頗不耐煩。

　　人們從民進黨所有理念、政策和活動中讀到的只有這樣一條道理：為了權力，可以無所不用其極。

二、商界的終極目標與代理人的挑選

　　我們曾經提及，商界人士參與政治不是沒有限度，他們的行為合乎經濟學上邊際效用遞減的特徵。也就是說，在現代市場經濟條件下，只要有一個適宜以正當方式謀取合法利益的政策環境，商界對政治的興趣就會很自然地轉移到經營領域。其原因就在於，商界的終極目標始終就是獲取和保全自己的利益。

國民黨執政時期，商界主流有機會獲取利益（當然，並非所有工商人士都能如此，這在任何政黨政府治下都是如此），但對能否保全自己的利益始終感到憂慮。為此，他們選擇參政，選擇支持民進黨做大，希望民進黨上台後能夠更好地在政治、政策上代理自己的利益。台灣的民主化進程客觀上為商界人士自主選擇自己的代理人提供了條件。透過政黨競選實現輪流執政，商界人士可以開出自己的要約條件，並透過自己的資金和選票支持購買自己所必需的政治承諾。

　　民進黨是台灣民主化的第一個政治受益者，但是在陳水扁的主導下，這個黨逐漸變得無意於兌現自己曾經作出的政策承諾，亦即，它要放棄自己對商界應負的代理責任。這樣，商界與民進黨當局的合作契約就被單方面地撕毀，商界也因此轉向尋找新的代理人。一部分尚沒有認清民進黨政治本質的商界人士可能繼續寄希望於民進黨，希望它內部會有更負責任的人士站出來，實現民進黨政治上的改弦更張。其實，這種可能性不高。民進黨的黨內體制決定了陳水扁政策上的變化，它也會同樣地決定其他政治領袖的政策變化。我們不能說陳水扁一上來就不想大有作為，同樣的，我們也不能斷定蔡英文取代了陳水扁就一定能夠大有作為。須知，好的體制是勸娼從良，而壞的體制卻是要逼良為娼。

　　陳水扁第二任期時，相當多的工商界人士開始致力於實現第二次政黨輪替。早在民進黨爭取連續執政的2003至2004年度「大選」期間，就有工商界人士進行政治動員，希望能夠拉民進黨下台。人們印象比較深刻的是，因投資及經營需要生活和工作在大陸的百萬台商及其家屬紛紛返台投票，支持當時泛藍陣營提名的候選人——連戰和宋楚瑜。也就在陳水扁二次當選後不久，一部分工商界人士公開宣布放棄在民進黨政權中的職務，這其實是在委婉地收回自己對民進黨的支持。

　　與台灣多數公眾一樣，商界主流逐漸開始對致力於改革自新的國民黨抱有好感和興趣。國民黨在兩次敗選後加大了改革的力度，最終實現了中央領導階層的公開選舉，亦即國民黨主席的黨員直選，這就從根本上解決了國民黨組織上現代化的問題。正是由於組織的現代化得以實現，國民黨才得以揖別兩蔣和李登輝時代，能夠更好地貼近民眾、貼近社會。2004年，時任國民黨主席的連戰帶團訪

問大陸，宣示國民黨將認真致力於兩岸的和平交流。2005年，形象清新、卓有政績的台北市長馬英九在公開的直選中擊敗王金平當選國民黨主席。這兩件事作為代表，象徵著國民黨在政策上和組織上已然浴火重生，重新崛起為堪與民進黨分庭抗禮的現代政黨。2008年馬英九在台灣總統選舉中勝出在一定程度上說也是國民黨反思、再生的結果。

台灣商界主流也因政黨輪替數年來的政局動盪和政策紊亂帶來的政治與經濟上的雙重挫折而變得理性、成熟。在紛紛向國民黨及其領導階層示好的同時，他們也在審慎地觀察、思考和比較，他們既看到了國民黨改革自新後的新氣象、新希望，也不放棄迫使民進黨反思和再造的努力。他們不再片面地寄希望於某黨、某人，而是更加堅信自己的力量。他們在等待下一次機會，去選擇自己滿意的代理人。當然，這一次他們會仔仔細細地就代理方與被代理方的資質、權責等方面的問題加以認證和規範。人們看到，在嘈雜的台灣政治舞台後面，一場新的討價還價正在悄然地進行。

如果政黨不能很好地代表商界的利益，他們將就會考慮改變政治投資的方向。2006年4月，在北京召開了兩岸經貿論壇，台灣工商大老辜濂松、張榮發、王又曾及高清愿等都與會，台灣六大工商團體中，至少有三位理事長參加。台灣鴻海集團總裁郭台銘、台積電總裁張忠謀，雖然沒有親自參加，但都派具代表性的核心人士與會。在台灣有影響力的偏綠企業家也參加了由國民黨帶領的企業家代表團，而兩岸經貿論壇作出的結論也將給台灣企業家尤其是泛綠企業家帶來新的機遇。包括偏綠企業家在內的大多數商界巨子參加盛會，讓民進黨很是尷尬。面對強大的壓力，時任民進黨主席的游錫堃也與陳水扁一樣，變得焦慮起來，一再地嘮叨「企業家應該體認，『政府』才是企業的後盾或守護神。」所以台灣的業者一定要想辦法促成民進黨當局與大陸「早日對等協商談判」。有台灣媒體指出，台灣企業家們冒著被台當局報復的風險出席兩岸經貿論壇，說明民進黨當局的政治壓力已無法阻擋兩岸經濟交流發展的主流趨勢。[154]

總而言之，2004年二次勝選以來，民進黨黨內體制不順導致政策混亂和台灣政治動盪的現狀仍在持續，與之相隨的是民生的艱難和道德的淪喪。這與當年

民進黨光環纏繞時，高唱「有夢最美，願與相隨」神曲的境況恰成反諷。遺憾的是，雖然多數工商人士與多數台灣民眾一樣已經從噩夢中醒來，但是當權的民進黨及其少數的鐵桿支持者卻仍然沉睡於權力的迷夢之中。

博弈總有結果，平衡早晚會被打破。這正如除非死去，夢總會醒一樣是不可抗拒的是事實。台灣民進黨治下的政商關係最終會向何處去？到底是權力服從和服務於利益？還是利益服從和服務於權力？權力與利益能否打破民進黨事實上所布局的沒有民進黨執政，就沒有所謂民生利益的「恐怖平衡」，而重構達成合乎現代社會發展要求的良性平衡？2008年的台灣總統選舉已經給出了階段性結果。

第六章　陳水扁的家族弊案與民進黨的墮落

　　自政黨輪替以來，民進黨執政乏善可陳，弊案卻連續不斷。2006年，陳水扁夫人吳淑珍、其婿趙建銘一家貪腐問題又浮上水面。貪汙腐化、不正當的利益輸送，陳水扁親朋故舊、心腹部屬濫用特權、政商勾結、瘋狂掠奪，一時間讓全台灣百姓目不暇給、驚心動魄。在短短八年「執政」時期內，一個號稱「清廉、勤政、愛鄉土」的黨，一個以反腐敗、反黑金為旗號擊敗了國民黨的黨，其張狂的程度和腐敗的速度又遠遠超過了國民黨。民進黨弊案罄竹難書，這既是陳水扁政治人格的破產，也是民進黨政治品質的破產。

第一節　墮落之源：民進黨的轉型與陳水扁的專權

　　一般來說，政黨轉型涵括政黨結構的變遷和政治理念的嬗變。民進黨的轉型從上世紀九十年代開始。2000年的選舉中獲勝後，民進黨在陳水扁鞏固權力的過程中繼續轉型。民進黨的這一轉型包括兩個方面：一是民進黨黨務的改造；二是民進黨路線的調整。

一、派系共治還是一人獨斷

　　民進黨上台後面臨強大的「執政」壓力以及各界對民進黨轉型的期待。從2000年民進黨上台，到陳水扁、民進黨當局弊案頻曝，在短短八年裡，民進黨

經歷了四次轉型。

第一次轉型是「謝長廷轉型」。2000年7月謝長廷在民進黨九屆全代會上出任黨主席，試圖在「以黨輔政」方面找到著力空間，提升民進黨中央的決策功能：建立「黨政協商會報」機制、參與「九人決策小組」、強化與「立院」黨團的協商機制，並與在野黨展開溝通。謝長廷民望較高，在兩岸關係方面提出過「一國兩市」、「憲法一中」、「不排除統一選項」等主張，一度對陳水扁的個人權力形成極大壓力。但是，由於民進黨在「總統」選舉中勝出後，逐漸淪為陳水扁的工具，需要的時候用一下，不需要的時候放一邊，黨中央遭遇到邊緣化的危機。民進黨中央本來就權威性不足，再加上它也沒有足夠的資源和影響力，是故謝長廷所推動的此次民進黨改造不過是雷聲大、雨點小，最後無疾而終。

第二次是「陳水扁轉型」。國民黨執政時期沒有徹底完成台灣政治體制從威權到民主的轉型，所以，當政黨輪替、台灣第一次出現在野黨上台的狀況時，「執政黨」、「總統府」和「行政院」之間的權力機制尚非民主的和完善的。為此，陳水扁試圖作出自己的努力。2002年4月，民進黨九屆二次臨時全代會通過了「黨主席雙軌制案」、「副主席一至三席案」等黨務改造案，十屆全代會後，陳水扁正式出任民進黨主席，在「黨政同步」的架構下展開民進黨最大規模的一次改造工程。此次改造的重點一是黨務改造，二是路線調整。

此次黨務改造的內容包括民進黨權力結構的轉型、民進黨決策機制的轉型，以及民進黨體質的轉型。[155]

（一）權力結構轉型：即民進黨要經過派系的重組，由以前多元派系、派系共治的「合議制」，走向一元化的「首長制」。民進黨長期以來形成的多元派系生態與派系共治的運作方式，在一定程度上原本是有助於黨內多元化和民主化發展的，在民進黨的發展過程中，派系共治也已經形成了良性的循環。陳水扁上台之初，民進黨是六個派系並存，三大派系共治。六個派系就是前面專章論述的「正義連線」、「新潮流」、「新世紀」、「新動力」及「台獨聯盟」。三個主導民進黨的派系是「正義連線」、「福利國」以及「新潮流系」。但是，隨著民進黨的執政與陳水扁「正義連線」派系的擴大，民進黨內原有的均衡被打破。陳

水扁透過集權運作，不斷拉攏、收編其他派系，打擊反對者。「凡黨內對他不忠，即或忠誠度未達到他要求的標準者，無論派系，他都不會賜予權力，還透過運作，使其失勢。」[156]這就使民進黨多元派系生態和派系共治的權利結構大為弱化。曾有人明確地表示對陳水扁的不滿：「只要他願意，黨即陳水扁，陳水扁的意志就是黨的意志。」陳水扁破壞了民進黨的運作和領導方式，民進黨也因而發生了建黨以來的重大變化。透過這次黨務改造前的運作和黨務改造活動，陳水扁的「正義連線」派系成為民進黨內最大的派系，陳水扁透過擔任黨主席達成了操控黨中央的目的，找到了政治操作的捷徑。至此，陳水扁就獲得了「憲法」和「法律」並沒有賦予給他的一系列非正式權力，而這些權力正是後來陳水扁及其親近膽大妄為、恣意貪腐的根基和後盾。

民進黨黨務在「陳水扁轉型」之後，產生了兩個方面的影響：一方面，由派系共治到陳水扁一人獨大。這時，民進黨內多駕馬車、各自為政的現象減少，陳水扁的權利空前擴大。民進黨淪為為個人利益服務的選舉機器。另一方面，民進黨內機制的破壞對於該黨的發展也產生了一定的副作用。

（二）民進黨決策機制的轉型。民進黨2000年獲勝以後，其在野時期的運作方式和決策體制亟需轉型。在陳水扁執政之初，其個人意志和民進黨的意志很容易出現脫節，以致出現了陳水扁凌駕於民進黨之上、黨政溝通不足、民進黨和執政分開的狀況。為此，民進黨中央曾設立「黨政協調會報」和「九人小組」來構建黨政溝通的平台，但是，陳水扁本人貪圖個人權位，不願意釋出政治資源與民進黨共享。直到陳水扁兼任了黨主席，民進黨方才實現了從多頭共治到專權獨斷的轉型。此次轉型後，陳水扁兼黨主席、「總統」於一身，實現了黨政權力的一元化。他將這兩個職務作為兩手抓的重要組成部分，將權力交叉、交替使用，實現了獨霸民進黨權力的目的。此後，直到第六屆「立委」選舉，民進黨都沒有實現既定目標。

（三）民進黨政黨體質轉型。執政以前民進黨基本上是外造政黨。從陳水扁轉型開始，民進黨開始由外造型政黨轉向內造型政黨。為了改造民進黨，完成民進黨體質的轉型，使之順應形勢的發展，民進黨內主流派系曾提出多種方案。

「新潮流系」、「主流聯盟」系就曾相繼推出包括提高公職人員在政黨決策機構中的比例，「虛極化黨中央」在內的一系列方案。民進黨的內造化是從2001年底的「立委」選舉後比較大規模的展開的。此次「立委」選舉後，民進黨成為「立法院」第一大黨，「立院黨團」成為民進黨內的重要力量。乘勝選良機完成的黨務改造，結果是使八位黨籍「立委」占據了十五位民進黨中常委的多數，此外，政務官、縣市長也占到四位。而在三十五名中執委中，「立委」就有十七位，縣市長也有四位。透過民進黨的內造化，陳水扁如願以償地讓自己的嫡系進駐中央黨部，占領了文宣、青年、婦女、國際、族群、社會發展等主要部門，成為民進黨中央決策主體和權力的軸心。[157]民進黨的這次改革實際上較好地貫徹了陳水扁的指導思想，那就是整合政黨權力，擴大自己地盤，培養自己的嫡系。透過這次改造，陳水扁的個人利益已然高於其嫡系的利益，扁系的政治利益高於非扁系和民進黨的利益，甚至高於台灣人民的利益。所謂的黨意、民意在陳水扁的決策模式下，只能走向獨裁和腐敗，而不能提升民進黨的決策體制。這也為後來陳水扁控制民進黨後肆無忌憚地濫用權力奠定了組織和人事上的基礎。

「陳水扁轉型」的另一方面是民進黨路線的調整。陳水扁違背當選後退出政黨活動的諾言，於2002年8月1日兼任民進黨主席，對民進黨路線進行了調整。從字面來看，調整幅度不大，該黨還是繼續堅持「台灣主權獨立」的立場。但從行為來看，此後的民進黨確是在大踏步地走向「急獨」。陳水扁在兼任黨主席的第三天就明確提出「一邊一國、公投迫切」的宣告。8月6日，陳水扁在民進黨中常會上稱，「主權對等論」應較符合完整意旨，強調台灣是「主權獨立國家」，8月7日，「行政院」院會公布「陸委會」說帖，闡釋陳水扁所謂「公投立法」的意涵。8月30日，陳水扁參加記者節茶會，說明其「一邊一國」談話的三個背景：一、他接任黨主席後，決定用「台灣前途決議文」解決「台獨黨綱」的問題；二、針對內外「台灣正名運動」的聲音，他表明要改變現狀必須要由全民決定，而非他一個人；三、因應對岸一再強調兩岸直航屬於大陸國內事務，他「作為『中華民國』的領導人，必須強調『我們是主權獨立國家』（本句中的單引號為著者所加）」。他對「公投」做了狡點的辯解。2003年9月28日，陳水扁在民進黨黨慶大會上稱，「2006年時民進黨將與台灣民眾共同催生台灣新『憲

法』的誕生。」這是陳水扁正式提出將「台獨時間表」、「獨立宣言」作為民進黨的政治路線。

為了連任，陳水扁在9月30日的民進黨中常會上表示，「將於2006年完成憲政改造工程，最後的新憲法版本必須經由公民投票方式由民眾直接決定。」10月1日，民進黨宣布成立「憲政小組」，具體推動陳水扁提出的「2006年完成『台獨新憲法』計劃」。10月10日，陳水扁在講話中繼續鼓吹「制憲」、「公投」等議題。為了繼續走「急獨」路線，陳水扁在2004年1月1日的競選造勢活動中鼓吹其最大夢想是讓台灣人民享有「公民投票」的基本權利。2月8日，陳水扁再次鼓吹「三二零公投」是「保衛台灣主權獨立的現狀。」2004年6月9日，陳水扁聲稱，「憲政改革」是未來4年任內最重要的事情，要留下一部「合身、合用、合時」的「台灣新憲法」。此前，呂秀蓮在舊金山赤裸裸地表明，「目前台灣不是族群問題，而是國號分歧問題，不如將國號成為「台灣中華民國」。[158] 2004年台灣「立委」選舉投票前，陳水扁將「台獨」路線推向極致。2004年11月27日，陳水扁稱，年底「立委」選舉如果泛綠過半，他將「終結中華民國憲法，2006年年底透過公民投票複決第一部新憲法，2008年5月20日正式實施新憲法。」

民進黨此次「陳水扁轉型」是為鞏固陳的統治地位，擴大其權力而實施的被動轉型。該轉型沒有觸及民進黨的幾個關鍵性指標：「台獨」路線的調整、「衝突—反對導向」的思維模式、政經結合以及是否提出符合兩岸同胞包括台灣同胞利益的核心價值觀和政策主張。這次轉型不僅沒有實現民進黨政黨形象的重塑、政黨體質的強化、政黨執政水平的提高，相反卻使民進黨走向沉淪和墮落。借助民進黨此次不成功的轉型，陳水扁完成了黨內權力的布局。同時，他也透過整肅異己、培植黨羽的手段，促成謝長廷等人黨內地位的大幅度滑落，同時也促使非扁系人馬逐漸走向邊緣化。

第三次是「蘇游過渡轉型」。這次轉型依然出於陳水扁鞏固權力，推卸責任的考慮。2004年底民進黨「立委」選舉沒有實現既定目標，陳水扁趁機推卸責任，將黨主席的帽子扣到蘇貞昌頭上。後來，蘇因縣市長選舉敗北辭職後，陳水

扁又推出游錫堃擔任黨主席。蘇游時期的這一轉型，其實還是陳水扁為打擊黨內天王，防止自己提前跛腳的措施。

　　民進黨執政之前，民進黨是一個「準剛性政黨」，歷任黨主席如姚嘉文、黃信介、施明德、許信良、林義雄等，雖與黨祕書長（一般由黨內最大派系的領袖擔任）分享權力，但都有實權在手。執政後，民進黨行政系統的勢力開始崛起，陳水扁的強勢操作使當時的黨主席謝長廷空有政治地位，卻無實權，以致不得不主動請辭。謝以後無論誰出任黨主席，勢必都將重蹈覆轍。近年來，民進黨正走向柔性政黨，未來黨中央可能成為民調、提名與文宣操作的輔選機器，黨主席並不當然是接班的人選，雖然在2012年台灣領導人民進黨候選人選舉中黨主席蔡英文勝出。

　　陳水扁兼任「總統」和民進黨主席期間，黨內當權派「新扁系」不斷壯大的同時，除新潮流系之外的人馬進一步被邊緣化。這一時期，陳水扁為了維持黨內「三王一后」的平衡，選準蘇貞昌擔任黨主席。這在當時情況下不能不說是一步險棋。陳水扁權力慾極強，不會縱容自己身邊的人「坐大」。陳水扁認為蘇貞昌是個政治手腕圓滑，有強烈企圖心，難以掌控，所以他要「給強的人配一個弱的位置」[159]，把蘇從「總統府祕書長」位置上安到黨主席位置上去。這是明升暗降的手法，一定程度上也是打壓蘇貞昌的方式。另外，陳水扁還將謝長廷安排到「行政院長」位置上，希望此種布局能夠有助於自己把「三王一后」控制在自己手中。這一手法一直持續到蘇貞昌出任「行政院長」，並在民進黨被弊案圍攻的過程中分享了陳水扁的實權為止。我們發現，陳水扁確實很難掌控蘇貞昌。蘇在民進黨內左右逢源，一方面和「扁系」關係不錯，另一方面又與「新潮流」有政治結盟關係。蘇在邀請「人事行政局長」李逸洋擔任民進黨祕書長時，一再強調李曾和陳水扁一起坐過黑牢，是陳最信賴的政治夥伴。蘇的這一舉動既獲得了陳水扁的讚賞與支持，又給自己的「新潮流」背景做了巧妙掩護。作為「新潮流系」苦心栽培的「明日之星」，蘇在就任黨主席後壯大了自己的實力，並且在一定程度上降低了扁和「扁系」在黨內的影響。

　　2005年，民進黨在縣市長選舉中失利後，蘇貞昌趁機扔下了黨主席這個燙

手的山芋。2006年1月15日，民進黨主席補選結果出爐，陳水扁支持的游錫堃順利當選民進黨主席。這對民進黨的未來走向，尤其是陳水扁的政治命運產生了一定影響。這從扁家族弊案曝光後，游錫堃的保駕護航可見一斑。其實，從這次民進黨主席的補選就可以看出，民進黨內對該黨轉型的不同觀點已經充分暴露。此次選舉，民進黨前主席林義雄支持的翁金珠敗給了游錫堃，實際上就是民進黨兩種勢力路線鬥爭的表現。曾幫翁金珠大力輔選的民進黨「立委」魏明谷説，翁金珠參選目的就是提供一個黨內討論的空間，對黨的路線、黨的形象、黨政之間關係、黨內派系問題進行辯論。對於未能當選，應該説是預期之中，而這次選舉遏制了以往用遊覽車大批載黨員投票，總算減少了派系的乾預，提高黨員自主性。不過對於票數低落，魏明谷還是認為，儘管局面已經改善，但選舉仍被派系操縱。他説，民進黨現在的黨員結構，被派系把持，缺乏自主性黨員，黨員都是派系培養的椿腳。人頭黨員，甚至掌握人頭黨員的人都得到很大的政治籌庸，這種情形必須予以改變。但這種改變並非當權的陳水扁系及當時效忠於陳水扁的「新潮流系」所樂見的。

應該説，作為後扁時代人事布局的重要組成部分，蘇游時期的轉型是陳水扁鞏固黨權的重要組成部分，維持了陳水扁在民進黨中的權威。向來被認為是陳水扁「政治延伸」的游錫堃勢力，是陳水扁控制黨機器的重要砝碼。「新潮流系」和蘇貞昌雖對陳水扁不滿，但是蘇希望參選「總統」還需要陳水扁支持，故還不敢向其發難。

總之，蘇游對民進黨的這次轉型是陳水扁鞏固權力的延續，民進黨已經成為陳水扁和「新潮流」、蘇貞昌和其他派系討價還價、政治交易的工具。參加這次黨主席選舉的黨員數很少、林義雄等人在這次民進黨主席選舉後退黨等事件充分説明民進黨內有不同聲音。雖然黨內反扁的勢力不小，但是沒有能夠充分整合，反而被擅長權術的陳水扁分化瓦解。再加上陳水扁坐擁龐大的行政資源和幾乎沒有任何約束的「總統」權力，其所屬的「正義連線」勢力很強，其權力和地位就很難被邊緣化。

第四次轉型是陳水扁釋權後的轉型。在弊案頻曝的時候，陳水扁被迫宣布

「權力下放」，形成了他與蘇貞昌以及蘇背後的「新潮流」之間權利的瓜分與制衡。但是，這卻引發了民進黨內更趨激烈的派係爭鬥。各派系對「新潮流」的長期不滿，在2006年7月終於引爆。民進黨資深「立委」在2006年7月份民進黨的全代會上再提「解散派系提案」，矛頭直指「新潮流」。據民進黨黨團高層透露，為防止「新潮流」坐大，「正義連線」以及「福利國系」早已醞釀串聯，尋求讓謝長廷掌握更雄厚的實力，來對抗引「新潮流」以為後盾的蘇貞昌。針對此次爭鬥，民進黨「立委」鄭雲鵬自嘲說，民進黨的派系就是「一個派系（「新潮流」）、一堆散沙（「正義連線」、「福利國」等），其他則是同業公會。」這次提議解散派系是在2004年民進黨「立委」王幸男提案解散派系失敗以來的再一次提議。王幸男甚至在2006年7月初講，民進黨長期以來一直被眾多派系「綁架」，到了需要整合的地步，就算最後解散派系不成功，至少可以整合成立「派系聯盟」，才能徹底解決民進黨的結構性問題。[160]

這是民進黨政商關係泛濫以後，弊案叢生、民望低迷的情況下出現的。作為一個派系林立的政黨，經過在野時期良性的派系溝通到「執政」後的幾次轉型，民進黨已經成為派系分割政治資源、進行利益交換的工具。在一系列弊案風波之後，民進黨到底應該樹立怎樣的整體形象，內部到底透過怎樣的方式瓜分權力，派系的力量到底如何整合，陳水扁、蘇貞昌、謝長廷等到底如何互動，不僅對於黨內各派系的政治走向。而且也對民進黨的自身發展，以及台灣未來的政商關係都將產生重要的影響。

不難看出，民進黨的四次轉型基本上都與陳水扁鞏固自己權力或為自己找後路的過程相迎合，可以視作陳水扁及相關派系共同「綁架」民進黨的過程。雖然民進黨最後做出了在形式上取消派系的選擇，但它和日本的自民黨有很多相似之處，取消派系基本不可能，除非台灣出現政黨力量的重組。

總之，為了分享權力，民進黨先是把陳水扁個人的利益置於全黨利益之上；後來又在全力保住陳水扁時，展現出政黨利益高於人民利益的苗頭，不管怎樣整合，怎樣轉型，這對於民進黨的政治前途，以及它同工商界盟友的關係而言，無疑都是無可挽回的一大硬傷。

二、陳水扁聚斂、鞏固獨裁權力的其他措施

除鞏固黨內地位外，陳水扁上台後還採取了其他措施鞏固其獨裁權力。儘管2000年「大選」後民進黨如願上台執政，但是該黨依然是少數黨。同時，民進黨、陳水扁在政治上還存在著兩岸關係、族群融合等方面的薄弱環節。來自內外的壓力迫使陳水扁和民進黨一直加緊整合力量、擴張權力的工作。

（一）在軍隊系統鞏固權力的措施

陳水扁上台之初，軍隊在政治理念上與其大相逕庭。陳水扁是堅定的「台獨」分子，民進黨建黨以來的三次重大「台獨」主張的通過都與其密切相關。雖然陳水扁當選後在內外壓力下，宣稱要走所謂「新中間路線」，但是，其「台獨」的基本立場一直沒有改變。而在另一方面，台灣的軍隊則是長期接受反「台獨」教育，反「台獨」思想在軍隊內部根深蒂固。雖然早在上台之初民進黨就開始鼓吹「軍隊國家化」，但卻始終無法打入軍隊內部。

有鑑於此，陳水扁承襲了李登輝搞亂軍隊的手法。先前，在李登輝當政之初，政局動盪，人心不穩，對軍隊的控制極弱。於是，李登輝任用了軍事強人郝柏村擔任「行政院長」。當郝柏村為李登輝穩住軍隊，鞏固了地位以後，李登輝立即把郝柏村趕下台。陳水扁採取了同樣的手法，一開始任用國民黨籍的「國防部長」唐飛為「行政院長」。唐飛是外省籍人，在軍隊受了幾十年的反「台獨」教育，即便出任「行政院長」以後，他依然明確指出，「台獨」沒有空間。如何解套是當時民進黨與陳水扁的最大困境。[161]陳水扁選定由唐飛「組閣」，實際上是他掌控軍隊的重要舉措。首先，選擇唐飛組閣，可以讓國民黨、親民黨、新黨等藍營政黨接受；其次，唐飛曾任駐美武官，深獲美國信任，此舉可以有利於民進黨當局與美國更好的接觸。陳水扁在選定唐飛出任「行政院長」之後，仍然牢牢控制著「行政院」的主導權。儘管陳、唐在「行政院副院長」由民進黨人士出任上達成默契，但在唐飛所列的施明德、張俊宏、林義雄、張俊雄、游錫堃名單上，陳水扁選取了排序最後、但與自己過從最密的游錫堃。在部會人士方面，

陳水扁主導了「外交」、「陸委會」、環保與法務、文化等諸多方面。比如，「陸委會」方面，陳水扁選定的蔡英文就和唐飛有很大沖突。在「國防部長」人選上，陳水扁表面上同意唐飛推薦的伍世文，但是，仍然安排其親信、「國安會」諮詢委員陳必照出任「副部長」，去「照看」伍世文。

為了鞏固在軍中的地位，陳水扁就職第二天就以三軍統帥的身分，帶著一批高級將領去金門視察，就職不到十天，就調整了一批軍隊高級將領。透過任用唐飛的過渡，陳水扁巧妙地渡過難關，逐漸掌握了軍隊權力。後來，陳水扁進一步在軍中滲透，提拔了一批自己的軍事將領。這些將領如曾任陳水扁侍衛長的「國防部」後備司令部司令余連發、參謀總長李天羽、副參謀總長彭勝竹、海軍總司令陳邦治等。陳水扁在軍隊內的布局為他鞏固權力打下了良好的基礎。

（二）拓展行政權的灰色空間，充分擴張「總統」權限

要想獲得更多的商界利益，就必須鞏固和擴大自己的權力。擁有權位的人可以利用權位去換錢，實現其利益交換。控制了權位，再加上良好的人脈，民進黨利益集團就可以用手中的資源去換取必要的商業和其他利益。陳水扁深諳此道。其實，台灣自李登輝時期開始就有很多政客以自己的權力為本，而不是以台灣人民為本。李登輝透過擔任「總統」等職務獲取了巨額資產，陳水扁也是如此。他們深知只有不受監督的權力才是最好用的權力，只有權力擴張與對權力範圍規範的模糊化才能更加遊刃有餘的從事政商交換。在這一權力實用思維的主導下，許多政客、巨商就與陳水扁及其親信形成了綿密的利益共生體。該共生體在弊案爆發時，就明顯表現出其「共犯結構」的本質。

自李登輝開始，主政者就為了鞏固和擴大自己的權力而隨便修改規則。台灣很多規則包括憲法的修改在很大程度上都和當政者本人利益有關。除此以外，政客們也會考慮自己政黨的利益。比如，民進黨在選舉制度方面的主張，原本支持單一選區兩票制聯立式，但是當該黨成為國會第一大黨以後，就改變了初衷，轉而支持單一選區兩票制並立式。又比如，台灣第六次「修憲」時，國民黨和民進黨為阻止親民黨的崛起，聯手將常設型「國大」改為任務型「國大」，等等，這些都是一己私利在作祟。李登輝時期構建自己超級總統的權力就是透過修改憲法

實現的。但是，由於當時這一構架是建立在國民黨威權體制基礎上的，所以並沒有引起體制上的衝突。但是，李登輝修憲後，在總統職權方面留有很大的灰色空間。即總統和行政院長各自擁有一部分行政權力，最高行政權的歸屬問題不容易確定。按照廈門大學台灣研究院學者王茹的看法，在台灣政治現實中，權力的歸屬或分享只能在充滿風波的政治實踐中才會獲得逐步地解決。「憲法」對行政權的安排，留下的灰色地帶，一方面容易引發爭議與衝突，但另一方面也留下了創造發揮的空間。

陳水扁正是在這樣的情況下上台，並逐步拓展其權力的灰色空間的。陳上台後六年[162]變更了五位行政院長。從游錫堃開始的行政院長人事任命表明，陳水扁在把行政院長作為領導內閣的幕僚長方面已是很有心得。此後，他在鞏固和擴大自己權力方面不斷進取，逐步搭建起了自己的總統權力機制框架。這一機制十分了得，即使在陳水扁家族弊案連連，被迫宣示下放權力時，他仍然牢牢掌握著總統權力。

從唐飛「內閣」起，陳水扁就採取以退為進的方式鞏固權力、擴張灰色權力地帶。當時，陳水扁曾聲明不介入民進黨活動，組成所謂「全民政府」。陳水扁力圖透過這個方法擺脫民進黨的制約，贏得自己對台灣政治的主導權。不久，人事主導權就完全在掌握在陳水扁的手中。一俟行政院官員明白真正的權力來自陳水扁，便開始秉承陳水扁的意志與唐飛相牴觸。准予唐飛「辭職」後，張俊雄「內閣」更沒有主動用人權。2001年3月的「內閣」改組事件就說明了這一點。這一時期，陳水扁不顧謝長廷等人的勸告，直接乾預有關部門的運作，甚至越過張俊雄直接對部會發布命令，或者不經與行政院溝通而獨自放話。陳在張俊雄「內閣」時期甚至把「行政院」當做總統府的下屬單位，在「行政革新會議」上，公然痛批行政院五大缺失。到謝長廷「內閣」時期，陳水扁的貪戀權位的個性進一步表露。為了應對當事的一堆弊案，同時也為了保住自己的權位，陳水扁接受了尚未在行政院長職位上展露才華的謝長廷的「辭呈」，將其趕下台。當時，民進黨派系已經被解散，這是躲過弊案，獲得喘息的陳水扁進一步加強權力的措施，雖然解散派系還有著更多的原因和背景。透過收放自如的人事權使用和職位帶來的影響力的運用，陳水扁進一步鞏固了自己的權力，也更加張狂地使用

權力進行利益交換。

第二節　陳水扁家族弊案

　　執政六年來，民進黨已由以前的所謂「革命黨」蛻變成政商結合的「白金黨」。這具體表現在陳水扁家族及民進黨執政團隊的集體腐敗上。

　　陳水扁及民進黨弊案產生的原因，應該是台灣的利益政治。在台灣，政黨外圍組織、基金會、企業等社會組織、團體大都向政黨提供支持。後者主要是以選票和政治獻金的形式體現出來。台灣各種政治團體、經濟團體都有其利益訴求。基於這些訴求，他們一般都與政黨建立起了互惠互利的利益關係。由此，政黨成了各種利益組織和有關支持者在政權領域的利益代表者和實現者，其他利益組織和支持者則是政黨贏得政治權力所需要的社會支持力量，以保證政黨在選舉中獲勝所必需的「票田」和「金庫」。政黨能夠維持和發展的關鍵就是能否最大限度地表達和支持利益集團的利益和要求。政黨在此過程中形成了借助公共權威及其所主持分配的社會資源，來庇佑其支持者的利益政治。所以，在台灣，所謂的政黨政治其實是圍繞利益而展開的：一方面是政黨之間的相互競爭、牽制和協調圍繞利益展開；另一方面是政黨和利益集團進行利益交換、利益綜合。

　　民進黨利益政治建立在其執政後掌握的行政資源基礎之上。後者是經由選舉得來的。「總統」選舉、「立法委員」選舉、縣市長及民意代表的選舉和選舉後的酬庸，正是逐漸把民進黨推向腐敗的動力。民進黨在野時期就已確定了獲取政權並「永續執政」是其重要的目標的「選舉總路線」。要在選舉中獲勝，就必須有自己的政治地盤和政治資金作為後盾。其實，民進黨早在行進於「通往執政之路」時就已與地方派系勾連在了一起。2000年選舉獲勝以後，民進黨主導著全台灣的政策活動，成為社會資源分配的核心力量。對台灣這樣一個行政資源主導性很強的社會來說，民進黨政策和資源分配直接關係到各相關集團的生存與發展。後者當然要從自身利益出發，透過各種方式影響陳水扁、民進黨當局的決

策,使之對自身有利。利益集團對民進黨當局施壓的過程就是利益交換的過程,施壓對象主要是陳水扁、各「立法委員」。這樣,陳水扁及其當局、「立法委員」們就和利益集團形成了一種相互利用的關係。這是民進黨政治腐敗的土壤。

腐敗的核心就是權錢交易。在這個交易中,陳水扁、民進黨當局是賣方,想借助這一政治權力獲取各種利益的組織和團體是買方。對於賣方來講,出賣自己所掌控的政治資源是最簡捷的獲取支持的方法;對買方來講,政治投資是贏得利潤的重要保證。這種權錢交易的利益政治已經成了台灣政治的常態。

從2005年高雄捷運弊案開始[163],台灣媒體與泛藍陣營以平均每星期揭發一個弊案、醜聞的速度,總共已經揭發了大大小小二三十起與陳水扁有關的貪瀆弊案。這些弊案都是民進黨政商結合負面的例證。台灣《中國時報》社論指出,「民進黨以意識形態分敵友,就會出現財團競相獻金捐輸以表忠誠的醜態,結果從「國營」事業民營化到二次金改,到處看到財團的身影。」[164]

2006年下半年,陳水扁為首的民進黨「執政」團隊陷入了「執政」危機和「罷免案」風暴。號稱台灣揭弊雙雄之一的張友驊提供的證據表明,現在所有弊案都是由高雄外勞暴動事件引起的,緊隨其後,高捷案、ETC案、SOGO案、台開案等貪腐弊案相繼被揭。這些貪腐弊案都是有組織化的作業,上層和下層之間不直接接觸,中間有第三方牽線,且全部都與「總統府」、陳水扁有關。如整個高捷事件中,有51件次政治獻金送給了「總統府」。[165] 2006年8月,著者與台灣學者張友驊見面,他認為,未來有3個案子將掀起台灣政壇風暴:一是「總統府炒股案」。現已查了41個人,包含「總統府祕書長」、「侍衛長」、陳水扁的其他核心幕僚在內;二是「國務機要費案」;三是涉及吳淑珍的「富邦金案」。吳淑珍至今也沒有講清楚手上的4000張「富邦金」股票是從何而來。向張友驊等人提供弊案資料的主要是一些深綠「金主」、「總統府資政」和「國策顧問」。「金主」是民進黨政商關係的當事人,「總統府資政」和「國策顧問」是民進黨當局政商關係的參與人。這些消息來源背後包含著豐富的政商勾結和政商矛盾的內容。

下面,讓我們擇要檢視近年來陳水扁、民進黨的政商弊案,以期更好地把握

民進黨與商界的不正當關係。

一、高捷弊案

高捷弊案並非尋常的政商勾結案件，而是一起上至「總統府」，下至高雄市政府重重勾結、關聯，如同扭麻花一樣的結構性弊案。高捷案的序曲是泰勞案件。2005年8月，在台灣高雄捷運做工的泰國勞工因為人權遭受侵犯而發動暴動，該暴動牽扯出了高雄捷運公司以及其關聯公司華盤公司剋扣勞工工資的問題。檢察人員發現，部分官員與高捷高層透過收取高額回扣、盤剝泰國勞工等方式每年非法獲利高達1.5億元新台幣。隨後，此案又有進一步追查，牽扯出陳敏賢、陳哲男、謝長廷甚至有可能扯出陳水扁夫人吳淑珍。這一系列案件就是「高捷弊案」。

據報導，高雄捷運公司資本和高雄捷運總建築費用極為懸殊。高雄捷運總建造費用1813億元（新台幣，下同），其中當局應辦事項（土地取得）占461億元，另再投資1041億元（土建），總計投資1508億元，占總投資的83%。高雄地方當局竟然把這樣一個規模龐大的工程交給投資305億元，僅僅占全部投資17%份額的高雄捷運公司承攬。[166]高捷公司的管理體制十分蹊蹺，投資該公司資本占大頭的「中鋼」董事長林文淵本人不兼任高捷董事長，卻讓出資僅七億的陳敏賢主導建構起所謂的「副董事長制」。高捷公司運作也有官商壟斷之嫌，它能手眼通天地使禁用外勞的「勞委會」發給自己一張「地區對地區引進外勞」的「特許狀」，憑此可以排除其他外勞中介的競爭，並將全部工程交由完全沒有資質的華盤公司操作。高捷公司與高雄市政府都難以洗清不法的嫌疑，後者核定排除「政府採購法」的關鍵公文，竟是由捷運局長周禮良與高雄市長謝長廷兩人「私相簽訂」，繞過了正常公文程序。如此種種，自然引來物議滔滔。

高捷弊案不僅折射出高雄地方政府與不法商人的勾連，即便台灣人士暗指的「皇帝」和「皇帝娘」——陳水扁夫婦也難脫關係。「漢來幫」成員之一皇昌

營造公司和陳水扁之間有著密切的政商往來。成立於1981年的皇昌，當年只是二、三十人的小公司，自從2002年開始積極承攬公共工程後，快速崛起，資本額從2億，成長到12億3千6百萬元。至2005年6月止，總資產已逼近五十億。皇昌公司在高雄捷運公辦標總計447億元中，就吃下112億元工程，背後展現耕耘綠營人脈的驚人實力。台灣《今週刊》報導，從陳水扁擔任台北市長到接任「總統」以來，皇昌十二年間已承攬總計668億元以上公共工程。在陳水扁擔任台北市長四年任期內，皇昌的董事長江程金與陳水扁市政團隊往來熱絡，包括擔任當時市府祕書長陳哲男、副祕書長馬永成及自來水事業處長林文淵等人，都是他的「好友」。這時期，皇昌獲得天母棒球場、內湖汙水處理廠、迪化汙水處理廠等重大工程，接案量從黃大洲擔任市長時的8億5千萬元，暴增近101億元。隨著扁團隊人脈，進而擴展至其他綠營人士，包括當時擔任「立委」的謝長廷，及擔任市民意代表的「行政院」祕書長卓榮泰，都與江程金熟識。李應元參選台北市長募款餐會上，江程金以500萬元買下一串天珠（綠營人士指市價約7萬元），再「政治捐獻」給吳淑珍等，讓這位「綠朝新貴」浮上台面。除上述工程外，其他如「總統」官邸侍衛人員營舍工程，也是由皇昌得標承攬。儘管高捷案愈燒愈熱，皇昌仍不動如山。2005年8月份取得東西向快速道路八里、五股段27億元工程後，8月份取得營建署二重疏洪道51億元工程，實力雄厚，透露出江程金是營造業「綠朝新貴」。[167]

親民黨「立委」孫大千宣稱，政商人物組成的「漢來幫」早已主宰南台灣政商利益，高雄捷運弊案只是冰山一角。2006年9月26日，孫大千向「立法院司法委員會」提出「漢來幫」成員一覽表，這對我們瞭解此案所牽涉的民進黨政商關係有一定的作用。孫指出，該集團由漢來飯店、漢神百貨董事長侯西峰發起，成員除謝長廷、陳哲男外，還包括皇昌營造董事長江程金、東南水泥董事長陳敏賢、中鋼公司董事長林文淵等，他們每星期六在漢來飯店聚會，飯後至總統套房打一局新台幣5萬元底的麻將，期間進行重大的工程利益磋商，長期掌握南台灣政商集團利益。[168]孫大千舉例說明成員彼此的利益關係。他指出，2002年11月陳水扁南下高雄請樁腳吃飯，為謝長廷連任高雄市長造勢，就是陳敏賢做東。同年，政府核定高鐵、高捷與台鐵共構於左營車站。[169]

「揭弊大王」邱毅也曾以另外的方式闡釋高捷弊案與「漢來幫」的關係。他分析了高捷案相關利益集團的分工方式，認為是由謝長廷來負責高捷的推動與執行，並擺平地方利益；林忠勇負責洗錢，中國國際商銀不但無擔保借4200萬元給華盤，銀行內還發現在許多涉嫌洗錢的帳戶；林文淵則是藉由「中鋼」董事長的身分，操控高捷公司的運作；陳哲男負責外勞中介與官邸的聯繫；蔡兆陽則是以行政命令的方式，讓高捷可跳過採購法，現在又在負責設計高捷路線的中興工程公司任職。[170]

　　親民黨高雄市民意代表吳益指出，陳敏賢政治投資遍及藍綠，經營兩陣營高層關係的功夫十分了得。藍營在高雄的資深政治人物，很少不與陳敏賢熟識、相交。他們有的拿過陳敏賢的政治獻金，有的則是以自己家族企業透過陳敏賢承包了高捷工程。[171]台灣檢調部門審查高捷案時，曾發現陳敏賢名下的「東南水泥文化基金會」、「富康文教基金會」資金流動異常。高雄地檢署發現，這兩個基金會有多筆數百萬元、數千萬元的近億資金流向異常，並有多筆金額進入私人帳戶。[172]至於這其中到底包含怎樣的政商關係，又有多少做了政治獻金或者用其他方式經營政商關係等等敏感問題，由於眾所周知的原因，最後並沒有完全追查下去。

　　本案中的陳哲男是民進黨政商關係網絡的重要人物之一。2005年10月26日，台灣TVBS電視台公布陳哲男與高捷公司副董事長陳敏賢一起在韓國賭博的照片，頓時在政壇掀起軒然大波，高雄捷運弊案的內幕也逐步浮出水面。陳哲男和其子陳其邁都是民進黨重要人物。陳哲男由藍轉綠，曾是陳水扁的得力助手。此人政商關係向來良好，在國民黨時代，他以集思會要角，深受李登輝信任；陳哲男也和長榮集團發展出密切關係，包括他自己和其子陳其邁，都曾受長榮挹注。陳哲男在陳水扁任台北市長時代，就是扁營的募款大將，即便陳哲男其實不是募款核心，但「業績」向例都能達成，甚至更高。第一次政黨輪替後，陳哲男過去的藍色政金人脈，又讓他成為執行「招降納叛」政策的重要橋樑。比如，嘉義縣長陳明文靠攏民進黨，就是透過陳哲男的關係。

　　早在台北市政府民政局局長任內，陳哲男就經常遭市議員質疑涉及各項利益

輸送。擔任「總統府」副祕書長之後，陳哲男多次被藍營抨擊捲入多起重大弊案，但都遭陳否認。陳由豪爆料信函直指曾多次在中華開發招待所拿現金給陳哲男。國民黨「立委」隨後追打陳哲男，再爆他收取千萬款項，介入太百經營權糾紛，在「總統府」和前太百董事長章民強見面吃水餃（後證明應為章民強之子、太設總經理章啟明），是為喧騰一時的「水餃案」。此外，連宋2004年競選台灣領導人時，也曾由「叩應中心」主任劉文雄出面質疑，直指陳哲男替蘇惠珍向台銀董事長關說聯貸，以及青島啤酒在台獨賣事項，都疑其間有金錢往來。當時，坊間一份雜誌報導說，根據「監察院」財產申報記錄，陳哲男任職以來的存款、外幣、股票及基金共增加4000多萬多元，加上三十七筆土地九棟房屋，他與夫人陳辜美貴的財產總值逼近一億元。該項報導並指出，陳哲男財富暴增的時間，剛好是政黨輪替後他出任「總統府」副祕書長之後約三個月。[173]陳哲男因操作陳水扁政商關係而被藍營稱為陳水扁的「和紳」。

除了陳哲男，陳水扁的另一名心腹——「總統府」副祕書長馬永成，也被曝出利用其親戚經營「國外勞工」中介公司，涉嫌從中牟利。本書第三章提及陳水扁夫人吳淑珍也與「漢來幫」有著密切關係。這一幫派中政商關係錯綜複雜，牽扯到眾多的民進黨要員，其中的政商圖表很能說明陳水扁、民進黨與商界不正常的互動關係。也說明政治獻金在民進黨政商關係中的重要作用。

二、SOGO弊案

所謂SOGO弊案，是指圍繞著台灣SOGO百貨的經營權之爭而扯出來的民進黨當局政商勾結的弊案。在其他弊案被揭之前，SOGO案成為台灣社會最令人關注的案件。作為局外人，我們可以從三條線來觀察此案。第一條線是單純的併購本身，也就是本案最大受害者太平洋建設的老闆章家父子所關注的SOGO案經營權案；第二條線是政客所關注的政治獻金案；第三條線則是陳水扁夫人與親信們的關係。

太平洋崇光百貨公司（SOGO，太百）位於台北市最繁華的東區，是全台灣省營業狀況最好的百貨公司，據估計其資產總值約達新台幣一百億元以上。太平洋建設（太設）在2002年以前擁有SOGO 70%的股權，這些股權價值百億新台幣。太平洋流通投資股份公司（太流）是專門負責SOGO經營的公司，擁有86%的SOGO股份，這些股份大部分是不要錢從「太設」受讓而來的，由於「太流」只是一家註冊資產1000萬新台幣的公司，於是因為這個非常奇怪的轉讓，讓遠東集團（遠東）乘虛而入，他們只用了10億新台幣就輕易取得了「太流」98%的控股權，從而進一步取得SOGO的經營權。

　　台灣太平洋建設集團由章民強於1949年建立，成立之初，業務範疇只侷限在建築業。1980年，其實收資本額從最初的1500萬元成長到8億元，並於1979年股票上市。隨著台灣經濟的快速成長，台灣當局需要進行大規模公共建設，「太設」承攬了大批工程業務，獲得長足發展，也因此漸漸累積了雄厚的資本、人力資源及技術。1985太設與日本SOGO合資設立太平洋崇光百貨，至此開創了台北東區新商機，也打下了「太設」集團的另一片新天地。1993年透過在香港設立的太平洋中國控股公司投資大陸太平洋百貨事業。太平洋百貨生意興隆，在台灣高雄、屏東和大陸的成都、上海、重慶等地相繼設立太百分店，業績位於當地百貨業前列。2001年的營業額高達新台幣180億元，在大陸的9家店營業額150億元。當時的「太設」集團，被視為台灣營建業轉型的最佳典範。透過多元化的發展，目前其事業領域涵蓋了建築、工程、百貨零售、金融投資、不動產管理、文化出版、休閒等諸多領域。近幾年，「太設」主要在台灣擴張百貨和有線電視兩大行業。

　　「太設」總裁章民強有三位公子：章啟光、章啟明和章啟正。1998年6月，章民強退居二線，三個兒子走上前台。老大章啟光，掌管太平洋建設等與房地產相關事業，後擔任「太設」總經理，再升任董事長。老二章啟明掌管有線電視系統的購併，掌管太平洋聯網科技公司，現擔任「太設」總經理。老三章啟正則負責旗下最賺錢的金雞母太崇在兩岸的發展。三兄弟在集團內有了大致分工後，章民強也一度退居幕後，放手三兄弟各自發展。至2001年，「太設」共負債高達到300億元左右，債主日益催款，使章家的日子十分難過。2001年，年屆82歲的

章民強不得不重新出山，出面搶救集團事業。章民強領導「太設」集團紓困的核心方式有兩點，一是獲得作為債權人的銀行團支持，暫緩債務危機；二是恢復和加強能掙錢的SOGO。章民強曾認為當時台灣的經濟大環境不好，很多企業都出現經營危機，為了財務調度，不少企業透過相關管道向「政府」陳情後都獲得紓困。恰在此時，李恆隆出面救場。李家與章家是世交，常有資金往來，由李恆隆作為負責人的太平洋流通投資公司，就是2000年以章民強個人名義註冊成立，後來，章民強出讓60%股權給李恆隆。李恆隆宣稱自己政商關係良好，與陳水扁夫人吳淑珍很熟，願意主動出面協助「太設」渡過難關，對於章家，這真是雪中送炭。據章民強說，李恆隆還當面給「總統府副祕書長」陳哲男打電話。要知道，對於大部分的「總統府」幕僚長來說，正職往往是個官職而已，副職可是負責「總統」個人事務的最親信。陳哲男的後任馬永成，就是陳水扁的機要祕書，負責給扁籌款的最核心組織「福爾摩沙基金會」成員。但是，事情最後並沒有按章家意願發展，這也是後來章家最為惱火的地方。2001年10月8日，李恆隆帶章啟明去「總統府」找「副祕書長」陳哲男，陳哲男帶著李恆隆和章啟明去找當時的「財政部長」顏慶章，由顏慶章出面與債權銀行團溝通。當時「太設」集團的債權銀行包括合作金庫三十億、「中國信託」十八億、富邦八億。大家現場商量的結論有三項：一、銀行團能夠比照對營運艱困的公司一樣，降低利息，這樣「太設」就可以繼續營運繳息，以度過經營困境；銀行團也讓太平洋集團的貸款利息由7.95%降至4%。二、銀行暫不處分SOGO的資產。三、銀行團可以派人進駐太平洋集團。10月15日，顏慶章為他們召開公立銀行團貸款展延會議，貸款展延案在2002年1月過關。這樣李恆隆就取得章家對他的完全信任。2002年2月下旬，與中央投資公司合作破局之後，章家面臨債權清償，整個事業體需要切割。據說，章家將太崇股權集中到太平洋流通控股後，曾與李家達成三個重要協議：一、「太流」用40億元資金購買SOGO擁有的太平洋中國控股60%股權；其二是，在2002年6月，「太流」以16.32億元，向「太設」購入太崇48%的股權；在這項交易中，SOGO這只金雞母讓「太設」帳面沒賺反賠。太崇每股淨值18.25元，但「太設」卻是以低於淨值價，每股14.76元賠售，「太設」帳面虧損6.64億元。其三，「太流」以46億元向「太設」買下太平洋崇光百貨最大店的土地

和房產權。前兩項已經按期完成了。借自己的「信用」,「太流」幾乎空手掌握太崇48%的股權。「太流」轉替「太設」成為太崇的母公司,「太流」也承下太崇近百億的債務。「太流」向太崇和「太設」所買的太平洋中國控股60%股權及太崇48%的股權,總計56.32億元,是以導帳方式進行,「太流」將手中握有的太平洋聯網科技股權進行交換,「太設」並未收到任何現金入帳。也就是「太流」不花一分錢,就獲得SOGO控制權。2002年1月,確定銀行團紓困後,李恆隆找上了林華德,協助SOGO進行財務規劃。林華德正式身分是國票金控董事長,在政商兩界都廣有人脈,從目前來看,也許是整件SOGO變天的總策劃,據說SOGO轉組「太流」就是林華德出的主意。

就在整件事就要大功告成時候,因為章民強在SOGO的董事長職被解除,章家發現中計,放出風聲要賣SOGO,從而引了爆第二股勢力。仙妮雷德總裁陳德福與經營喜來登飯店的寒舍集團老闆蔡辰洋組合此時殺出。陳、蔡組合開出的價碼是106億元抵負債、100億元買SOGO。如果說林華德、李恆隆走的「第一夫人路線」,那麼蔡辰洋可是正宗「皇帝路線」,幾乎全台灣都知道蔡是陳水扁的大紅人。這種情況下,林華德將SOGO股權交給遠東集團徐旭東。2002年12月11日,遠東集團發出公告,稱遠東出了10億元增資「太流」。因為「太流」原先只有1000萬的註冊資金,所以遠東很容易就獲得「太流」99%的股份。而「太流」此時透過購買台灣崇廣股權等方式已擁有太崇84%的股權,因此遠東集團順利取得太崇的經營主導權。這對於遠東集團來說,這是天上掉下的餡餅,主營百貨的遠東集團是當時台灣第五大百貨業公司,獲得SOGO是他們夢想,而這個夢想竟然只用10億就實現了,簡直與空手套白狼無異。[174]

台灣國民黨立委邱毅認為,透過此案可以看到陳水扁及夫人吳淑珍與遠東徐旭東、蔡家、辜家、微風企業的廖偉志等人都有著不同尋常的政商關係。遠東集團是大陸籍財團之一,由徐有癢創立,徐旭東是第二代管理家族事務的核心人物。該集團經營範圍極為廣泛,主要包括紡織、成衣、石油化學、化工原料、水泥、航運、倉儲貨運、電信、通訊、銀行、保險、建築等。早在陳水扁擔任台北市長時,該集團就像陳水扁兼任董事長的台北市文化基金會捐款500萬元新台幣,是巨額捐款者一直。陳水扁當政以後,遠東集團由藍轉綠,開始支持陳水扁

與民進黨，尤其是2000年泛藍陣營發動罷免陳水扁時，徐旭東史15個公開刊登廣告反對罷免陳水扁的知名大企業家之一。

該案中涉及的太平洋流通公司也是台灣老牌大型企業集團，目前該企業經營的事業涉及電子電器、電機器材、電線電纜、工程技術服務、交通、航運、諮詢服務、電信及通訊、傳播媒體、租賃、進出口貿易、百貨批發零售、餐飲連鎖與投資控股等。到2001年，該集團擁有59家分子企業。從太平洋電線電纜集團獨立出來的太平洋建設集團，也是一個大型企業集團。上述兩集團都是大陸籍財團，但卻很早就與民進黨有勾連。陳水扁擔任台北市長時，當時尚未分家的太平洋電線電纜集團曾向台北市文化基金會捐款420萬元新台幣。2000年底，泛藍陣營發起罷免陳水扁時，有15位企業家公開登廣告支持陳水扁，其中就包括曾支持國民黨連戰的太設公司總經理章啟明與太平洋電線電纜集團董事長孫道存等人。如今，這兩大集團雖然與國民黨保持關係，但更傾向支持民進黨。[175]

此案暴露出來的民進黨政商關係很多都是民進黨「執政」後，原與國民黨或者泛藍關係密切的一些大財團，在現實利益面前，逐漸中立或專向支持民進黨，使民進黨的政商關係範圍更加廣泛，實力迅速增強。[176]

三、台開內線交易案

2006年，國民黨「立委」邱毅披露，陳水扁女婿趙建銘以其母名義，靠內線炒作台灣土地開發信託有限公司（簡稱台開）的股票，不到1年就淨賺3.4億。其後，經檢方調查發現，趙建銘及家人還捲入賣官、洗錢等多項醜聞。7月10日，台北地檢署宣布偵結台開內線交易案，趙建銘被要求判刑8年。

台開案不但涉及內線交易，而且涉及賣官，其背後有兩個人在操作，即原總統府副祕書長馬永成和陳水扁女婿趙建銘。該案從5月9日爆發一直到21日，在短短12天內，總統府發布了3次新聞稿，澄清稱「絕無此事」，但最後卻是「確有此事」。趙建銘涉及9個案子，如受賄、內線交易、賣官、偽造文書等，但檢

調部門最後居然只提內線交易，忽略其餘，而且僅僅起訴了趙建銘及其父親兩人，其他相關人等都相安無事。再如陳哲男案，陳個人涉及到20多個案子，但他是前總統府副祕書長，所以只起訴了3個案子。這樣避重就輕的選擇性辦案，若說台灣「司法」制度沒有政治力介入，誰都不會相信。

透過此案，國民黨立委邱毅又揭露出了民進黨新的政商集團。他表示，趙建銘早在三四年前，就與陳幸妤、陳哲男，以及特定的商界人士，定期出席台北華國飯店的「華國宴」，許多土地投資、金融人事和關說案，都在餐宴中打點妥當。邱毅表示，參與華國宴的「華國幫」，就如同南部的「漢來幫」，勢力涵蓋政、商、法界。在陳哲男「漢來幫」因高捷案式微後，「華國幫」即取而代之，成為民進黨重要的政商集團。據邱毅掌握的訊息，「華國幫」成員除陳哲男與趙建銘夫婦外，另有華國飯店負責人廖裕輝、前糖協董事長張有惠、第一律師林志豪、前「監委」張德銘、中纖董事長王朝慶和幫趙建銘打官司的律師陳峰富。英業達董事長葉國一和中信辜仲諒、辜仲瑩兄弟等人，也都是常客。邱毅表示，趙建銘日前去越南，也與「華國幫」有關，表面上是為了葉國一投資養蘭場十億美元的計劃，台面下卻可能是利用蘭花洗錢。而且，葉國一培育蘭花的生物科技很可能是藉由張有惠從台糖不當牟取的。此前，葉國一曾花費新台幣八億元購買士林官邸北二千坪地興建祖厝一事，也被認為是在華國宴中敲定，因為葉除了買地要「喬」，還要「喬」地面的台電高壓電線遷移，若無政府介入是不可能的。[177]

四、國務機要費案

陳水扁每年有四千八百萬元（新台幣，下同）的國務機要費，但到底如何花銷卻不為人所知。國民黨立委邱毅指出，從2003年到2005年期間，總統府國務機要費有近億元款項不知去向。邱毅統計，此間以機密為名避開審計部查帳的國務機要費共計有七千三百五十萬元，加上日前披露的以國務機要費名目支出的

SOGO百貨禮券一千五百萬元，還有挪用李慧芬的君悅飯店發票約五百萬元，共有九千三百五十萬元的去向不明不白，占三年國務機要費總額一億四千四百萬元的一大半。

陳水扁辯稱用李惠芬等人所提供發票報銷的是台灣當局為了做好和澳大利亞外交而設立的「南線項目」專用款項，並拒絕透露更多的內容。台灣審計部發言人王永興證實，「審計部」在查核過程中，確實發現邱毅舉證的君悅飯店發票，還有國賓飯店、瀛亞公司、巨億公司等單據，但是並沒有發現「南線項目」數據。據台灣《中國時報》報導，王永興斬釘截鐵地表示「我很負責任地說，審計部查核總統府國務機要費過程中，完全沒有查到有所謂的『南線項目』。」

國務機要費沒有支出規定。按台灣審計法規定，總統府決算都必須檢附憑證，提供審計人員查帳之用。但是，陳水扁的總統府以「機密」方式編列國務機要費，把明帳拆成兩半，分置「總統辦公室」和「總統府」會計處，審計部門只能審計「會計處」的帳目，總統府辦公室這一塊則不讓查核。2005年，高達三千六百多萬元的國務機要費被總統府以「機密」為理由規避查核，或無法提供符合規定的單據。就是允許查帳的部分，也有一千二百多萬元因為單據用途交代不明，難以核銷。王永興無奈地表示「這應該是審計部成立以來，第一次遇到查核政府機關經費使用情形被以『機密』為由遭拒，過去幾十包括軍購、外交項目都沒有被拒絕過，依法，總統府不能拒絕查核。」陳水扁的淫威可見一斑。

台灣媒體認為，國務機要費一案說到底是法律問題，不是政治問題，更不是造勢問題。陳水扁是律師出身，並非不清楚問題的關鍵。但是，他一再以機密為理由拒絕審計，並違反有關「法律」程序的規定。

首先，一人負責帳目處理違反會計程序。據台灣《中國時報》報導，陳水扁「會計長」馮瑞麟透露，他完全沒有經手國務機要費，後者全由陳水扁安排「專人」處理。此人就是從陳水扁做律師時直到現在的「管家」陳鎮慧。陳鎮慧沒有會計人員資格，根本不能擔任會計職務，但她卻同時兼任會計與出納，更違反了程序中「管錢不管帳、管帳不管錢」的原則。況且，陳鎮慧對於國務機要費的執行審核也沒有經過正常會計流程處理。陳鎮慧在處理陳水扁「祕密帳戶」與其他

方面的財務往來時，可能也同樣也違反了會計程序的規定。簡言之，陳鎮慧一手遮天，掌握著陳水扁的小金庫，而這一定又是出於陳水扁本人的意旨。

其次，拉人墊背，迴避審查，違反了有關程序。陳水扁拒絕向審計部門和檢調提供證據，還明確向綠營大老說：「有些東西不能公布，否則會連累很多人。」同時，他拉出李登輝墊背，並唆使綠營立委到「查黑中心」舉報馬英九的「首長特別費」有問題，由此引發藍綠陣營的對立與互查。從而把針對陳水扁的國務機要費案件引發成政治色彩很濃的鬥爭。

第三，違反程序釋放消息，急於開脫。陳水扁不直接向審計部門講清問題，而是採取其他方式拒絕司法審查。陳水扁慣用四種危機處理模式搪塞弊案審查。第一種，發新聞稿。國務機要費案就採用過這種方式，陳水扁透過新聞稿承認自己確實用了這些來路奇特的發票。第二種，透過特定管道釋放訊息。這些匿名訊息真真假假，藉以混淆視聽，讓人民不辨真假。「南線專案」就是個案，到底有沒有南線，到現在也沒有明確的解釋。第三種，找立委和名嘴溝通，讓他們到處轉述陳水扁的心情。這些刻意被找的人把外面的質疑帶到陳水扁那裡找答案，然後再告訴民眾。第四種，約見台灣高層談話，然後讓他們背書。凡此種種目的都是要透過非法律程序製造聲勢，開脫自己的涉案嫌疑。陳水扁一直就是這樣子避重就輕，逃脫責任。

後來的案件進展表明陳水扁確實有罪。按照台灣相關規定，「假發票、真核銷」的相關人員可能被判處最低五年以上的貪瀆重罪。如果陳水扁知情或者授意，就可能觸圖利罪，或者罪責更重的「利用職務上機會榨取財物罪」，可以被判處七年以上有期徒刑，並處以六千萬新台幣以下的罰金。雖然按照台灣有關規定，陳水扁在任時有刑事豁免權，要在其卸任以後才能追訴犯罪。如果陳水扁的家人、配偶提供不合法的支出憑證報銷，他們雖然沒有「公務」身分，但是依然涉及詐欺、使「公務員」登載不實的偽造文書罪。

當時，陳水扁為瞭解套，得罪了李登輝陣營。陳水扁曾拿出資料證明李登輝在任時曾經拿國務機要費資助民進黨人選舉。當時，李登輝明確表態要跟陳水扁幹下去，其中包括發動力量攆陳水扁下台。被台灣人民唾棄，陳水扁聲望掃地。

審計部門查核陳水扁近年國務機要費的支出情形發現有數千萬開支不合規定,並且取用他人單據或發票報帳。陳水扁承認確有其事,但卻表示基於機密涉外用途的緣故不能說明。根據台灣《遠見》雜誌「對扁府預算使用適當性及涉弊效應等看法」當時的民調結果顯示,六成二民眾不相信陳水扁對於國務機要費支出,以及事涉機密外交的說法。53.1%民眾認為陳水扁有必要向台灣民眾完整說明,並接受各家媒體提問且回答,認為沒有必要的有31.0%,其中包括已不相信陳水扁任何說法的民眾。

第三節 「倒扁」與「護扁」:台灣利益政治的表現與走向

由高雄外勞暴動事件引起,隨之有高捷案、ETC案、SOGO案、台開案、「國務機要費」案、「總統府」炒股案、富邦金案等貪腐弊案相繼被揭。陳水扁為首的民進黨「執政」團隊陷入了弊案醜聞,進退維谷。目前,台灣「倒扁」與「護扁」的聲浪此起彼伏,已經演變成全台性的政治焦點。幾股政治勢力在這一對決中完整體現了台灣的利益政治,左右著台灣未來政局的走向。

台灣政商關係政治板塊結構極為複雜,政治走向極為詭譎。雖然在現象上雜亂紛呈、盤根錯節,但其深層次原因卻很簡單,無外乎政客與商人政治和經濟利益的盤算。以陳水扁的所作所為,他早該下台。但由於各派力量都深陷於權、利的錙銖必較,他才得以上下其手、左右迴旋。「倒扁」與「護扁」的力量都在估算陳水扁以何種姿態出局才能實現自己的利益最大化。而這恰恰促成了陳水扁本人權利的最大化。

民進黨整體的利益最大化決定了他們要「護扁」。民進黨執政的最後兩年,民進黨所希望的最大利益就是贏得三個選舉:北高市長選舉、2007年「立委」選舉、2008年「總統」大選。當時,北高市長選舉在即,如果陳水扁在台上,即便是作為民進黨自省和要求司法審查的靶子存在,但由於直到選舉前也沒有確切證據證明陳水扁有罪,民進黨保扁還是能夠維持黨的團結、維持黨的選舉利

益；如果陳水扁下台，那等於陳水扁自承有罪，這勢必會給泛藍口實，必將對民進黨選情形成致命衝擊。況且，民進黨還存在這樣一個潛在的危機——如果該黨在北高市長選舉中敗北，蘇貞昌是不是要遵循謝長廷為「三合一」敗選辭職的先例引咎辭職的問題馬上就擺在民進黨面前。若出現這一全盤擾亂民進黨黨政布局的結果，民進黨在「立委」和「總統」選舉中必然大亂陣腳，這不符合民進黨的利益。為此，民進黨一定要「護扁」，雖然不排除在關鍵時刻與陳水扁做出切割，但這只有一種可能：陳水扁徹底喪失了利用的價值，再保他有百害而無一利。後來的事實也驗證了這一點。

「台聯黨」的利益最大化同樣也決定了他們在「倒扁」與「護扁」之間游移。作為台灣深綠政黨，「台聯黨」在一定程度上是民進黨的「監督黨」。李登輝是台灣的「政治家」，有極深的政治盤算。只要民進黨倒向深綠，走「台獨」之路，他們就支持；只要民進黨試圖緩解兩岸關係，他們就反對。李登輝對陳水扁的不滿除陳水扁的口無遮攔外，主要就是他不能滿足自己的政治要求。但是，陳水扁的小辮子攥在李登輝手中，陳水扁不下台，李登輝就可以將其作傀儡使用。這決定了李登輝要在看清形勢以後，再決定對陳水扁的態度。當然，李登輝鴨子滑水的運動一直沒有停止過。圍繞李登輝的政治理念，如何分化泛藍、瓦解民進黨，收其所有勢力為己所用是李登輝在這場運動中最期望得到的果實。

國民黨整體的利益最大化決定了他們要「觀望」。當時，國民黨的最大利益就是贏得2008年的「總統」選舉。民進黨的草根性和國民黨的「外來政權」的「原罪」經常成為兩黨鬥爭的關鍵。民進黨弊案叢生，已給國民黨留下了無窮的選舉議題，在比「濫」上，民進黨已經無法攻擊國民黨。國民黨已經取得通向勝選的重要砝碼，若繼續攻擊陳水扁，很可能再一次被民進黨引入意識形態泥巴戰，反腐鬥爭立馬變成藍綠對決，反倒給了民進黨解套的機會。這不是國民黨所期望的最佳結果。穩紮穩打，嚴格按照法律程序冷靜處理陳水扁弊案問題既保持了馬英九的一貫風格，同時也能在一定程度上獲得廣大台灣人民的理解。此時，國民黨更傾向於乘機致力於處理內部問題，整合泛藍，塑造好馬英九的品牌，將主要精力放在規劃未來兩年的選舉上，以贏得2008年的勝利。這就決定了他們在「倒扁」與「護扁」問題上隔岸觀火，甚至希望陳水扁在台上賴到2008年，

因為這樣更有利於本黨利益的最大化。

親民黨的利益最大化決定了他們一定要「倒扁」。親民黨嚴重泡沫化的情勢決定了他們必須經常在台灣政壇上「發聲」，以保證該黨在台灣政壇上的一席之地。積極「倒扁」既可以表現出親民黨的「反腐」堅決，又能引以為砝碼和同處泛藍陣營的國民黨討價還價。由此看來，陳水扁倒不倒並不是親民黨關心的主要問題，但是「倒扁」的聲音一定要有。這可以拉抬親民黨的聲望，並能保持該黨進一步發展。

所以，雖然呂秀蓮等渴望「倒扁」，但是在利益政治框架下，「倒扁」的聲音似乎並不能導致陳水扁下台。

9月9日開始，施明德領銜的「百萬人倒扁靜坐」運動拉開序幕。這是一場所謂體制內「倒扁」運動。表面看來風平浪靜、波瀾不驚、按「法律」體制運作的這場「倒扁」運動背後蘊含著上述政治勢力中、各政治勢力的利益團體暗潮洶湧的組合與較量。對這場「倒扁」活動可能對台灣政局產生的影響，人們絕對不能掉以輕心。

施明德「倒扁」時，民進黨一直在觀察其導向，並隨時準備利用之。民進黨雖有「倒扁」和「護扁」聲音的不同，但是他們都清楚，施明德此次行動的表面目標是「倒扁」反腐敗，實質是救民進黨。施明德所用的捐款方法表明了他在用「公民投票」方式積聚反腐敗的民意。「倒扁」與「護扁」是社會公益、集團利益與個人利益的結合。民進黨內五派力量都在盤算施明德「倒扁」的價值。以陳水扁為代表的「當權派」希望化解此次危機，繼續當權，直到2008年順利下台；以呂秀蓮為代表的「摘桃派」希望陳水扁下台以獲取權位；以蘇貞昌為代表的「接班派」希望陳水扁「倒扁」不成功，以便在2008年民進黨「總統」候選人卡位中獲取更有利的地位；以謝長廷為代表的「逍遙派」則要坐山觀虎，以靜制動，謀求變數中的發展；另有部分「改革派」希望透過此次運動使得民進黨革新，重新找回黨價值，以圖東山再起。

楊錦麟先生認為「倒扁」有幾個關鍵指標即李登輝及台聯黨是否參與、林義雄是否參與、泛藍陣營是否有較大升勢、美國的態度與立場，筆者深以為然。如

果施明德領導的這場運動不失控,也許會草草收場,無法撼動陳水扁的地位,幾方勢力也都不會爆發。但是,如果演化成藍綠對決,出現流血死亡事件或局面失控,這幾個關鍵指標就可能發生變化,這場運動就可能向不同的方向發展。

儘管施明德「倒扁」並未成功,但引發台灣社會對「司法」獨立、「內閣制」等「憲政」的思考。施明德「倒扁」已經促使民進黨開始做「民主優先」還是「本土優先」的路線選擇,台灣政局發展已經證明了這一點。

結語　權與利的角逐對兩岸關係的影響

　　在市場經濟深入人心的時代中，商品是採用貨幣選票的方式優勝劣汰，政治則是透過政治選票的方式來選擇政黨和政治人物。在東亞地區，尤其是日本、韓國、台灣等儒家文化滲透人心的地區，其政治市場化的品牌構造和所代表的階層利益問題值得我們深思。

　　猶如商品的營銷需要品牌塑造一樣，政黨在發展過程中，特別是面臨著其他政黨競爭的過程中，如何塑造自己的品牌尤其重要。而就目前的理論和現象進行觀察，我們發現政黨也需要透過種種方式營銷自己以獲取選民。

　　台灣在經歷了蔣經國時代、李登輝時代以後，進入了民進黨掌握政權的時代。這也就是理論界經常研究的所謂台灣民主化的進程。隨著台灣民主化進程的發展，其內在的很多規則體系在不斷的調整。包括其「憲政體制」從九十年代開始逐漸修改，其他規則體系也在不斷調整中。尤其令人關注的是1997年的第四次「修憲」，國民黨和民進黨跨黨合作，引領台灣「憲政體制」逐步走向「半總統制」。雖然這其中不乏李登輝利用國民黨專政的權力來為自己權力的鞏固做必要的調整的重要因素，但是，也不可否認，這次規則的修改，以及以後一系列選舉規則的修改，都使得政黨面臨著競爭和品牌塑造問題。

　　僅就台灣現存政黨的品牌塑造來看，政黨在塑造品牌時要透過種種管道，透過民調分析等方式瞭解選民的取向。然後，符合一般政黨政治體制方式的一系列問題就開始出現。我們在研究中發現，台灣的政黨品牌塑造既採用一般政黨用政策來表達政黨意志的方面，同時，他們也特別重視社會中的團體在選票和選舉獲勝後鞏固權力撈取私利中的作用。

　　民進黨作為台灣的草根政黨，從反對黑金、反對巨商起家。但是，該黨與商

界利益卻始終存在。但是，民進黨與商界的利益糾葛是有階層的。那就是開始的「反商」政策實際是反對巨商和政界的糾葛，爭取的是中小商人的利益；執政以後，所代表的主要是巨商的利益，其根本目的除了其本身的政治訴求外，還有黨內掌握實質權利者的利益。但是，這一系列黨與商界的利益聯結與糾葛都是透過選舉這種表象表現出來的。從選舉本身來看，有政治獻金的聯結、有在「立法院」系統的政策制定與執行者的聯結等等，將在後面述及。

在選舉中，人們往往認為，政黨政治本身更多的是選人，其次才是選黨。這種理論更多的是基於對西方柔性政黨的表面分析得出。因此，筆者也曾經在2005年台灣國民黨主席選舉後作出類似的闡釋。但是，隨著研究的逐步深入，尤其是對台灣市民社會的研究，筆者發現台灣政黨政治發展存在著幾條可以稱為規律性的東西。藍綠陣營的形成是在台灣從威權到民主過渡過程中基於選舉產生的。這只是在權力爭鬥和選舉動員時才起作用。而且，從一定程度上講，兩岸議題和藍綠對決並不是一回事。所以，「操縱」兩岸議題，目的是為了撈取選票，而不是藍和綠的絕對對立。藍綠陣營總是維持一種公權力的平衡。台灣往往讓人跌破眼鏡的選舉結果實際上看是一種藍營和綠營之間的默契。比如，第六屆「立委」選舉，民進黨的高提名戰術和在這個領域的失敗都是有心無心利用這一規律的結果。因為台灣的政治勢力尤其是在統一與獨立的分野上必須有制衡，不然的話，要麼就可能走向獨立而引發兩岸之間的劇烈衝突，要麼就可能走向統一而失去台灣政治人物希望的一切。總之，藍營和綠營在這些方面的制衡是「維持現狀」，只是其趨勢不同而已。所以，藍營與綠營的對立在於控制公權力，在於誰多控制一點公權力還是少控制一點公權力；據筆者在台灣的觀察，藍營和綠營具有很大的統一性，正如扁宋會和其他事件中台灣所達成的共識，那就是「中華民國是最大公約數」。其統一表現在共同維持目前台灣的事實狀況，獲取共同的利益。

之所以會出現如此的規律性，是因為背後有著商界和其他各界的利益取向。當政策的取向有其共同性時，在選舉中的政黨往往都認真研究、深入瞭解和利用這些規律為自己所用。那就是充分運用社會團體尤其是企業在選舉中的作用。

對商界和政黨的關係，絕大多數學者都是從政治獻金、政治投資、國家經濟政策制定者和經濟政策享有者之間的關係角度論述。這些論述都表現了政黨和商界的某一方面的關係。從另一角度看，政黨和政治勢力如此重視商界，還因為在社會意識塑造方面人們往往受到商界這樣的社會團體的絕對影響。

過去，由於人們在居住網絡方面比較穩定，活動空間相對較小，人們之間的瞭解和理解比現在多方位和具體化、感觀化。對人的考察和選擇訊息比現在立體化。而現在，社會經濟的飛速和不均衡發展將社會分割成不同利益階層的團體。而這些利益團體的價值取向更多的來自於他們對收入、居住、生活質量的體驗。生活本身的量化也使得人們的聯繫紐帶發生了變化。

中國大陸由於地理位置的封閉性和儒家文化的完整系統性以及這種文化的深入人心，長期以來以血緣關係為紐帶的社會關係網絡沒有太大變化。台灣經歷了兩蔣時期的外向型經濟的發展和後來的延續，社會經濟有了長足進步。台灣很多商人和學者、政要都有著海外背景。這意味著台灣有很大一部分人群經歷過其他文化的薰陶，這對台灣的社會網絡的演變有著重要意義。但是，我們發現，台灣的人群紐帶有三種不同，從中可以發現其利益有著不同的取向，在對政黨和候選人的選擇中也有著三種不同類型。第一種，台北地區。這一地區人群比較雜亂，來自不同地區和經受不同文化薰陶的人比較多。所以，這一地區的人群主要是以貨幣為紐帶來聯繫他人和社會。在選票取向上更接近西方社會，比較理性。第二種，台灣南部地區。這一地區相對來說，農民人數眾多。他們的視野相對狹窄，人群相對固定，血緣關係和類血緣關係（姻親、同學、同鄉等）仍然是該地區的主要紐帶。在選舉的價值取向上更多地傾向於此，因此在選舉中更多的是基於感情而不是理性。第三種，是介於台北和南台灣之間的台灣中部地區。這中間的人群在選舉中介於理性和感性之間，是需要做認真的量化研究的部分。

民進黨自黨外而在野黨而「執政黨」，除了蔣經國的開放黨禁和李登輝基於自身利益的考慮之外，在客觀上確實有對這些問題的研究來處理與商界的階層利益關係。

民進黨從其本質來說，是個革命黨。革命黨更重要的是透過政策來闡述自己

的政治主張，同執政黨角逐，以獲取政權。革命黨在制定政策過程中和執政黨有所不同。執政黨在制定政策中，往往更多的是趨於建設角度，而革命黨政策的側重點則在破壞。破壞是無規則的，可以無所不用其極，只要能實現攻擊執政黨，達到執政目標或者其他目標即可。而建設則是有章法的，章法本身就容易出現漏洞。即使再完善的章法，也有值得攻擊的部分，這是由事物發展的不完善性和進步性所決定的。所以，革命黨和執政黨在思考政策、反思政策、制定政策、執行政策中是不同的。

美國學者伍德羅·威爾遜（Woodrow Wilson）認為，政策是由政治家即具有立法權者制定的而由行政人員執行的法律和法規。[178]美籍加拿大學者戴維·伊斯頓（David Easton）認為，「公共政策是對全社會的價值做權威性的分配」。[179]政策科學主要的倡導者和創立者，哈囉德·拉斯韋爾（Harald D.Lasswell）與亞伯拉罕·卡普蘭（A·Kplan）認為，政策是「一種含有目標、價值與策略的大型計劃」。[180]羅伯特·艾斯頓（Robert Eyestone）：公共政策就是「政府機構和它周圍環境之間的關係」。[181]托馬斯·戴伊（Thomas R.Dye）認為「凡是政府決定做的或不做的事情就是公共政策」。[182]詹姆斯·安德森（James E.Anderson）認為「政策是一個有目的的活動過程，而這些活動是由一個或一批行為者，為處理某一問題或有關事務而採取的」；「公共政策是由政府機關或政府官員制定的政策」。[183]卡爾·弗裡德里奇（Carl J.Friedrich）認為政策是「在某一特定的環境下，個人、團體或政府有計劃的活動過程，提出政策的用意就是利用時機、克服障礙，以實現某個既定的目標，或達到某一既定的目的。」[184]政策本身呈系統，按照某些西方學者的觀點，政策系統是「政策制定過程所包含的一整套相互聯繫的因素，包括公共機構、政策制度、政府官僚機構以及社會總體的法律和價值觀。」[185]

在我們看來，政策是國家或政黨為完成一定時期的任務、實現一定的政治目標而確立的準則、方針、原則、指導思想。一般來講，政策是政黨的生命，是政黨意志的體現。政策的制定和執行對於政黨來講有著重要的意義。政策就是政府的作為與不作為。[186]政黨則是要把大眾偏好變成公共政策的基本手段。[187]

但是在台灣，政黨的政策所起的作用往往不能和西方國家政黨政治中的政策相媲美。

台灣社會轉型有其特殊性。無論是清王朝的統治、日本殖民統治還是國民黨統治時期，其威權性和台灣居民的自我反思均造成了內外規則的缺失。

台灣經歷了日本五十年的殖民統治，悲情意識很強的同時，又在日本「皇民化」統治之下培養了相當一批「哈日族」，這在台灣現在的社會依然可以看得到。可以想像，一群大清帝國的子民中，必然有一部分人蔑視日本人的統治規則和秩序。二戰結束以後，日本從台灣退出，中華民國政府接收台灣。但是，在接收過程以及接收以後的一系列行徑中，有「二二八事件」等引起台灣人民公憤的行為，這些在一定程度上鞏固了台灣的悲情意識。雖然後來蔣介石針對台灣提出一系列卓有成效的措施，尤其是蔣經國的開放胸懷和政策對台灣的民主化和現代化過程有著重要作用。但是，殖民地傷痕和悲情意識進一步提升，蔣經國出訪美國險些遭遇不測的事情也引起了以蔣經國為首的國民黨統治集團的深思。蔣經國因勢利導，變革規則，在一定程度上促使台灣社會轉型。但是，由於悲情意識的重要作用，台灣外在的很多規則被漠視或踐踏的情況時有發生。

民進黨黨外時期的非法運作本身就很值得人思考。對於他們來講，外部規則也就是當時的台灣當局的「合法」規則本身就是缺失的。對民進黨來說，規則的重新塑造、台灣主體意識的塑造、將台灣塑造成為一個「正常國家」都需要推倒當時乃至現行的規則，從頭再來。這就需要他們研究台灣社會轉型的特殊性。

民進黨作為一個革命黨，在利用政策對執政黨進行攻擊時，其對社會轉型特殊性所產生的內外規則缺失的利用非常值得我們思考。

[1]參見鞠海濤著：《民進黨社會基礎研究》，九州出版社，2004年1月版，第51-53頁。

[2]陳蘋：《台灣新政商關係透視》，載《世界經濟與政治論壇》2002年第4期，第87頁。

[3]《管子·國蓄》。

[4]徐慧君：《管仲陷阱——解讀中國歷史和社會的鑰匙》，載史記365TM網站。

[5]A.Downs, An Economic Theory of Democracy, New York：Harper&Brothers Publishers，1957，pp295-296.

[6]參見張文生、王茹著：《民進黨選舉策略研究》，九州出版社，2004年3月版。

[7][美]西摩馬丁·裡塞普特著，張紹宗譯：《政治人——政治的社會基礎》，上海人民出版社，1997年9月第一版，第204頁。

[8]黃嘉樹、程瑞著：《台灣選舉研究》，九州出版社，2002年6月版，第41頁。

[9]上述民進黨黨綱中的引言均來自民進黨黨綱「公平開放的福利社會」部分。

[10]合併為「五都」之前只有台北和高雄是「直轄市」，此處為對「直轄市」的規定。

[11]張文生、王茹著：《民進黨選舉策略研究》，九州出版社，2004年3月版，第143頁。

[12]李雪莉：《政黨之死——台灣境遇·誰殺了民進黨？》，台灣《天下雜誌》2006年7月號。

[13]《施明德批評陳水扁掃「黑金」卻創「白金」體制》，中新網香港2002年4月23日電。

[14]《台灣在野黨立委指責政府從「黑金」走到「白金」》，人民網香港2002年6月18日電。

[15]《黑金政治》，參見台灣網（2001年04月09日）。

[16]姜南揚著：《台灣大轉型——40年政改之謎》，克寧出版社，1995年4月版，第75頁。

[17]姜南揚著：《台灣大轉型——40年政改之謎》，克寧出版社，1995年4月版，第191頁。

[18]王建民，劉紅，曾潤梅著《國民黨下台內幕》，新華出版社，2005年5月第一版，第228頁。

[19]蘇子琴等：《透視台灣政商關係——權與錢》，新新聞文化事業股份有限公司，1992年5月版，第47-49頁。

[20]蘇子琴等：《透視台灣政商關係——權與錢》，新新聞文化事業股份有限公司，1992年5月版，第52頁。

[21]蘇子琴等：《透視台灣政商關係——權與錢》，新新聞文化事業股份有限公司，1992年5月版，第52頁。

[22]蘇子琴等：《透視台灣政商關係——權與錢》，新新聞文化事業股份有限公司，1992年5月版，第52頁。

[23]台灣《聯合報》和《中國時報》1994年2月28日至3月31日的相關報導，轉引自邱英智：《台灣公職人員選舉賄選問題之研究》。

[24]黃宣銘：《戰後台灣黑道的政治分析》，台灣大學政治學所碩士論文，1996年。

[25]李家泉主編：《台灣研究論文精選政治篇》，台海出版社，2006年四月版，第452頁。

[26]晏揚清：《政黨經費來源之研究》，台灣師範大學三民主義研究所碩士論文，1990年，第89-93頁。

[27]參見王建民、劉紅、曾潤梅著：《國民黨下台內幕》，新華出版社，2005年5月第一版，第282-283頁。

[28]台灣《美華報導》雜誌，第387期，轉引自王建民《台灣地方派系與權力結構》，九州出版社，2003年9月版，第20頁。

[29][新加坡]《聯合早報》2006年6月27日。

[30]朱雲漢：台灣民主發展的困境與挑戰，兩全其美網，2007年3月31日。

[31]參見[美]阿爾溫·托夫勒：《第三次浪潮》，三聯出版社1984年版。

[32]台灣政治生活中所謂的政治行銷，或選舉行銷，都是西方民主社會的舶來品。其大概意蘊就是借用商品行銷的理念和方法，以政治生活為市場，以政客和政策為政黨促銷的「商品」，希望透過開發市場、拓展票源，最終贏得選民的多數選票、贏得選舉。——參考黃嘉樹、程瑞：《台灣選舉研究》，九州出版社2006年版，第63-70頁。

[33]李雪莉：《政黨之死——台灣境遇·誰殺了民進黨》，台灣《天下雜誌》2006年7月號。

[34]張文生、王茹著：《民進黨選舉策略研究》，九州出版社，2004年3月版，第143頁。

[35]參考才家瑞：《台灣的「二二八」研究述評》，《台灣研究集刊》2004年第4期。

[36]李登輝、司馬遼太郎：《孤島的痛苦——生為台灣人的悲哀》，台灣《自立晚報》1994年4月30日至5月3日連載。

[37]Lucian W.Pye，Asian Power and Politics，the Cultural Dimensions of Authority，the Belknap Press of Harvard University Press，Cambridge，Massachusetts and London，England，1985，pp.230.

[38][美]羅伯特·達爾：《論民主》，商務印書館1999年版，第43頁。

[39]2008年馬英九上台以後，這種論調減少。

[40]註：拉帕隆巴拉在其《政黨與政治發展》一書中將政黨區分為動員性建國政黨和體制內的適應性政黨。詳細內容請參考該書。

[41]政治學上的侍從主義，也稱依侍主義，是指依靠恩庇——依從二元關係來完成對政治和社會的動員與控制的理念及政治安排。在民主化以前的台灣，政治強人掌握最高統治權力，經由黨、政、軍、特等正式或非正式組織形成威權結構，透過操控國家機器，將意識形態內容強加於社會，神化領袖與領導，在統治集團內部，形成了侍從主義的政治理念及制度安排。

[42]台灣《工商時報》1997年7月6日。

[43]台灣《工商時報》1999年7月25日。

[44]台灣《中國時報》1999年12月19日。

[45]陳樹鴻：《國民黨政權的資產階級化——作陣遮著一支小雨傘》，載台灣《新潮流》雜誌，1989年第3期，第41-45頁。

[46]註：1989年，時任民進黨祕書長的張俊宏發表題為《到執政之路——地方包圍中央》的戰略構想，代表著民進黨開始轉向一條以體制內「議會」選舉、鬥爭為主的政治路線，亦稱「選舉總路線」，該路線在1990年代初期得到校驗並最終確立。參考張文生、王茹：《民進黨選舉策略研究》，九州出版社2004年版，第6-11頁。

[47]引自鞠海濤著：《民進黨社會基礎研究》，九州出版社，2005年版，第68頁。

[48]參見民進黨中央黨部網站。

[49]所謂「棄保」，就是指選民的策略投票行為，後者發生在棄第三保第二以防阻第一當選的場合。其原因是，支持第三的選民不願意自己的選票成為廢票，於是支持居於第二的候選人，以將原處於第一的拉下。「棄保」這一策略投票行為達成目的的一個重要前提是，參與「棄保」的選民要喜愛第二超過第一，否則「棄保」將無任何意義。

[50][美]西摩·馬丁·李普塞特：《政治人——政治的社會基礎》，上海人民出版社，1997年版，第55頁。

[51][德]馬克斯·韋伯：《經濟與社會》上卷，商務印書館，1997年版，第238-239頁。

[52][德]馬克斯·韋伯：《經濟與社會》下卷，商務印書館，1997年版，第269頁。

[53][德]馬克斯·韋伯：《經濟與社會》下卷，商務印書館，1997年版，第241頁。

[54]雪利W·Y.郭等：《台灣的經濟發展》，《南洋資料譯叢》2000年第2期，第76頁。

[55]台灣《中國時報》1997年8月27日。

[56]2000年政黨輪替以前，雖然國民黨早晚會下台、民進黨有一天會執政早已成為社會的共識，但在當時，絕大多數人包括民進黨在內，都判斷民進黨最快也要在2008年才有可能拿到執「政權」。——參見黃智賢：《民進黨執政下的台灣困局》，第一屆《北京「台研論壇」》會議發表論文。

[57]註：2000年上台後的民進黨面臨「少數總統」、「台獨」「少數民意」、「立法院」少數黨的局面，被學者稱為「三個少數」——劉紅著：《民進黨執政狀況研究》，九州出版社，2004年版，第1-3頁。

[58]請參考「中華民國憲法」及其增修條文（1997年「國民大會」二屆二次臨時會第三十三次大會修訂）。

[59]陳明通：《台灣政商關係之演變》，《國家政策雙週刊》（台北），第37期（1992年6月30日），第4頁。

[60]國民黨執政時期台灣的工商團體主要為「三大三小」，三大即：「工業總會」、「商業總會」、「工商協進會」；三小為：「工商建研會」、「表創會」、「電電公會」。當時這些協會都有「執政黨」的背景，區別只是與李登輝親近與否。但都代表了不同的行業、不同的階層，以及成員的不同年

齡段，對台灣社會都具有相當影響力。陳水扁上台後，台灣工商團體也發生了變化，由原來的「三大三小」變為「六大」，即工業總會、商業總會、工商協進會、中小企業協會、工業協進會、電機電子工業同業公會，這六大工商團體的負責人均為陳水扁人馬。

[61]林勁：《民進黨執政之後的困境與走向》，《台灣研究集刊》2001年第3期，第12頁。

[62]註：民進黨上台之初，面臨39.3%得票率當選的「少數總統」、33.6%「立法院」席位的少數黨，以及15%左右支持「台獨」的少數民意這樣一種「三個少數」的政治現實。——參見劉紅著：《民進黨執政狀況研究》，九州出版社，2004年版，1-5頁。

[63]2001年台灣稅收萎縮比例高達34.8%，2003年台灣當局赤字高達3兆億元，平均每個台灣人要負擔15萬元。——參見林長華：《民進黨執政後的台灣經濟態勢分析》，《廈門大學學報》，2004年第3期。

[64]李雪莉：《政黨之死——台灣境遇誰殺了民進黨？》，台灣《天下雜誌》2006年7月號。

[65]水青山：《台灣民進黨：十五歲的墮落》，《新聞週刊》2003年2月17日。

[66]日本自民黨是東亞政黨中在派系問題上最典型的一個黨。自民黨各派系在眾議院選舉中所得席位的多少決定了它們在黨內的地位。在日本，自民黨主要派系長期透過控制自民黨來推動政府政治。在派系組織及活動方面，民進黨與日本自民黨有著異曲同工之處。

[67]廖忠俊著：《台灣地方派系的形成與質變》，允晨文化實業股份有限公司，1997年12月版，第121-122頁。

[68]轉引自楊毅周著：《民進黨組織派系研究》，九州島出版社，2004年2月版，第54頁。

[69]該處資料出自台灣《財訊》雜誌，2005年第二期，第155頁。其中政治人物的職務有變化，此處仍按材料來源處理，並不影響對政商關係的分析。

[70]上述政治人物被稱為謝長廷的高雄市府「謝家班」。

[71]台灣《財訊》雜誌，2005年第二期，第140頁。

[72]廖忠俊著：《台灣地方派系的形成與質變》，允晨文化實業股份有限公司，1997年12月版，第161頁。

[73]台灣《新新聞》雜誌，2005年9月22-28日，第39頁。

[74]廖忠俊著：《台灣地方派系的形成與質變》，允晨文化實業股份有限公司，1997年12月版，第163頁。

[75]雖然這一計劃因陳水扁弊案而宣告流產。

[76]括號內均為當時這部分人的職務、職業。

[77]括號內均為當時的職務。

[78]參見台灣《財訊》雜誌，2005年第十期，第76頁。其中政治人物的職務有變化，此處仍按材料來源處理，並不影響對政商關係的分析。

[79]這類政商關係一般是棘手的灰色利益或者上不了台面的關係。

[80]台灣《財訊》雜誌,2005年第二期,第109頁。

[81]資料來自台灣《財訊》雜誌2005年第二期,110頁。

[82]台灣學者張亞中在其《開放政治市場全球治理台灣》（聯經出版公司,2002年6月初版）中論述到,集合全球的實力,來建設台灣,既可以將建設的成果留在台灣,又可以為各國帶來好處。上升到這樣的層面看待BTO問題,對於擴大公權力的操作力度,分配政商資源有著一定意義。

[83]僑報http：//www.chinapressusa.com/taiwan/200503150092.htm

[84]台灣《財訊》雜誌,2005年第3期,總第276期,第90頁。

[85]台灣《財訊》雜誌,2005年第3期,總第276期,第90頁。

[86]此處資料出自王建民著：《民進黨政商關係研究》,九州島出版社,2004年1月版,第2頁。

[87]台灣《財訊》,總第277期,2005年第4期,第30頁。

[88]參見陳佳潔《國、民兩黨提名制度演變之研析》,台灣《復興崗學報》71期,2000年12月,第110頁。

[89]此處資料引自張文生、王茹著：《民進黨選舉策略研究》,九州出版社,2004年3月版,第32頁—36頁。

[90]陳水扁在1998年台北市長選舉中失敗,但是由於陳水扁的人氣,使得民進黨內從普通黨員到各派系政治人物要求陳水扁參選的聲音很高。這就要求黨內初選政策的修改。基於此,民進黨在1999年5月8日至9日召開了第八屆第二次黨代會,凍結了四年條款,並通過了民進黨2000年「總統副總統」候選人提名條例,為稱為「陳水扁條款」,使陳水扁成為民進黨內唯一被推薦為「總統」候選人並參與選舉。民進黨這一做法導致許信良退黨自行參選。

[91]台灣《新新聞》週刊363期,1994年2月,第53頁。

[92]轉引自蘇起著：《危險邊緣——從「兩國論」到「一邊一國」》,天下遠見出版股份有限公司,2003年12月30日第一版,第247頁。

[93]民進黨對國民黨執政時期「總統」兼任黨主席的權力結構一向持批判態度,但是在2003年4月20日舉行的民進黨第九屆二次臨時全會上,通過了由謝長廷等人提出的「黨務改造方案」和「黨章第十五條修正案」,其中規定黨主席產生方式採用「雙軌制」,即執政時期由「總統」兼任黨主席,非執政時期由全體黨員直接選舉產生。

[94]董智森著：《綠扁帽執政團：陳水扁「總統」的班底》,爾能出版有限公司,1998年10月初版,第8頁。

[95]巨額資金支持民進黨,並且在2000年大選中堅定地支持陳水扁,所以,陳水扁上台後,高鐵的工程不僅沒有受到刁難,而且從當局各方面獲取的支持比國民黨時期更加優惠,公營的台鐵所屬的站台、月台、軌道,好一點的基本都被高鐵拿到手。

[96]黃智賢著：《顫慄的未來》，民主行動聯盟出版，2004年7月版，第278頁。

[97]陳水扁在當選為台北市長之前，以其明顯的問政風格，闡述了自己的政治主張，並因此吸引了相當的理念相同的企業家，並因此建立了政商關係。

[98]董智森著：《綠扁帽執政團：陳水扁「總統」的班底》，爾能出版有限公司，1998年10月初版，第179頁。

[99]經過李登輝六次「修憲」，台灣已經初步出現了雙首長制的端倪，但是在「總統」和「行政院長」之間的灰色地帶卻屢屢為當權者所操弄。

[100]胡忠信著：《權力的傲慢——陳水扁的「總統」之路》，商智文化事業股份有限公司，2001年3月版，第148頁。

[101]黃智賢著：《顫慄的未來》，民主行動聯盟出版，2004年7月版，第179頁。

[102]此處包括下述理論參見周繼祥著：《政治學：21世紀的觀點》，威仕曼文化，2003版，第225頁。

[103]梁永煌等，《拍賣國民黨—黨產大清算》，台北財訊出版社，2000年版，第98-100頁。

[104]梁永煌等，《拍賣國民黨—黨產大清算》，台北財訊出版社，2000年版，第108頁。

[105]黃宗昊：《台灣政商關係的演變：歷史制度論分析》，載《問題與研究》2004年7、8月，第43卷，第4期，第52頁。

[106]黃宗昊：《台灣政商關係的演變：歷史制度論分析》，載《問題與研究》2004年7、8月，第43卷，第4期，參見第53頁。

[107]肖友鎮：《「立法委員」為誰「立法」：台灣民選「立委」的權力結構分析》，東海大學社會研究所碩士論文，2005年，第25頁。

[108]《中國時報》2006年7月9日。

[109]黃宗昊：《台灣政商關係的演變：歷史制度論分析》，載《問題與研究》2004年7、8月，第43卷，第4期，第59頁。

[110]晨風：《台灣高鐵工程弊案的背後》，載《廣角鏡》第400期，第82-83頁。

[111]晨風：《台灣高鐵工程弊案的背後》，載《廣角鏡》第400期，第84頁。

[112]長期支持民進黨的企業和企業家分別是：長榮集團董事長張榮發、奇美實業董事長許文龍、台灣高鐵董事長殷琪、明治食品負責人方仁惠、美國萬通銀行董事長吳澧培、誠泰銀行董事長林誠一、義美食品總經理高志明、本土派人士的代表如大眾銀行董事長陳田錨、聯邦集團董事長林榮三等，無特定政治色彩的有台積電董事長張忠謀和宏碁董事長施振榮等。據陳麒而：《大亨政治身價節節高》，載《財訊》第220期，第176-179頁。

[113]2002年「國有」事業中營業淨額前五位的公司「中國石油」、中央健康保險局、台灣電力、郵政儲金匯業局和勞工保險局，在台灣所有企業中分居第2、3、4、5、8名；而其中郵政儲金匯業局的資

產總額超過3兆新台幣,更傲視群倫,位居所有企業第一名,台灣電力業有第8名的身價。參考:中華徵信所,台灣大型企業排名,2003年版,第624頁。

[114] 田習如:《揭開陳水扁國營事業接受術》,載《財訊》,第242期,第18頁。

[115] 黃子俊:《國營綠色董事長硬叫獲利翻紅》,載《商業週刊》,第813期,第83-84頁。

[116] 自2004年7月1日以後,金融監管大權改由「行政院」新成立的「金融監督管理委員會」行使。

[117] 參見黃宗昊:《台灣政商關係的演變:歷史制度論分析》,載《問題與研究》2004年7、8月,第43卷,第4期,第62頁。

[118] 畢曉吉:《鄭深池是陳水扁的「劉泰英」?》,載《財訊》第249期,第322-324頁。

[119] [台灣]《工商時報》2006年7月6日。

[120] 黃宗昊:《台灣政商關係的演變:歷史制度論分析》,載《問題與研究》2004年7、8月,第43卷,第4期,第61頁。

[121] 張冠華:《當前台灣經濟轉型面臨的挑戰與選擇》,載《台灣研究論文精選—經濟篇》,王建民主編,台海出版社,2006年4月版,第27頁。

[122] 安民:《蓬勃發展的1990年海峽兩岸經貿交流》,載中國對外經濟貿易部編:《中國對外經濟貿易年鑒》(1991),第62頁,[北京]中國社會出版社1991年10月第1版。

[123] 安民:《1991年海峽兩岸經貿》,載中國對外經濟貿易部編:《中國對外經濟貿易年鑒》(1992),第62頁,[北京]中國社會出版社1991年10月第1版。

[124] http://www.chinabiz.org.tw/maz/Eco-Month/095-2000-07/menu.htm,台灣《兩岸經濟統計月報》網站。

[125] 《兩岸經貿:「冷和」狀態下的高增長》,http://www.news.xinhua.com/newscenter,新華網,2004年3月28日報導。

[126] 《2001年台商投資大陸格局出現新變化》,中國新聞網,2002年4月5日。

[127] 《2001年台商投資大陸格局出現新變化》,中國新聞網,2002年4月5日。

[128] 華夏經緯網2003年12月22日報導。

[129] 單玉麗:《試析陳水扁的擴張性財政政策》,載《世界經濟與政策論壇》,2004年第2期,第76頁。

[130] 陳萍:《台灣財政惡化的原因剖析》,載《亞太經濟》2004年1月號,第89頁。

[131] (台灣)財政經濟小組:《建立均而富的永續社會》,載(台灣)《研考》雙月刊2002年12月號。

[132] (台灣)《財政統計月報》,2003年1月號。

[133] 紀淑芳:《國資會暴紅又暴黑》,載《財訊》2006年第4期,第140頁。

[134]陳明通：《台灣的憲政改造與兩岸關係》，台灣大學國發所主辦「憲政改造與兩岸關係學術研討會」，2005年6月18日，第6頁。

[135]台灣《聯合報》2000年3月25日報導。

[136]台灣中央社2001年3月26日報導。

[137]台灣中央社2001年4月27日報導。

[138]台灣《工商時報》，2000年11月17日報導。

[139]台灣《經濟日報》，2001年8月27日報導。

[140]OBU，是英語Offshore Bank Unit的縮寫，一般譯為「境外金融中心」或「國際金融分行」，是指官方以免稅待遇、放寬外匯管制、吸引國內法人、個人進行財務操作的金融單位。

[141]QFII，是英語Qualified Foreign Iinstitutional Investor（合格的境外機構投資者）的首字縮寫。它是一國在貨幣沒有完全可自由兌換、資本項目尚未開放的情況下，有限度地引進外資、開放資本市場的一項過渡性制度。這種制度要求外國投資者若要進入一國證券市場，必須符合一定的條件，得到該國有關部門的審批通過後匯入一定額度的外匯資金，並轉換為當地貨幣，透過嚴格監管的專門帳戶投資當地證券市場。台灣當局也想借用此制度。

[142]台中央社2001年8月14日報導。

[143]台灣《中國時報》2001年8月25日報導。所謂「三個決心」、就是：第一、決心落實經濟優先、投資優先、台灣優先的「三個優先」。第二、決心推動朝野和解、政黨合作，行政與立法攜手努力，全民一起拚經濟。第三、決心不預設立場、不預設前提、更不預設底線。「一個貫徹」是，「行政院」與「立法院」一定貫徹經發會所達成的結論與共識。

[144]台灣中央社2001年11月7日報導。

[145]台灣中央社2003年7月17日電，同時見中央社新聞網：《蔡英文：推動兩岸經貿須建構防火牆機制》，2003年7月17日。

[146]王建民：《2002年兩岸經貿關係評析》，全國台灣研究會編《台灣2002》，九州出版社，2003年6月版，第31頁。

[147]王建民：《2003-2004年兩岸經貿形勢回顧與展望》，全國台灣研究會編，《台灣2003》，九州出版社，2004年6月，第81頁。

[148]胡石青：《2004年兩岸經貿關係大事記》，中國網，2005年1月19日。

[149]《2005年兩岸經貿關係大事記》，台灣網，2005年2月10日。

[150][美]羅伯特·達爾：《論民主》，商務印書館，1999年版，43頁。

[151]林祖嘉、朱雲漢：《兩岸直航的政治經濟分析》，2006年4月，兩岸經貿論壇論文，第2-3頁。

[152]林祖嘉、朱雲漢：《兩岸直航的政治經濟分析》，2006年4月，兩岸經貿論壇論文，第4-6頁。

[153]《台媒：兩岸共同「拚經濟」台灣有前途》，中新網2006年4月16日。

[154]台灣網,2006年04月16日報導。

[155]倪永杰:《民進黨二次轉型初探》,載《華東理工大學學報》(社會科學版),2003年第3期,第112頁。

[156]台灣《中央日報》2002年2月11日。

[157]倪永杰:《民進黨二次轉型初探》,載《華東理工大學學報》(社會科學版),2003年第3期,第113頁。

[158]上述資料均印自《台灣政局大事記》,徐博東總主編,台海出版社,2006年4月版。

[159]時任中國社會科學院台灣研究所經濟室主任孫升亮研究員在評判此事時所作的分析。

[160]台灣《中國時報》,2006年7月3日。

[161]參見郭守華:《台灣:「陳唐蜜月」能多久》,載《華人時刊》2000年11期,10-13頁。

[162]這一數據截止到2006年。

[163]數據截至到2006年6月。

[164](台灣)《中國時報》,2005年10月2日。

[165]新華網,2006年8月17日。

[166][台灣]《中國時報》,2005年9月10日。

[167](台灣)《中時晚報》2005年10月9日。

[168](台灣)《中國時報》,2005年9月26、27日。

[169](台灣)《中國時報》,2005年9月26、27日。

[170](台灣)《中時晚報》2005年9月29日。

[171](台灣)《中時晚報》2005年9月11日。

[172](台灣)《中時晚報》2005年10月12日。

[173](台灣)《中時晚報》2005年10月12日。

[174]此案上述資料引自人民網強國論壇,2006年4月27日。

[175]王建民著:《民進黨政商關係研究》,九州出版社,2004年1月版,第26-29頁。

[176]王建民著:《民進黨政商關係研究》,九州出版社,2004年1月版,第26-29頁。

[177]《中國時報》2006年5月30日。

[178]轉引自伍啟元.公共政策.香港:商務印書館,1989:4.

[179]D.Easton, The Political System.NewYork:Kropf,1953,.p.129.

[180]H.D.Lasswell and A.Kaplan, Power and Society.New Haven, Yale University Press,1970.P.71.

[181]R.Eyestone, The Threads of Public Policy:A Study in Policy Leadership.Indianapolis:Bobbs-

Merril,1971.p.18.

[182]ThomasR.Dye, Understanding Public Policy（6th.,ed.）,EnglewoodCliffs, N.J.：Prentice-HallInc.,1987.p.2.

[183][美]詹姆斯·E·安德森.公共決策.北京：華夏出版社,1990：4頁.

[184]CarlJ.Friedrich, Man and His Government.NewYork：McGraw-Hill,1963,p.79.

[185]E·R·克魯斯克等主編.公共政策辭典.上海：上海遠東出版社,1992：26頁.

[186]SeeT.R.Dye：Understanding Public Policy,6th edition, Prentice-Hall, Inc.,Englewood-Cliffs,1987.

[187]SeeV.O.Key：Public Opinion and American Democracy, Knopf,1961,pp.433.

國家圖書館出版品預行編目(CIP)資料

民進黨政商博弈研究 / 朱松嶺 著. -- 第一版.
-- 臺北市：崧燁文化，2019.01

　面；　公分

ISBN 978-957-681-771-7(平裝)

1.民主進步黨 2.臺灣政治

576.334　　　107023682

書　　名：民進黨政商博弈研究
作　　者：朱松嶺 著
發 行 人：黃振庭
出 版 者：崧燁文化事業有限公司
發 行 者：崧燁文化事業有限公司
E-mail：sonbookservice@gmail.com
粉絲頁　　　　　　網　　址
地　　址：台北市中正區重慶南路一段六十一號八樓815室
8F.-815, No.61, Sec. 1, Chongqing S. Rd., Zhongzheng Dist., Taipei City 100, Taiwan (R.O.C.)
電　　話：(02)2370-3310　傳　真：(02) 2370-3210
總 經 銷：紅螞蟻圖書有限公司
地　　址：台北市內湖區舊宗路二段121巷19號
電　　話：02-2795-3656　　傳真：02-2795-4100　網址：
印　　刷：京峯彩色印刷有限公司（京峰數位）

　　本書版權為九州出版社所有授權崧博出版事業股份有限公司獨家發行電子書繁體字版。若有其他相關權利及授權需求請與本公司聯繫。

定價：350 元

發行日期：2019 年 01 月第一版

◎ 本書以POD印製發行